WISSEN FÜR DIE PRAXIS

Weiterführend empfehlen wir:

Stellenbeschreibung für den öffentlichen und kirchlichen Dienst
ISBN 978-3-8029-1524-6

Das Stelleninterview zur Eingruppierung
ISBN 978-3-8029-1526-0

Grundlagen der Eingruppierung TVöD und TV-L
ISBN 978-3-8029-1523-9

Das gesamte Eingruppierungsrecht
ISBN 978-3-8029-7999-6

Weitere Titel unter: www.WALHALLA.de

Wir freuen uns über Ihr Interesse an diesem Buch. Gerne stellen wir Ihnen zusätzliche Informationen zu diesem Programmsegment zur Verfügung.

Bitte sprechen Sie uns an:

E-Mail: WALHALLA@WALHALLA.de
http://www.WALHALLA.de

Walhalla Fachverlag · Haus an der Eisernen Brücke · 93042 Regensburg
Telefon (09 41) 56 84-0 · Telefax (09 41) 56 84-111

WALHALLA

Annett Gamisch · Thomas Mohr

Eingruppierung Tarifvertrag Versorgung

Den TV-V korrekt umsetzen

5., aktualisierte Auflage

Bibliografische Information der Deutschen Nationalbibliothek
Die Deutsche Nationalbibliothek verzeichnet diese Publikation in der Deutschen Nationalbibliografie; detaillierte bibliografische Daten sind im Internet über www.dnb.de abrufbar.

Zitiervorschlag:
Annett Gamisch, Thomas Mohr, Eingruppierung Tarifvertrag Versorgung
Walhalla Fachverlag, Regensburg 2024

Hinweis: Unsere Werke sind stets bemüht, Sie nach bestem Wissen zu informieren. Die vorliegende Ausgabe beruht auf dem Stand von Februar 2024. Verbindliche Auskünfte holen Sie gegebenenfalls beim Rechtsanwalt ein.

5., aktualisierte Auflage

Produktion: Walhalla Fachverlag, 93042 Regensburg
Umschlaggestaltung: grubergrafik, Augsburg
Druck und Bindung: Westermann Druck Zwickau GmbH
Printed in Germany
ISBN 978-3-8029-1522-2

SBL-SDK-0524-7676-Q

Schnellübersicht

Korrekt eingruppieren

Das Tarifrecht der Versorgungswirtschaft ist in Bewegung; Fragen nach der tarifkonformen Eingruppierung werden immer wichtiger, denn neue Mitarbeiter müssen gewonnen und gehalten werden, zugleich steigt der Kostendruck. Auch Versorgungsunternehmen müssen sich zunehmend für Personalkosten rechtfertigen. Auf der anderen Seite wird es immer schwieriger, fachlich gut qualifiziertes Personal zu finden.

Vor diesem Hintergrund war der TV-V das erste „moderne" Tarifwerk des öffentlichen Dienstes. Die Regelung der Arbeitsverhältnisse sollte gestrafft und vereinfacht werden. Ein wesentlicher Bestandteil sind die Regelungen zur Eingruppierung der Arbeitnehmer (§ 5 Abs. 1 und Anlage 1 zum TV-V).

Trotz vieler praktischer Anwendungsprobleme existiert weiterhin wenig Rechtsprechung. Auch die Literatur hat die Eingruppierungsregelungen des TV-V kaum thematisiert.

Auf den ersten Blick spricht dies wohl dafür, dass nicht nur die gewünschte Straffung, sondern auch die Vereinfachung erfolgreich war. Doch unsere Beratungspraxis sieht anders aus. Die Anfragen zur tarifrechtlich abgesicherten Eingruppierung nehmen stetig zu. Die geschlossenen Regelungen sind zwar knapp gehalten, werfen aber viele Auslegungsfragen auf.

Zudem wird die mit der Umsetzung des Energiewirtschaftsgesetzes 2005 und dessen Novellierungen verbundene Offenlegung und staatliche Kontrolle der Netznutzungsentgelte weiterhin zu erhöhtem Kostendruck führen. Die Versorgungsbranche ist damit in Zukunft stärker als bisher auch zur tarifgerechten Anwendung der Eingruppierungsbestimmungen des TV-V gezwungen.

Wir freuen uns über die vielen Rückmeldungen der Praktiker, die wir erhalten haben. Mit unserer fünften Auflage möchten wir Arbeitgebern, Betriebs- und Personalräten sowie Arbeitnehmern eine aktualisierte, praktische und juristisch fundierte Anwendungshilfe bieten.

Den Leserinnen und Lesern dieses Buches wollen wir eine schnelle und zuverlässige Hilfe an die Hand geben. Ausschließlich im Interesse der Lesefreundlichkeit verwenden wir die männliche Sprachform.

Fulda

Annett Gamisch *Thomas Mohr*

Abkürzungen

a. A.	anderer Ansicht
a. a. O.	am angegebenen Ort
Abs.	Absatz
AEVO	Ausbilder-Eignungsverordnung
Anm.	Anmerkung
AP	Hueck, Nipperdey, Dietz, Arbeitsrechtliche Praxis, Nachschlagewerk des Bundesarbeitsgerichts
ArbG	Arbeitsgericht
ArbSchG	Arbeitsschutzgesetz
ArbuR	Arbeit und Recht (Zeitschrift)
Art.	Artikel
AuA	Arbeit und Arbeitsrecht (Zeitschrift)
Az.	Aktenzeichen
BAG	Bundesarbeitsgericht
BAT/-O	Bundes-Angestelltentarifvertrag/-Ost
BayPVG	Bayerisches Personalvertretungsgesetz
BBiG	Berufsbildungsgesetz
BDSG	Bundesdatenschutzgesetz
BetrVG	Betriebsverfassungsgesetz
BGB	Bürgerliches Gesetzbuch
BGBl.	Bundesgesetzblatt
BMT-G II/-O	Bundesmanteltarifvertrag für Arbeiter gemeindlicher Verwaltungen und Betriebe/-Ost
BPersVG	Bundespersonalvertretungsgesetz
bzgl.	bezüglich
bzw.	beziehungsweise
ca.	circa
DV	Datenverarbeitung
EDV	elektronische Datenverarbeitung
EG	Entgeltgruppe
EnWG	Energiewirtschaftsgesetz

f., ff.	folgende
FG	Fallgruppe
FH	Fachhochschule
GewO	Gewerbeordnung
ggf.	gegebenenfalls
ggü.	gegenüber
gwf	Das Gas- und Wasserfach – gwf Wasser/Abwasser (Zeitschrift)
HGB	Handelsgesetzbuch
HGTAV	Gehaltstarifvertrag für Angestellte in Versorgungs- und Verkehrsbetrieben im Lande Hessen
HOAI	Honorarordnung für Architekten und Ingenieure
HRG	Hochschulrahmengesetz
HwO	Handwerksordnung
i. d. F.	in der Fassung
i. d. R.	in der Regel
IHK	Industrie- und Handelskammer
IT/it	Informationstechnologie
i. V. m.	in Verbindung mit
Kfz	Kraftfahrzeug
KSchG	Kündigungsschutzgesetz
kV	Kilovolt
LAG	Landesarbeitsgericht
LAGE	Entscheidungen der Landesarbeitsgerichte
LG	Lohngruppe
LPVG NW	Landespersonalvertretungsgesetz Nordrhein-Westfalen
MTArb/-O	Manteltarifvertrag für Arbeiterinnen und Arbeiter des Bundes und der Länder/-Ost
MuSchG	Mutterschutzgesetz
MW	Megawatt
m. w. N.	mit weiteren Nachweisen
NachwG	Nachweisgesetz
NPersVG	Niedersächsisches Personalvertretungsgesetz
Nr./Nrn.	Nummer/n
NRW	Nordrhein-Westfalen

NZA	Neue Zeitschrift für Arbeitsrecht (Zeitschrift)
o. Ä.	oder Ähnliches
OVG	Oberverwaltungsgericht
PE	Protokollerklärung
Rn.	Randnummer
RiA	Recht im Amt (Zeitschrift)
rkr.	rechtskräftig
S.	Seite
SGB IX	Sozialgesetzbuch Neuntes Buch
sog.	sogenannt
StVG	Straßenverkehrsgesetz
t	Tonne
TV AL II	Tarifvertrag für die Arbeitnehmer bei den Stationierungsstreitkräften im Gebiet der Bundesrepublik Deutschland
TV-L	Tarifvertrag für den öffentlichen Dienst der Länder
TVöD	Tarifvertrag für den öffentlichen Dienst
TV-V	Tarifvertrag für Versorgungsbetriebe
Unterabs.	Unterabsatz
u. E.	unseres Erachtens
u. U.	unter Umständen
VDE	Verband der Elektrotechnik, Elektronik und Informationstechnik e. V.
VG	Vergütungsgruppe
VGH	Verwaltungsgericht
vgl.	vergleiche
VKA	Vereinigung der kommunalen Arbeitgeberverbände
VOB/-A/-B	Verdingungsordnung für Bauleistungen, Teil A und B
WKRS	Wolters Kluwer Rechtsprechungsdatenbank, Online-Ressource
z. B.	zum Beispiel
ZBR	Zeitschrift für Beamtenrecht (Zeitschrift)
zit.	zitiert
ZPO	Zivilprozessordnung
z. T.	zum Teil
ZTR	Zeitschrift für Tarifrecht (Zeitschrift)

Der Tarifvertrag für die Versorgungsbranche

1

1. Entstehung des TV-V

Das Ziel der Entwicklung eigener tariflicher Regelungen für die Versorgungsbranche war zum einen, mehr Wettbewerbsfähigkeit mit den privatwirtschaftlichen Unternehmen zu erreichen, zum anderen die unterschiedlichen Regelungen für Arbeiter und Angestellte in einem gemeinsamen Tarifwerk zusammenzuführen. Die Öffnung des Strommarkts im Jahr 1998 und die damit einhergehende Wettbewerbssituation brachten den erforderlichen Schwung, um die seit 1990 (mit Unterbrechungen) laufenden Tarifverhandlungen zum Abschluss zu führen. So wurden mit dem im Jahr 2000 vereinbarten TV-V die bisherigen Tarifverträge für Angestelltentätigkeiten [BAT-(-O)-VKA] bzw. Arbeitertätigkeiten [BMT-G(-O)] abgelöst.

Betrachtet man die Eingruppierungsregeln unter diesem Entstehungshintergrund, wird deutlich, dass die Tarifvertragsparteien mit dem TV-V zwar ein für Angestellten- und Arbeitertätigkeiten einheitliches Regelwerk entwickelt haben, aber an weiten Stellen dabei auf die Vorgängerregelungen des BAT, aber auch des BMT-G zurückgegriffen haben. So macht auch die wenige Rechtsprechung zur Anwendung des TV-V im Rahmen der Auslegung der Tarifregeln davon Gebrauch, auch auf diese Entstehungsgeschichte vergleichend zurückzugreifen (siehe z. B. zur Frage der Zeitzuschläge nach § 10 TV-V: BAG 17.08.2011, 10 AZR 347/10, Rn. 16, AP Nr. 3 zu § 1 TVG: Tarifverträge Versorgungsbetriebe, ausführlicher dazu auch die Vorinstanz: LAG Sachsen-Anhalt 18.02.2010, 3 Sa 186/09, Rn. 45).

Die Modernisierung des Tarifrechts für Versorgungsbetriebe sollte dafür sorgen, dass die mit der Liberalisierung des Energiemarkts verbundenen Ziele besser umgesetzt werden können:

- Produktivitätssteigerung (Kostenreduktion)
- Optimierung des Faktors Zeit
- Qualitätsverbesserung
- Produktentwicklung
- stärkere Kundenorientierung

(vgl. Schlusen/Fellenberg/Hüsgen, Kapitel B, Rn. 1 ff.)

2. Einführung des TV-V

Die Einführung des TV-V ist in §§ 22 bzw. 22a TV-V geregelt. Da die Arbeitnehmer das Tarifwerk wechseln, sprechen die Tarifvertragsparteien entsprechend von Überleitung. Im Wesentlichen regelt die Überleitung:

§ 22 TV-V		
Abs.	**Satz**	**Regelungsinhalt**
1	1	Stichtag der Überleitung
	2	Zuordnung der alten Vergütungsgruppen und Lohngruppen zu den neuen Entgeltgruppen
	3	Stufenzuordnung
	4, 5	Grundlagen der Überleitung für Angestellte und Arbeiter
	6	Umfang der Berücksichtigung von Funktionszulagen
	7	Bildung des Vergleichsentgelts als sogenanntes erhöhtes Entgelt
	8	Betragsmäßige Zuordnung (individuelle Zwischenstufe) innerhalb der übergeleiteten Entgeltgruppe
	9	Sogenannte „Überläuferfälle“, deren betragsmäßige Zuordnung (individuelle Zwischenstufe) aufgrund der Höhe des Betrags nicht mehr innerhalb der übergeleiteten Entgeltgruppe möglich ist
2		„Verrechnung“ ausstehender Bewährungs-, Zeit- oder Tätigkeitsaufstiege bzw. Vergütungsgruppenzulagen
	1	Unter 2 Jahren
	2	Mehr als 2 Jahre
4		Überleitung der Zulage für Vorarbeiter, Vorhandwerker und Fachvorarbeiter

Hinzu kommen diese Besitzstandsregelungen:

§ 22 TV-V	
Abs.	**Regelungsinhalt**
3	Kinderbezogene Entgeltbestandteile
5	Vertretungszuschlag nach BMT-G/-O

§ 22 TV-V	
Abs.	**Regelungsinhalt**
6	Weitergeltung der landesbezirklichen Regelungen zu Leistungszuschlägen nach § 20 BMT-G für Baden-Württemberg, Nordrhein-Westfalen und das Saarland
7	Weitergeltung bzw. Anerkennung des Unkündbaren-Status
8	Zahlungen wegen Leistungsminderung gemäß §§ 28, 28a BMT-G
9	Erschwerniszuschläge
10	a) Entgelte für Bereitschaftsdienste b) Arbeitsbefreiung aus persönlichen Gründen c) Jubiläumsgeld
11	Anerkennung von Beschäftigungszeiten als Betriebszugehörigkeit für Jubiläumsgeld und Kündigungsfristen
12	Besondere Regelungen für den Geltungsbereich des HGTAV
13	*(aufgehoben)*
14	Arbeitnehmer in Altersteilzeit

§ 22 TV-V regelt die Überleitung aus den alten Tarifverträgen des öffentlichen Dienstes (BAT(-O); BTM-G(-O)), § 22a TV-V hingegen die Überleitung vom TVöD in den TV-V:

§ 22a TV-V		
Abs.	**Satz**	**Regelungsinhalt**
1	1	Stichtag der Überleitung
	2	Zuordnung der Entgeltgruppen des TVöD zu den Entgeltgruppen des TV-V
	3	Stufenzuordnung
	4, 5	Bildung des Vergleichsentgelts als sogenanntes erhöhtes Entgelt
	6	Betragsmäßige Zuordnung (individuelle Zwischenstufe) innerhalb der übergeleiteten Entgeltgruppe
	7	Sogenannte „Überläuferfälle“, deren betragsmäßige Zuordnung (individuelle Zwischenstufe) aufgrund der Höhe des Betrags nicht mehr innerhalb der übergeleiteten Entgeltgruppe möglich ist
2		*(aufgehoben)*
4		Überleitung der Zulage für Vorarbeiter, Vorhandwerker und Fachvorarbeiter

Hinzu kommen diese Besitzstandsregelungen:

§ 22a TV-V	
Abs.	**Regelungsinhalt**
3	Kinderbezogene Entgeltbestandteile
5	Vertretungszuschlag nach § 14 TVöD i. V. m. § 5 Abs. 3 TV-V (Differenzzahlung)
6	Weitergeltung der landesbezirklichen Regelungen zu Leistungsentgelten nach § 20 BMT-G für Baden-Württemberg, Nordrhein-Westfalen und das Saarland
7	Weitergeltung bzw. Anerkennung des Unkündbaren-Status
8	Zahlungen wegen Leistungsminderung gemäß §§ 28, 28a BMT-G i. V. m. TVÜ-VKA
9	Erschwerniszuschläge
10	a) Entgelte für Bereitschaftsdienste b) Arbeitsbefreiung aus persönlichen Gründen c) Jubiläumsgeld
11	Anerkennung von Beschäftigungszeiten als Betriebszugehörigkeit für Jubiläumsgeld und Kündigungsfristen
12	Besondere Regelungen für den Geltungsbereich des HGTAV
13	*(aufgehoben)*
14	Arbeitnehmer in Altersteilzeit

3. Die Anwendung und Auslegung der Eingruppierungsregeln im TV-V

Rechtsnormen können nicht derart präzise formuliert werden, dass jeder denkbare Streitfall erfasst wird. Sie müssen aus drei Gründen ausgelegt werden:

1. Begriffe und Zeichen sind immer auslegungs- und interpretationsbedürftig.
2. Normen- bzw. Zielkonflikte können nicht ausgeschlossen werden.
3. Rechtslücken sind unvermeidbar.

(vgl. Schwintowski, S. 51 ff.)

1 Die Vorgehensweise zur Auslegung von Rechtsnormen ist nicht gesetzlich geregelt. Vielmehr ist die Methode der Rechtswissenschaft und Rechtsprechung überlassen. Das (Tarif-)Recht wird erst durch seine Anwendung auf den Einzelfall konkretisiert. Die Rechtsanwendung, auch die des Tarifvertrags, darf sich nicht im rechtsfreien Raum bewegen, sondern muss einer Methode folgen.

Rechtsvorschriften sind wie folgt anzuwenden:

§

1. Welche Tatbestandsmerkmale (Voraussetzungen) müssen erfüllt sein, damit die in der Rechtsnorm enthaltene Rechtsfolge eintritt?
2. Was genau bedeutet jedes einzelne dieser abstrakt-generell formulierten Merkmale (Definition bzw. **Gesetzesauslegung**)?
3. Wird der konkret-individuelle Sachverhalt vom Tatbestand der Rechtsnorm erfasst?
4. Wenn ja, tritt die in der Rechtsnorm enthaltene Rechtsfolge ein.

(vgl. Wienbracke, Rn. 75 ff., 120)

Das BAG hat festgestellt, dass Tarifverträge wie Gesetze ausgelegt werden:

§

BAG vom 19.06.2018

Nach ständiger Rechtsprechung des Bundesarbeitsgerichts **folgt** die Auslegung des normativen Teils eines Tarifvertrags **den für die Auslegung von Gesetzen geltenden Regeln**. Danach ist zunächst vom **Tarifwortlaut** auszugehen, wobei der maßgebliche Sinn der Erklärung zu erforschen ist, ohne am Buchstaben zu haften. Über den reinen Wortlaut hinaus ist der **wirkliche Wille** der Tarifvertragsparteien und der damit von ihnen beabsichtigte Sinn und Zweck der Tarifnorm zu berücksichtigen, sofern und soweit er in den tariflichen Regelungen und ihrem systematischen Zusammenhang Niederschlag gefunden hat. Abzustellen ist stets auf den **tariflichen Gesamtzusammenhang**, weil dieser Anhaltspunkte für den wirklichen Willen der Tarifvertragsparteien liefert und nur so **Sinn und Zweck** der Tarifnorm zutreffend ermittelt werden kann (...) Im Zweifel gebührt derjenigen Auslegung der Vorzug, die zu einem sachgerechten, zweckorientierten, praktisch brauchbaren und gesetzeskonformen Verständnis der Regelung führt.

(BAG 19.06.2018, 9 AZR 564/17, Rn. 17 m. w. N., zit. nach www.bundesarbeitsgericht.de/entscheidungen; *Hervorhebungen durch die Verfasser*)

§

BAG vom 26.04.2017

Bei der **Wortlautauslegung** ist, wenn die Tarifvertragsparteien einen **Begriff nicht eigenständig definieren**, erläutern oder einen feststehenden Rechtsbegriff verwenden, vom **allgemeinen Sprachgebrauch** auszugehen. Wird ein **Fachbegriff** verwendet, der in allgemeinen oder in fachlichen Kreisen eine bestimmte Bedeutung hat, ist davon auszugehen, dass die Tarifvertragsparteien mit diesem Begriff den allgemein **üblichen Sinn** verbinden wollten, wenn nicht sichere Anhaltspunkte für eine abweichende Auslegung gegeben sind, die aus dem Tarifwortlaut oder anderen aus dem Tarifvertrag selbst ersichtlichen Gründen erkennbar sein müssen. Wird ein bestimmter **Begriff mehrfach** in einem Tarifvertrag **verwendet**, ist im Zweifel weiter davon auszugehen, dass die Tarifvertragsparteien dem Begriff im Geltungsbereich dieses Tarifvertrags **stets die gleiche Bedeutung** beimessen wollen.

(BAG 26.04.2017, 10 AZR 589/15, Rn. 15 m. w. N., AP Nr. 26 zu § 4 TzBfG, *Hervorhebungen durch die Verfasser*)

BAG vom 13.07.2021

Lässt dies zweifelsfreie Auslegungsergebnisse nicht zu, können die Gerichte für Arbeitssachen ohne Bindung an eine Reihenfolge weitere Kriterien wie die **Entstehungsgeschichte** des Tarifvertrages, ggf. auch die **praktische Tarifübung** ergänzend hinzuziehen. Auch die **Praktikabilität** denkbarer Auslegungsergebnisse ist zu berücksichtigen; im Zweifel gebührt derjenigen Tarifauslegung der Vorrang, die zu einer vernünftigen, sachgerechten, zweckorientierten und praktisch brauchbaren Regelung führt.

(BAG 13.07.2021, 3 AZR 363/20, AP Nr. 62 zu § 1 BetrAVG Auslegung mit Hinweis auf BAG 21.01.2020, 3 AZR 73/19; BAG 10.02.2015, 3 AZR 904/13, AP Nr. 55 zu § 1 BetrAVG Auslegung; *Hervorhebungen durch die Verfasser*)

Demzufolge wird der Tarifvertrag in folgenden Schritten ausgelegt:

Checkliste: Auslegung

1. Auslegung des Wortlauts (sog. grammatikalische Auslegung)
   Definition/Bedeutung
   - im Tarifvertrag
   - im Gesetz
   - der verständigen Fachkreise
   - im allgemeinen Sprachgebrauch
2. Auslegung unter Berücksichtigung der Stellung der Tarifnorm im Gesamtgefüge des Tarifvertrags
   (sog. systematische Auslegung)
3. Auslegung nach Sinn und Zweck
   (sog. teleologische Auslegung)

↕

→ Auslegung nach der Tarifgeschichte (sog. historische Auslegung)

→ Praktische Tarifübung

→ Praktikabilität

4. Status quo und Ausblick

Seit Inkrafttreten des Tarifvertrags sind – soweit ersichtlich – nur vereinzelt Gerichtsentscheidungen zur Eingruppierung nach dem TV-V ergangen. Wir haben diese im Folgenden für Sie entsprechend mit **„Entscheidung zum TV-V"** hervorgehoben. Aufgrund der in der Praxis regelmäßig über der Tarifnorm liegenden Bezahlung sind diese vorerst auch nicht zu erwarten. Auch bei den inhaltlich ähnlichen Tarifverträgen für den Nahverkehr finden sich nur vereinzelt veröffentlichte Eingruppierungsentscheidungen.

Bei der ergänzenden Auslegung der Eingruppierungsbestimmungen des TV-V kommt es somit vor allem auch darauf an, welche Gerichtsentscheidungen zu den Vorläuferregelungen des BAT bzw. BMT-G noch Anwendung finden können und welche Gerichtsentscheidungen gut geeignet sind, da sie mit den Strukturen bzw. den Tätigkeiten eines Versorgungsbetriebs vergleichbar sind bzw. zumindest gleiche Problemstellungen aufwerfen. Hinzu kommt, dass die Eingruppierungsbestimmungen des BAT/BMT-G seit 2017 durch die neue Entgeltordnung zum TVöD-VKA ersetzt wurden bzw. für körperlich-handwerkliche Aufgaben (sog. Arbeitertätigkeiten) durch Landesbezirkstarifverträge weiter ersetzt werden.

Wir haben deshalb für die folgenden Ausführungen zu den Eingruppierungsbestimmungen des TV-V alle Gerichtsentscheidungen nicht nur nach Aktualität, sondern auch nach Übertragbarkeit auf die Situation in Versorgungsbetrieben ausgewählt.

Durch die geänderten Rahmenbedingungen in der Versorgungswirtschaft werden Personalkosten eine stärkere Rolle spielen als bisher (vgl. Richter/Gamisch, gwf 2011, S. 606 f.). Das Wissen um die tarifgerechte Eingruppierung hat wegen des EnWG von 2005 und dessen Novellierungen nach wie vor eine hohe Bedeutung, sei es als Vergütungs- oder Verhandlungsgrundlage.

Auch wenn sich aufgrund des Fachkräftemangels oft Schwierigkeiten in der Personalgewinnung ergeben und in der Praxis deshalb nach alternativen Lösungen gesucht wird und betriebliche Entlohnungssysteme entwickelt werden (siehe z. B. LAG Nürnberg 14.02.2022, 1 TaBV 26/21, abrufbar unter: https://www.lag.bayern.de/nuernberg/entscheidungen/) gilt es den TV-V zu beachten, muss oder soll er denn auf das Arbeitsverhältnis Anwendung finden. So stellte das LAG Nürnberg in seiner Entscheidung (S. 15) vom 14.02.2022 klar:

„Zutreffend hat das Arbeitsgericht ausgeführt, dass es auf die Implementierung eines anderweitigen Systems der Eingruppierung von Sekretariatsaufgaben durch die Beteiligte zu 1.) *(Arbeitgeberin)* und auf den arbeitsrechtlichen Gleichbehandlungsgrundsatz nicht ankommt. Die Beteiligte zu 1.) ist tarifgebunden. Aus diesem Grund hat sie die Eingruppierungsregeln des Tarifvertrags anzuwenden. Die Etablierung anderer Systeme ist gemäß § 87 Abs. 1 Eingangssatz BetrVG nicht möglich und für die Mitbestimmung nach § 99 BetrVG, bei der es allein um die Anwendung des tariflichen Systems gehen kann, unerheblich."

(Ergänzung durch die Verfasser)

5. Exkurs: Eingruppierung und Arbeitsrecht

Das weite Direktionsrecht im öffentlichen Dienst

Im Arbeitsrecht des öffentlichen Dienstes besteht grundsätzlich ein weites Direktionsrecht des Arbeitgebers. Der Arbeitnehmer ist verpflichtet, jede ihm zugewiesene zumutbare Tätigkeit zu verrichten, die den Merkmalen seiner Entgeltgruppe entspricht.

Vor diesem Hintergrund darf aber z. B. die Tätigkeit als Datenschutzbeauftragter gemäß § 4f BDSG grundsätzlich nicht im Wege des Direktionsrechtes übertragen werden. Vielmehr liegt regelmäßig eine Änderung des Arbeitsvertrages vor, für die der Abschluss eines Änderungsvertrages notwendig ist (vgl. BAG 13.03.2007, 9 AZR 612/05, AP Nr. 1 zu § 4f BDSG). Ähnliches gilt für die Bestellung zur verantwortlichen Elektrofachkraft. Auch sie ist nur mit dem Einverständnis des Mitarbeiters möglich (zu den Einzelheiten siehe LAG Berlin-Brandenburg 17.11.2017, 2 Sa 868/17, ZTR 2018, S. 213 ff.). Die Rechtslage ist anders, wenn sich die Beauftragung darauf beschränkt, im Auftrag des Arbeitgebers Weisungen zu erteilen. In diesem Fall erlangt der Beschäftigte keine besondere rechtliche Stellung, sondern bleibt gegenüber dem Arbeitgeber weisungsgebunden. Das gilt z. B. für einen Sicherheitsbeauftragten gemäß § 22 SBG VII oder den Inklusionsbeauftragten des Arbeitgebers im Sinne von § 181 SGB IX.

Niederwertige Tätigkeiten muss der Arbeitnehmer grundsätzlich nicht ausüben, da die Übertragung niederwertigerer Tätigkeiten nicht vom Direktionsrecht abgedeckt ist. Dabei ist es unerheblich, dass dem Arbeitnehmer sein bisheriges Entgelt weitergezahlt wird (vgl. BAG 24.09.2015, 2 AZR 680/14, AP Nr. 165 zu § 2 KSchG 1969, ZTR 2016, S. 275 ff. sowie LAG Rheinland-Pfalz 05.07.2007, 11 Sa 43/07 m. w. N. auf die Rechtsprechung des BAG). Eine Ausnahme besteht nur für sog. Mischtätigkeiten (siehe Kap. 9.3, 4. Schritt). Dabei bilden das Berufs- bzw. Sozialbild die Grenzen des Direktionsrechts (vgl. BAG 17.08.2011, 10 AZR 322/10, AP Nr. 13 zu § 106 GewO m. w. N.).

Wichtig: Weitergehende Ausnahmen bestehen nur für den Fall, dass ein Beschäftigungsverbot gemäß Mutterschutzgesetz vorliegt (vgl. BAG 09.04.2014, 10 AZR 637/13, AP Nr. 29 zu § 106 GewO).

Es kann fraglich sein, ob das Direktionsrecht durch betriebliche Übung bzw. Konkretisierung eingeengt worden ist.

Unter einer betrieblichen Übung bzw. Betriebsübung versteht man die regelmäßige Wiederholung bestimmter Verhaltensweisen durch den Arbeitgeber, aus denen der Arbeitnehmer schließen kann, dass diese Verhaltensweise auch künftig und auf Dauer erfolgen soll. Hinsichtlich der Arbeitsleistung des Arbeitnehmers spricht man in diesem Zusammenhang von einer Konkretisierung der geschuldeten Tätigkeit. Auch ohne eine ausdrückliche Festlegung im Arbeitsvertrag kann sich die vom Arbeitnehmer geschuldete Tätigkeit grundsätzlich bei langjährigem vorbehaltlosen Einsatz an einem bestimmten Arbeitsplatz auf diese bestimmte Tätigkeit konkretisieren.

Wichtig: Das Entstehen einer betrieblichen Übung und die Konkretisierung der Arbeitsleistung ist im öffentlichen Dienst regelmäßig ausgeschlossen.

Denn nach der ständigen Rechtsprechung des BAG muss der Arbeitnehmer des öffentlichen Dienstes davon ausgehen, dass ihm sein Arbeitgeber nur die Leistungen gewähren will, zu denen er gesetzlich oder tarifvertraglich verpflichtet ist: Im Zweifel gilt Normenvollzug (vgl. BAG 29.09.2004, 5 AZR 528/03, AP Nr. 67 zu § 242 BGB Betriebliche Übung).

Das trifft in jedem Fall für öffentliche Arbeitgeber zu, die dem Haushaltsrecht unterliegen. Im Anwendungsbereich des TV-V kann aber grundsätzlich nichts anderes gelten, weil die Unternehmen zum einen dem öffentlichen Dienst zuzuordnen sind und zum anderen Aufgaben der Daseinsfürsorge erfüllen (vgl. LAG Düsseldorf 27.11.2002, 12 Sa 1071/02, ZTR 2003, S. 195 zur vergleichbaren Rechtslage im kirchlichen Arbeitsrecht; zur Zuordnung von Verkehrs- und Versorgungsunternehmen zur öffentlichen Daseinsvorsorge siehe auch LAG Hamm 10.06.2008, 4 Sa 89/08, zit. nach WKRS 2008, 20745).

Wichtig: Dies setzt aber voraus, dass der TV-V konsequent umgesetzt und nicht durch betriebliche oder einzelvertragliche Abweichungen unterlaufen wird.

Die Angabe der Entgeltgruppe im Arbeitsvertrag

Vor diesem Hintergrund wird in § 2 Abs. 1 TV-V bestimmt, dass im Arbeitsvertrag die Entgeltgruppe anzugeben ist. Die Rechtslage gleicht der im TVöD, TV-L bzw. BAT. Danach ist die Angabe der Entgeltgruppe deklaratorisch, das heißt klarstellend (vgl. BAG 02.06.2021, 4 AZR 387/20, AP Nr. 7 zu § 12 TV-L). Mit dem Hinweis auf die Entgeltgruppe wird das (weite) Weisungs- bzw. Direktionsrecht des Arbeitgebers (vgl. § 106 GewO) ein Stück weit eingegrenzt: Der Arbeitgeber darf dem Arbeitnehmer alle Tätigkeiten der Entgeltgruppe übertragen, sofern sich Grenzen nicht aus dem Berufs- oder Sozialbild ergeben. Es wird aber kein vertraglicher Vergütungsanspruch eingeräumt.

Demgegenüber muss die Fallgruppe nicht im Arbeitsvertrag genannt werden (ebenso Schlusen/Fellenberg/Hüsgen, Kapitel B, § 2, Rn. 14). Deren Aufnahme in den Vertrag verengt das Direktionsrecht des Arbeitgebers. Er darf in diesem Fall nur Tätigkeiten der Fallgruppe übertragen. Da der TV-V im Unterschied zum BAT sich grundsätzlich auf wenige Fallgruppen je Entgeltgruppe beschränkt, hat diese Frage letztlich eine untergeordnete Bedeutung.

Wichtig: Eine Klage auf Feststellung der Fallgruppe ist nicht möglich (vgl. BAG 22.01.2003, 4 AZR 700/01, AP Nr. 24 zu § 24 BAT).

In diesem Zusammenhang ist darauf hinzuweisen, dass durch Stellenbeschreibungen das Direktionsrecht des Arbeitgebers nicht eingeengt wird (vgl. Gamisch/Mohr, StB, S. 36 f.).

§

Entscheidung zum TV-V

Rechtliche Relevanz kann dem Inhalt einer – von zuständiger Stelle verfassten – Stellenbeschreibung allein insoweit zukommen, als es die tatsächliche Feststellung betrifft, welche Einzelaufgaben mit welchen zeitlichen Anteilen dem betreffenden Arbeitnehmer übertragen sind. Im Bestreitensfall kommt der vom Arbeitgeber verfassten Stellenbeschreibung insoweit eine entsprechende indizielle Wirkung zu. Hiervon zu unterscheiden ist die rechtliche Bewertung, inwiefern die übertragene Tätigkeit den tariflichen Anforderungsmerkmalen einer bestimmten Vergütungsgruppe entspricht, das heißt ob etwa zur Aufgabenerledigung ein bestimmtes Maß an Fachkenntnissen erforderlich ist. Dieser Subsumtionsvorgang ist der Rechtsanwendung zuzuordnen, welche vom Gericht ohne Bindung an die Rechtsansichten der Parteien vorzunehmen ist.

(vgl. LAG Hamm 31.05.2012, 8 Sa 1908/11, zit. nach WKRS 2012, 26982)

Das gilt auch für den Nachweis bzw. die Niederschrift gemäß Nachweisgesetz. Der Arbeitgeber ist verpflichtet, dem Arbeitnehmer die

1

Wertigkeit der Stelle mitzuteilen. Dazu gehört nicht nur die Angabe der Entgeltgruppe im Arbeitsvertrag, sondern auch die der Fallgruppe im Nachweis (vgl. LAG Hamm 27.07.1995, 4 Sa 900/94, LAGE § 2 NachwG Nr. 1; a. A. BAG 08.06.2005, 4 AZR 406/04, AP Nr. 8 zu § 2 NachwG).

Die Grundlagen der Eingruppierung gemäß § 5 TV-V

2

1. Regelmäßig auszuübende Tätigkeit

§ 5 Abs. 1 TV-V – Eingruppierung

(1) Der Arbeitnehmer ist entsprechend seiner ... **regelmäßig auszuübenden** Tätigkeit in einer Entgeltgruppe ... eingruppiert.

(Hervorhebung durch die Verfasser)

2

Das Arbeitsentgelt bemisst sich nach der jeweiligen Entgeltgruppe. Für deren Bestimmung kommt es auf die *regelmäßig* auszuübende Tätigkeit an. Eine Tätigkeit ist im Sinne des allgemeinen Sprachgebrauchs regelmäßig, wenn sie nach einer bestimmten Ordnung, in gleichmäßigen Abständen und in ihrer gleichmäßigen Aufeinanderfolge wiederkehrt. Der Rhythmus der Wiederholung ist nicht maßgeblich. Schwankungen und Ausnahmen vom Ablauf sind möglich. Entscheidend ist die Gleichförmigkeit über eine bestimmte Zeit und damit eine gewisse Stetigkeit und Dauer (vgl. BAG 23.04.1998, 6 AZR 611/96, AP Nr. 9 zu § 9 MTB II).

Praxis-Tipp:

Es müssen auch Aufgaben und Zeiten von Bereitschaftsdienst und Rufbereitschaft erfasst werden (vgl. BAG 29.11.2001, 4 AZR 736/00, NZA 2002, S. 1288 = AP Nr. 288 zu §§ 22, 23 BAT 1975).

Anknüpfend an den BAT wird auf die auszuübende Tätigkeit abgestellt. Auszuübende Tätigkeit ist die vom Arbeitgeber übertragene Tätigkeit.

Wichtig: Nicht die „ausgeübte" Tätigkeit!

Die auszuübende Tätigkeit ergibt sich regelmäßig aus dem Arbeitsvertrag. Für die Eingruppierung sind somit allein die Tätigkeiten maßgeblich, die der Arbeitgeber auf Basis des Arbeitsvertrags überträgt und im Rahmen seines Direktionsrechts weiter konkretisiert (vgl. BAG 24.09.2015, 4 AZR 242/14, ZTR 2015, S. 439 ff.; LAG Köln 06.08.2014, 5 Sa 877/15, ZTR 2015, S. 21 f.). So stellt das LAG Berlin-Brandenburg (10.12.2020, 5 Sa 1081/20, zit. nach Beck online) für den TV-N/Berlin klar:

„Die auszuübende Tätigkeit ergibt sich aus dem Arbeitsvertrag oder der rechtmäßigen Weisung des Arbeitgebers. Ist im Arbeitsvertrag die Ausübung einer bestimmten Tätigkeit auf Dauer und ohne die Möglichkeit der Zuweisung einer anderen Tätigkeit geregelt, so ist dies für die Dauer des unveränderten Arbeitsvertrages die auszuübende Tätigkeit. Unterliegt hingegen der Inhalt der auszuübenden Tätigkeit dem Direktionsrecht des Arbeitgebers (§ 106 Satz 1 Gewerbeordnung; GewO), so ergibt sich die auszuübende Tätigkeit aus der rechtmäßigen Weisung des Arbeitgebers."

So kommt es (auch) nicht darauf an, welche Aufgaben die einzelnen Mitarbeiter ausüben, weil dies schon in der Vergangenheit zu ihren Aufgaben gehörte oder weil sonst Aufgaben nicht erledigt werden. Entscheidend sind der Arbeitsvertrag und die im Rahmen des Direktionsrechts zugewiesenen Tätigkeiten. Der Beschäftigte kann sich daher eingruppierungsrechtlich nicht auf die von ihm tatsächlich wahrgenommenen Tätigkeiten, auch wenn sie höher zu bewerten sind, berufen. Auch kann sich der Beschäftigte eine Tätigkeit selbst nicht zuweisen (vgl. LAG SLH 30.01.2018, 2 TaBV 19/17, ZTR 2018, S. 580 ff.).

Damit stellt sich die Frage, wer diese Arbeitgeberfunktion inne hat. Das ist in der Regel die Personalabteilung als ausführendes Organ des Arbeitgebers. Überträgt hingegen ein dazu nicht befugter (Fach-)Vorgesetzter einem Beschäftigten höherwertigere Tätigkeiten, stellen diese keine auszuübenden Tätigkeiten dar. Folglich hat der Beschäftigte auch keinen tariflichen Anspruch auf das entsprechend höhere Entgelt. Dieser entsteht erst, wenn die Tätigkeiten direkt durch das sachlich zuständige Organ des Betriebs/der Dienststelle übertragen oder zumindest stillschweigend geduldet wurden (vgl. zur vergleichbaren Rechtslage im BAT: BAG 05.05.1999, 4 AZR 360/98, AP Nr. 268 zu §§ 22, 23 BAT 1975; LAG Köln 06.08.2014, 5 Sa 877/15, ZTR 2015, S. 21 f.).

Statten Arbeitgeber bestimmte leitende Mitarbeiter mit einer solchen Vertretungsmacht zur Übertragung von (höherwertigen) Tätigkeiten aus, müssen sie sich das vertragsrechtlich zurechnen lassen. Eine solche Zurechnung setzt aber voraus, dass der Mitarbeiter auf das Vorliegen einer solchen Bevollmächtigung bzw. die Billigung des Handelns des leitenden Mitarbeiters als Arbeitgebervertreter vertrauen darf. Teilt der Arbeitgeber dem Mitarbeiter aber schriftlich mit, dass eine bestimmte Stelle/Abteilung – und nicht der leitende Mitarbeiter – die personalbewirtschaftende Stelle ist, liegt kein solcher Vertrauenstatbestand vor (vgl. BAG 16.04.2015, 6 AZR 242/14, AP Nr. 2 zu § 14 TVöD, ZTR 2015, S. 439 ff.).

Wichtig: Der Arbeitgeber sollte deshalb für klare Zuständigkeiten sorgen.

Da der Tarifvertrag auf die aus*zuübende* Tätigkeit abstellt, kommt es auf die aus*geübte* Tätigkeit nicht an. Für die Eingruppierung ist nur die Tätigkeit maßgeblich, die dem Arbeitnehmer vom Arbeitgeber übertragen worden ist. Die Übertragung kann z. B. auf Grundlage einer Stellenbeschreibung erfolgen (vgl. Schlusen/Fellenberg/Hüsgen, Kapitel B, § 5, Rn. 8).

Auch wenn der TV-V – wie auch die meisten anderen Tarifverträge – keine Vorgaben macht, so sind Stellenbeschreibungen als Dokumentation auszuübender Tätigkeiten für eine sachgerechte und nachvollziehbare Eingruppierungsfeststellung unerlässlich (vgl. Gamisch/Mohr, StB, S. 24 f.; zur tarifkonformen Stellenbeschreibung insgesamt: Gamisch/Mohr, StB).

Eine Stellenbeschreibung kann aber nur dann als Eingruppierungsgrundlage genutzt werden, wenn sie die auszuübenden Tätigkeiten ausreichend differenziert wiedergibt. Fordert z. B. ein Tätigkeitsmerkmal bestimmte Fachkenntnisse, Fähigkeiten oder die Erbringung selbständiger Leistungen, muss die Stellenbeschreibung ausreichende Bezüge/Prüfpunkte dazu herstellen (vgl. BAG 21.03.2012, 4 AZR 292/10, AP Nr. 322 zu §§ 22, 23 BAT 1975; BAG 16.11.2011, 4 AZR 773/09, AP Nr. 67 zu § 611 BGB – Kirchendienst; BAG 18.11.2015, 4 AZR 534/13 m. w. N., AP Nr. 61 zu § 1 TVG; BAG 10.06.2020, 4 AZR 142/19, Rn. 15, AP Nr. 3 zu § 12 TVöD, ZTR 2020, S. 528 ff.).

2. Der Grundsatz der Tarifautomatik

Neben diesem Grundsatz ist in § 5 Abs. 1 Satz 1 TV-V der Grundsatz der Tarifautomatik verankert: Der Arbeitnehmer „wird" nicht, vielmehr „ist" er in eine Entgeltgruppe eingruppiert. Es erfolgt demnach kein „Eingruppierungsakt", sondern eine „automatische" Eingruppierung. In diesem Zusammenhang spricht man von einem „Akt der Rechtsanwendung", mit dem die Äußerung einer Rechtsansicht durch den Arbeitgeber verbunden ist (vgl. BAG 05.07.2023, 4 AZR 289/22 m. w. N., zit. nach www.bundesarbeitsgericht.de/entscheidungen; BAG 02.06.2021, 4 AZR 387/20, AP Nr. 7 zu § 12 TV-L).

Nach diesem Modell kann es folglich keine falsche Eingruppierung geben; sie ist stets korrekt. Es ist eine andere Frage, ob der Arbeitgeber das tarifgerechte Ergebnis erkannt hat: Objektive Fehler bei der Eingruppierung können folglich grundsätzlich im Wege einer sogenannten korrigierenden Herabgruppierung beseitigt werden (vgl. Gamisch/Mohr, gEG, IV B.13.3 m. w. N.).

Dementsprechend sind folgende Aspekte ohne Bedeutung für die Eingruppierung:

- Stellenplan
- Geschäftsverteilungspläne
- Stellenanzeigen und Ausschreibungstexte
- Angabe der Eingruppierung/Entgeltgruppe im Arbeitsvertrag
- Beschlüsse der Unternehmensleitung
- Bewertungen von Stellenbewertungskommissionen
- Eingruppierung vergleichbarer (ausgeschiedener) Arbeitnehmer
- Eingruppierung durch andere Arbeitgeber
- Eingruppierungsrichtlinien einer Tarifvertragspartei
- Qualität der geleisteten Arbeit der Mitarbeiter
- Quantität der geleisteten Arbeit der Mitarbeiter
- Schlüsselqualifikationen (z. B. Kontaktfähigkeit, Phantasie, Eigeninitiative, Verhandlungsgeschick)

(vgl. Gamisch/Mohr, gEG, IV B.4.2 m. w. N.)

Wichtig: Sofern Unternehmen (intern) Kataloge von Tätigkeitsbeispielen erarbeiten, stellen diese lediglich eine Arbeitshilfe bei der Personalsachbearbeitung dar, die keine unmittelbare Auswirkung auf die Eingruppierung haben (a. A. wohl Schlusen/Fellenberg/Hüsgen, Kapitel B, § 5, Rn. 1, 65 ff.).

§ 5 Abs. 1 TV-V trifft – wie auch der TVöD/BAT bzw. TV-L/BAT – hinsichtlich des Bewertungssystems eine bindende und abschließende Regelung. Es stellt auf die summarische Arbeitsbewertung ab (a. A. wohl Schlusen/Fellenberg/Hüsgen, Kapitel B, § 5, Rn. 65 ff.). Das BAG hat zur vergleichbaren Rechtslage im BAT entschieden, dass eine analytische Stellenbewertung nicht zulässig ist (BAG 15.02.1971, 4 AZR 147/70, AP Nr. 38 zu §§ 22, 23 BAT 1975; BAG 14.08.1985, 4 AZR 21/84, AP Nr. 109 zu §§ 22, 23 BAT 1975; zur Unterscheidung summarisches und analytisches Verfahren siehe Gamisch/Mohr, gEG,

IV B.2 m. w. N.). Das gilt auch für den TV-V, und zwar durchgängig für alle Entgeltgruppen.

Die Kombination eines summarischen und analytischen Verfahrens ist grundsätzlich möglich, im TV-V aber gerade nicht vorgesehen. Die Nutzung solcher Verfahren findet keine Grundlage im TV-V und ist daher tarifwidrig (siehe auch Entscheidung des LAG Nürnberg vom 14.02.2022 unter Kapitel 1.4). Ein solches Verfahren würde über den TV-V hinaus ein System betrieblicher Lohngestaltung im Sinne des § 87 Abs. 1 Nr. 10 BetrVG einführen, das seinerseits mitbestimmungspflichtig wäre.

Will der Arbeitgeber auf Marktanforderungen reagieren, ist dies natürlich arbeitsvertraglich möglich: Es herrscht Vertragsfreiheit. So kann auch im öffentlichen Dienst ein Arbeitsverhältnis vereinbart werden, in dem die Tarifautomatik durch eine eigenständige Vergütungsregelung ersetzt wird (BAG 26.09.2012, 4 AZR 345/10, AP Nr. 63 zu § 133 BGB, ZTR 2013, S. 208 ff.).

Entscheidung zum TV-V

Die Parteien schlossen einen Arbeitsvertrag, in dem die Vergütung (§ 4 des Vertrages) wie folgt geregelt wurde: Der/die Arbeitnehmer/in ist in der Entgeltgruppe 9, Stufe 4 der Anlage 1 zum TV-V eingruppiert (§ 5 Abs. 1 TV-V). Die Eingruppierung ändert sich nach 6 Monaten in die Entgeltgruppe 11.

Nach Ablauf der ersten sechs Monate der Beschäftigung erhielt der Arbeitnehmer keine Gehaltserhöhung. Auf Nachfrage des Arbeitnehmers teilte ihm der Arbeitgeber mit:

„(...) in Ihrem Arbeitsvertrag ist uns ein offensichtlicher Fehler unterlaufen, den wir mit diesem Schreiben korrigieren möchten. Unter § 4 Eingruppierung Satz 2 ist entgegen unseren Absprachen der Hinweis „Die Eingruppierung ändert sich nach 6 Monaten in die Entgeltgruppe 11.“ erschienen. (...) Da es sich bei dem Schriftstück zu diesem Punkt um einen Irrtum auf unserer Seite handelt, ist der Zusatz zurückzunehmen.“

Gegen diese Teilanfechtung des Arbeitsvertrages wehrt sich der Arbeitnehmer. Er vertritt die Ansicht, die Beklagte habe die Zusage der Gehaltssteigerung in § 4 Satz 2 des Arbeitsvertrages nicht wirksam angefochten. Sie habe vielmehr nur eine „Zurücknahme des Zusatzes“ erklärt. Dies dürfe nach dem Empfängerhorizont nur als Angebot einer Abänderung verstanden werden. Es handele sich außerdem um eine unzulässige Teilanfechtung. Damit werde die Hauptpflicht der Beklagten aus dem Vertrag einseitig zu ihren Gunsten verändert.

Entscheidungsgründe:

Es wird festgestellt, dass die Beklagte verpflichtet ist, dem Kläger auch über den 01.07.2010 hinaus Vergütung nach der Entgeltgruppe 11 des Tarifvertrages Versorgungsbetriebe (TV-V) zu zahlen.

Die AG ist an die Regelung des § 4 Satz 2 im Arbeitsvertrag gebunden. Sie konnte diese Regelung ab dem siebten Monat des Bestands des Arbeitsverhältnisses nicht wirksam anfechten. Die Teilanfechtung ist unzulässig.

Eine Teilanfechtung ist nur möglich, wenn der bei Wegfall des angefochtenen Teils verbleibende Rest bei objektiver, vom Willen der Beteiligten absehender Betrachtung als selbständiges, unabhängig von den anderen Teilen bestehendes Rechtsgeschäft denkbar ist. Daher kommt es für die Frage, ob eine Teilanfechtung begrifflich möglich ist, nicht auf den Willen der am Rechtsgeschäft Beteiligten an, sondern allein ob die auf die objektive (gedankliche) Zerlegbarkeit des Rechtsgeschäfts (BAG 24.02.2011 – 6 AZR 626/09 – NZA-RR 2012, 148; BGH 05.11.1982 – V ZR 166/81 – WM 1983, 92; BGH 05.04.1973 – II ZR 45/71 – WM 1973, 637).

2

Eine Teilanfechtung ist ausgeschlossen, da bei objektiver, vom Willen der Beteiligten absehender Betrachtung ein selbständiges, unabhängig von den anderen Teilen bestehendes Rechtsgeschäft nicht denkbar ist. Tatsächlich fehlt eine Vergütungsregelung für die Zeit ab 01. Juli 2010 (nach Ablauf der ersten 6 Beschäftigungsmonate). Die Frage, welche Vergütung dem Kläger ab dem 01. Juli 2010 zustehen sollte, lässt sich auch nicht durch Anwendung des TV-V füllen, der Vertrag bliebe unvollständig.

Dem Kläger wurde bereits mit § 4 Satz 1 des Arbeitsvertrages eine Vergütung zugesagt, welche sich zwar an den Entgeltgruppen des TV-V orientiert, dem jedoch keine Eingruppierung seiner Tätigkeit zu Grunde liegt. Dem Kläger ist als Berufsanfänger eine Vergütung der Stufe 4 in der Entgeltgruppe 9 angeboten worden, obwohl er die Voraussetzungen für die Erlangung der Stufe 4 nach seiner Betriebszugehörigkeit nicht erfüllte. Die Beklagte hat außerdem ausgeführt, dass die Tätigkeit als „Sachbearbeiter Segment 100+" nur eine Vergütung nach den Entgeltgruppen 7 bis 9 rechtfertige. Eine tarifliche Vergütung ist damit zwischen den Parteien nicht vereinbart worden. Die Bestimmung in § 2 des Arbeitsvertrages, wonach der TV-V gilt, hat nur ergänzende Wirkung, die unter § 4 getroffene Vergütungsregelung ist vorrangig.

(LAG Hessen 28.11.2012, 18 Sa 594/12, zit. nach WKRS 2012, 35033)

3. Die 50-Prozent-Grenze

§ 5 Abs. 1 TV-V – Eingruppierung

(1) Der Arbeitnehmer ist entsprechend seiner **mindestens zur Hälfte** regelmäßig auszuübenden Tätigkeit ... eingruppiert. Soweit in Anlage 1 ausdrücklich ein von Satz 1 **abweichendes Maß** bestimmt ist, gilt dieses.

(Hervorhebungen durch die Verfasser)

§ 5 Abs. 1 Satz 1 TV-V bestimmt, dass hinsichtlich der regelmäßig auszuübenden Tätigkeit ein Zeitfaktor für die Eingruppierung maßgeblich ist: mindestens zur Hälfte, das heißt 50 Prozent der Tätigkeit.

Wichtig: Der Zeitanteil bezieht sich also auf den Begriff „Tätigkeit" (zum Begriff und zur Bildung siehe auch folgenden Abschnitt). Für jede Tätigkeit muss ein Zeitanteil ermittelt werden! Stellenbeschreibungen, die die Grundlage für jede Eingruppierung im TV-V darstellen, müssen dementsprechend Zeitanteile enthalten (vgl. Gamisch/ Mohr, StB, Kapitel 6.5).

Abweichend gilt gemäß § 5 Abs. 1 Satz 2 TV-V ein anderes Maß, soweit Anlage 1 TV-V dies ausdrücklich bestimmt.

Einziges Beispiel: Entgeltgruppe 6 Fallgruppe 6.2

... die gründliche und vielseitige Fachkenntnisse und mindestens zu **einem Fünftel** selbständige Leistungen erfordert.

(Hervorhebung durch die Verfasser)

Für die Praxis stellt sich damit die Frage, auf welchem Weg die Zeitanteile ermittelt werden können; insbesondere ob der Arbeitgeber Arbeitsaufzeichnungen durch den Arbeitnehmer verlangen kann.

Regelmäßig werden Bedenken auf die Rechtsprechung des BAG gestützt, wonach Angestellte im Geltungsbereich des BAT nicht verpflichtet sind, tagebuchähnliche oder sonstige Aufzeichnungen über Einzelheiten ihrer Tätigkeit und den Zeitaufwand zu führen (vgl. BAG 28.03.1979, 4 AZR 446/77, AP Nr. 19 zu §§ 22, 23 BAT 1975; BAG 24.09.1980, 4 AZR 727/78, AP Nr. 36 zu §§ 22, 23 BAT 1975). Diese Feststellungen beziehen sich aber nur auf prozessrechtliche Fragen hinsichtlich der Zulässigkeit und Begründetheit einer Eingruppierungsfeststellungsklage. Und selbst hier gilt es zu bedenken, klar zwischen Verpflichtung und Sinnhaftigkeit zu unterscheiden. So stellt das LAG Rheinland-Pfalz in seiner Entscheidung vom 05.08.2019 (3 Sa 417/18) klar, dass zwar tagebuchartige Aufzeichnungen nicht verlangt werden können, diese aber zur Erleichterung der Prozessführung zu empfehlen sind. Selbstverständlich darf der Arbeitgeber aufgrund seines Direktionsrechts gemäß § 106 GewO die Beschäftigten anweisen, Arbeitsaufzeichnungen zu erstellen (vgl. BAG 19.04.2007, 2 AZR 78/06, AP Nr. 77 zu § 611 BGB Direktionsrecht). Im Einzelfall ist jedoch zu prüfen, ob diese Weisung mitbestimmungspflichtig ist.

4. Begriff und Bildung der Tätigkeit

§ 5 Abs. 1 TV-V – Eingruppierung

(1) Der Arbeitnehmer ist entsprechend seiner … regelmäßig auszuübenden **Tätigkeit** in einer Entgeltgruppe nach Anlage 1 eingruppiert. …

(Hervorhebung durch die Verfasser)

Im TV-V werden, anders als im TVöD/BAT bzw. TV-L/BAT, keine Arbeitsvorgänge gebildet. Die wenige Rechtsprechung, die zum TV-V existiert, geht dabei aber zum Teil weiterhin vom Begriff des Arbeitsvorgangs aus, wie ihn nur der Vorgängertarifvertrag BAT, aber schon nicht der BMT-G, kannte (z. B. ArbG Dresden 21.02.2014, 3 Ca 792/13) oder lässt die Problematik ganz offen (z. B. LAG Nürnberg 14.02.2022, 1 TaBV 26/21, abrufbar unter: https://www.lag.bayern.de/nuernberg/entscheidungen/).

Das Wort „Arbeitsvorgang" bzw. hier im TV-V das Wort „Tätigkeit" dient dabei als Struktur- bzw. Gliederungsvorgabe, welche auszuübenden Aufgaben als Bewertungseinheit für die Eingruppierung maßgeblich sind.

Nach welchen Kriterien die Gliederung der auszuübenden Aufgaben erfolgen kann, wird im TV-V offen gelassen. Tarifrechtliche Grundlage ist alleine der Begriff der *Tätigkeit*, der im Tarifvertragstext nicht definiert wird.

Im Sinne der Auslegung dieser Tarifregel (zur Auslegung siehe Kapitel 1.3) ist also zunächst auf den allgemeinen Sprachgebrauch zurückzugreifen, da es sich beim Begriff „Tätigkeit" weder um einen gesetzlichen noch versorgungsspezifischen Fachbegriff handelt. Im allgemeinen Sprachgebrauch wird unter Tätigkeit das „sich beschäftigen mit etwas" verstanden. Darüber hinaus umschreibt „Tätigkeit" die Gesamtheit derjenigen Verrichtungen, mit denen jemand in Ausübung seines Berufs zu tun hat. Tätigkeit wird somit synonym für Arbeit verwandt. Entsprechend wird der Begriff „Arbeit" gedeutet als „Tätigkeit mit einzelnen Verrichtungen bzw. Ausführen eines Auftrages" (vgl. Duden, S. 180, 1782).

Eine „Tätigkeit" besteht also aus mehreren Verrichtungen oder auch Einzeltätigkeiten bzw. Arbeitsschritten. Dabei ist die Einzeltätigkeit/der Arbeitsschritt die kleinste nicht mehr sinnvoll aufspaltbare Arbeitsleistung eines Beschäftigten (siehe § 13 TV-WW/NW). Die Tätigkeit kann dabei alle Einzeltätigkeiten umfassen, die jemand in Ausübung seines Berufes zu erledigen hat.

Vergleicht man dies im Sinne der historischen Auslegung mit den Vorgängertarifverträgen (BAT und BMT-G), wird deutlich, dass die Tarifvertragsparteien mit § 5 Abs. 1 Satz 1 TV-V nicht die Eingruppierungsgrundlagen des § 22 BAT mit „Arbeitsvorgängen" im Blick hatten, sondern vielmehr die Lohngrundlagen nach § 2 Abs. 2 BMT-G II in Verbindung mit den jeweiligen Lohnbezirkstarifverträgen nach § 20 BMT-G:

> „(2) Die Eingruppierung in die Lohngruppen muss, soweit nicht in sachlich begründeten Ausnahmefällen bezirklich etwas anderes festgelegt wird, nach der zeitlich mindestens zur Hälfte auszuübenden Tätigkeit erfolgen."

Für die Bildung von Tätigkeiten als Gliederungs- und Bewertungseinheit im TV-V kann also auf die vorhandene Rechtsprechung zur Bildung von Tätigkeiten der alten Arbeitertarifverträge des öffentlichen Dienstes bzw. vergleichbarer Tarifverträge zurückgegriffen werden.

Diese Rechtsprechung führt aus, dass für die Bildung von Tätigkeiten vergleichbare Regeln und Kriterien wie für die Bestimmung des Arbeitsvorgangs gelten, die anzuwendenden Maßstäbe aber weniger streng sind. Die insgesamt auszuübende Tätigkeit kann demnach aus nur einer einheitlich zu bewertenden Gesamttätigkeit oder mehreren Teiltätigkeiten bestehen (siehe z. B. BAG 11.10.2006, 4 AZR 534/05, AP Nr. 20 zu § 20 BMT-G II; BAG 15.02.2006, 4 AZR 634/04, Rn. 16, AP Nr. 3 zu §§ 22, 23 BAT Rückgruppierung m. w. N.; BAG 24.02.2016, 4 AZR 980/13, AP Nr. 6 zu § 1 TVG Tarifverträge: Wohnungswirtschaft, Rn. 15 m. w. N. auf die Rechtsprechung zu den Tarifverträgen des öffentlichen Dienstes).

Für die Eingruppierung des Arbeitnehmers bedarf es also zunächst der Prüfung, ob der Arbeitnehmer

- eine einheitlich zu bewertende Gesamttätigkeit auszuüben hat

  oder
- mehrere – voneinander abtrennbare – (Teil-)Tätigkeiten

(vgl. BAG 01.07.2009, 4 ABR 18/08, AP Nr. 39 zu § 99 BetrVG Eingruppierung; BAG 23.08.2006, 4 AZR 410/05, AP Nr. 12 zu § 51 TVAL II, Rn. 11 i. V. m. BAG 15.02.2006, 4 AZR 634/04, Rn. 16, AP Nr. 3 zu §§ 22, 23 BAT Rückgruppierung).

Die auf diese Weise bestimmte(n) Tätigkeit(en) ist (sind) dann tariflich zu bewerten (vgl. BAG 21.08.2002, 4 AZR 223/01, AP Nr. 1 zu § 1 TVG Tarifverträge: Krankenkassen).

Für die Bildung von Tätigkeiten nach TV-V ist also wie folgt vorzugehen:

Es ist zu prüfen, ob nur eine Gesamttätigkeit (zu 100 Prozent) vorliegt oder mehrere (Teil-)Tätigkeiten mit eigenen Zeitanteilen vorliegen. Dies richtet sich zunächst nach den Regeln für die Bildung von Arbeitsvorgängen.

Wichtig: Bei der Bildung von Tätigkeiten im Sinne des TV-V müssen aber nicht die gleichen strengen Maßstäbe angesetzt werden wie bei der Bildung von Arbeitsvorgängen, d. h. die Tätigkeit im Sinne des TV-V ist der Arbeitsvorgang „plus". Der Auslegungs- und Anwendungsspielraum, was Tätigkeits- und damit Bewertungseinheit ist, ist im TV-V damit größer als im BAT/TVöD/TV-L!

Exkurs: Der Arbeitsvorgang

§ 12 TVöD-VKA führt – wie TVöD-Bund und TV-L – den Begriff des Arbeitsvorgangs im Wesentlichen aus § 22 BAT fort und bestimmt:

Protokollerklärung zu § 12 Absatz 2 TVöD-VKA:

[1]Arbeitsvorgänge sind Arbeitsleistungen (einschließlich Zusammenhangsarbeiten), die, bezogen auf den Aufgabenkreis der/des Beschäftigten, zu einem bei natürlicher Betrachtung abgrenzbaren Arbeitsergebnis führen (z. B. unterschriftsreife Bearbeitung eines Aktenvorgangs, eines Widerspruchs oder eines Antrags, Erstellung eines EKG, Fertigung einer Bauzeichnung, Konstruktion einer Brücke oder eines Brückenteils, Bearbeitung eines Antrags auf eine Sozialleistung, Betreuung einer Person oder Personengruppe, Durchführung einer Unterhaltungs- oder Instandsetzungsarbeit).

Unterschiede zwischen der Definition des Arbeitsvorgangs im TVöD-Bund und TV-L bestehen lediglich bei den im Klammersatz genannten Beispielen.

Mit dem Begriff des Arbeitsvorgangs hat sich das BAG in den letzten Jahren intensiv und grundlegend auseinandergesetzt und konkretisiert den Begriff wie folgt:

BAG vom 09.09.2020

Nach § 12 Abs. 1 TV-L ist Bezugspunkt der tariflichen Bewertung der Arbeitsvorgang, für dessen Bestimmung das Arbeitsergebnis maßgebend ist. Zu welchen Arbeitsergebnissen die Tätigkeit eines Beschäftigten führt, ist auf Grundlage einer natürlichen Betrachtungsweise unter Berücksichtigung der durch den Arbeitgeber vorgegebenen Arbeitsorganisation zu ermitteln. Die gesamte vertraglich geschuldete Tätigkeit kann einen einzigen Arbeitsvorgang ausmachen. Einzeltätigkeiten können dann nicht zusammengefasst

> werden, wenn die verschiedenen Arbeitsschritte nicht nur theoretisch getrennt zugewiesen werden könnten, sondern tatsächlich von vornherein auseinandergehalten und organisatorisch voneinander getrennt sind. (...)
>
> Einem Arbeitsvorgang sind nach Satz 1 der Nr. 1 der Protokollerklärungen zu § 12 Abs. 1 TV-L diejenigen Zusammenhangsarbeiten hinzuzurechnen, die aufgrund ihrer engen Verknüpfung mit bestimmten Aufgaben eines Beschäftigten von diesen bei Bestimmung des Arbeitsvorgangs nicht abgetrennt werden dürfen, um eine tarifwidrige „Atomisierung" zu vermeiden.
>
> Ein Arbeitsvorgang kann auch Tätigkeiten von unterschiedlicher tariflicher Wertigkeit enthalten. Die tarifliche Bewertung der Tätigkeiten ist für die Bestimmung eines Arbeitsergebnisses und damit des Arbeitsvorgangs nicht von Bedeutung. (...)
> Zu bewerten sind nach Satz 2 der Nr. 1 der Protokollerklärungen zu § 12 Abs. 1 TV-L die Arbeitsvorgänge, nicht die Einzeltätigkeiten.
>
> (BAG 09.09.2020, 4 AZR 195/20, AP Nr. 6 zu § 12 TV-L)

Diese Ausführungen werden als unübersichtlich empfunden. Deshalb wird versucht, die Definition zu strukturieren, was aus didaktischen Gründen auch sinnvoll ist.

Gegliederte Definition des Begriffs Arbeitsvorgang					
PE zu § 12 Abs. 2 TVöD-VKA		**PE Nr. 1 zu § 22 Abs. 2 BAT**		**vgl. BAG-Rechtsprechung**	
Arbeitsvorgänge sind		Arbeitsvorgänge sind		Der Arbeitsvorgang ist	
1.1	Arbeitsleistungen (einschließlich Zusammenhangsarbeiten)	2.1	Arbeitsleistungen (einschließlich Zusammenhangsarbeiten)	3.1	eine unter Hinzurechnung der Zusammenhangstätigkeiten
1.2	die, bezogen auf den Aufgabenkreis der/des Beschäftigten,	2.2	die, bezogen auf den Aufgabenkreis des Angestellten,	3.2	und unter Berücksichtigung der durch den Arbeitgeber vorgegebenen Arbeitsorganisation
1.3	zu einem bei natürlicher Betrachtung	2.3	zu einem bei natürlicher Betrachtung	3.3	nach tatsächlichen Gesichtspunkten abgegrenzte

Gegliederte Definition des Begriffs Arbeitsvorgang					
PE zu § 12 Abs. 2 TVöD-VKA		**PE Nr. 1 zu § 22 Abs. 2 BAT**		**vgl. BAG-Rechtsprechung**	
1.4	abgrenzbaren Arbeitsergebnis führen.	2.4	abgrenzbaren Arbeitsergebnis führen.	3.4	zu einem bestimmten Arbeitsergebnis führende Tätigkeit eines Beschäftigten.

Arbeitsleistung (1.1/2.1) ist jede zur Erfüllung der Arbeitspflicht verrichtete Aktivität eines Beschäftigten. Die Arbeitsleistung umfasst somit die gesamte auszuübende Tätigkeit (Aufgabenkreis gemäß 1.2/2.2). Diese ist nach den Kriterien Zusammenhangstätigkeiten (1.1/2.1/3.1) und Arbeitsergebnis (1.4/2.4/3.4) zu gliedern:

Der Arbeitsschritt ist dabei die kleinste, nicht mehr sinnvoll aufspaltbare Arbeitsleistung des Beschäftigten. Die Reihenfolge der Arbeitsschritte wird als Arbeitsablauf bezeichnet. Zu diesem Arbeitsablauf zählen auch Zusammenhangstätigkeiten (1.1/2.1/3.1). Das sind solche Tätigkeiten, die einen engen inneren sachlichen Zusammenhang mit anderen, insbesondere tariflich höherwertigen Aufgaben des Beschäftigten aufweisen. Bei der Bildung des Arbeitsvorgangs dürfen diese Zusammenhangsarbeiten zwecks Vermeidung tarifwidriger Atomisierung nicht abgetrennt werden. Sie sind vielmehr dem Arbeitsvorgang als Bewertungseinheit hinzuzurechnen (vgl. BAG 16.08.2023, 4 AZR 339/22, AP Nr. 19 zu § 12 TVöD m. w. N. auf die Rechtsprechung des BAG).

Klassische Zusammenhangsarbeiten sind z. B.:

- Besprechungen, Schriftverkehr und Telefongespräche, die mit der Bearbeitung des Aktenvorgangs zusammenhängen
- Fertigen und Lesen von Statistiken, wenn diese die Grundlage für die Kernarbeit sind
- Führen eines Dienstwagens durch einen Verwaltungsmitarbeiter
- Lesen von Akten, um ein medizinisches oder juristisches Gutachten zu fertigen
- Publikumsverkehr

- Studium von Gesetzen, sonstigen Rechtsvorschriften und gerichtlichen Entscheidungen
- Führen der Ablage für die zu bearbeitenden Aktenvorgänge
- Datenpflege
- Teilnahme an Fortbildungen zur Sicherstellung der Qualität der übertragenen Tätigkeiten

(vgl. z.B. BAG 09.09.2020, 4 AZR 195/20, AP Nr. 6 zu § 12 TV-L; BAG 26.07.1995, 4 AZR 280/94, AP Nr. 203 zu §§ 22, 23 BAT 1975; BAG 17.01.1996, 4 AZR 662/94, AP Nr. 4 zu §§ 22, 23 BAT Sparkassenangestellte; BAG 16.10.2019, 4 AZR 284/18, AP Nr. 341 zu §§ 22, 23 BAT 1975).

Zu einem Arbeitsvorgang werden alle Arbeitsleistungen zusammengefasst, die zu einem verwertbaren (Zwischen-)Ergebnis führen (1.4/2.4/3.4). Bei der Bildung des Arbeitsvorgangs kommt es damit entscheidend auf das bei „natürlicher Betrachtungsweise" (1.3/2.3/3.3) abgrenzbare Arbeitsergebnis (1.4/2.4/3.4) an (grundlegend BAG 26.04.2023, 4 AZR 275/20, AP Nr. 9 zu § 12 TV-L; BAG 25.02.2009, 4 AZR 20/08, AP Nr. 310; BAG 25.08.2010, 4 AZR 5/09, AP Nr. 315, beide zu §§ 22, 23 BAT 1975).

Es muss eine „wirklichkeitsfremde Zersplitterung eines einheitlichen Arbeitsergebnisses" (BAG 31.07.2002, 4 AZR 129/01, AP Nr. 291 zu §§ 22, 23 BAT 1975) verhindert werden. Dabei ist es unerheblich, dass es theoretisch verwaltungstechnisch möglich wäre, die Arbeit durch organisatorische Maßnahmen anders zu verteilen und die Bearbeitung auf verschiedene Bearbeiter zu übertragen (BAG 23.02.2005, 4 AZR 191/04; BAG 26.04.2023, 4 AZR 275/20, AP Nr. 9 zu § 12 TV-L).

Wichtig: Maßgeblich ist somit die vom Arbeitgeber vorgegebene tatsächliche Organisation (vgl. BAG 26.04.2023, 4 AZR 275/20, AP Nr. 9 zu § 12 TV-L; BAG 24.02.2016, 4 AZR 485/13, AP Nr. 6 zu § 56 TVöD m. w. N. auf die Rechtsprechung des BAG; siehe auch für die allgemeinen Tätigkeitsmerkmale: BAG 22.02.2017, 4 AZR 514/16, AP Nr. 336 zu §§ 22, 23 BAT 1975, ZTR 2017, S. 352 ff.).

Zusammenfassend kann man den Arbeitsvorgang bzw. die Tätigkeit mit einer (verkürzten) Arbeitsdefinition beschreiben als Arbeitsleistung,

- die zu einem bestimmten Arbeitsergebnis führt und
- unter Berücksichtigung des tatsächlichen Arbeitsablaufs des Mitarbeiters von anderen Tätigkeiten abgegrenzt ist.

Die Anzahl der Arbeitsvorgänge/Tätigkeiten

Die Anzahl der Arbeitsvorgänge/Tätigkeiten ist für die Eingruppierung zunächst ohne Bedeutung. So ist es möglich, dass nur ein Arbeitsvorgang/eine Tätigkeit vorliegt. Das ist der Fall, wenn der Aufgabenkreis nicht weiter aufteilbar und einer rechtlichen Bewertung zugänglich ist (vgl. z. B. BAG 27.09.2017, 4 AZR 666/14, AP Nr. 5 zu § 16 TVöD). Mit dieser Feststellung ist noch nicht gesagt, zu welchem Eingruppierungsergebnis dies führt.

Von nur einem großen Arbeitsvorgang und damit auch nur einer Tätigkeit im Sinne des TV-V kann grundsätzlich ausgegangen werden, wenn eine der drei Kategorien vorliegt:

1. Leitung
2. Funktionsmerkmal/Beispieltätigkeit
3. Tätigkeiten mit Funktionscharakter

Diese bilden nach ständiger Rechtsprechung regelmäßig einen einheitlichen Arbeitsvorgang und damit nach den obigen Auslegungsgrundsätzen auch nur eine Tätigkeit im Sinne des TV-V (zum Begriff des Arbeitsvorgangs auch Gamisch/Mohr, Grundlagen, Kapitel 3.3).

Leitungsaufgaben führen nach ständiger Rechtsprechung des BAG zu einem einheitlichen Arbeitsergebnis: der sachgerechten Leitung des übertragenen Zuständigkeitsbereichs. Unter Leitung ist dabei die Verbindung von Aufgaben der Planung, Organisation, Anweisung, Koordination und Kontrolle, also die organisatorische Gesamtzuständigkeit für die übertragene Aufgabe zu verstehen (vgl. BAG 16.05.2019, 6 AZR 93/18, AP Nr. 97 zu § 611 BGB Kirchendienst m. w. N.). Dabei können alle Tätigkeiten zusammengefasst werden, die diesem einheitlichen Arbeitsergebnis dienen (vgl. z. B. BAG 16.08.2023, 4 AZR 339/22, AP Nr. 19 zu § 12 TVöD; BAG 13.05.2020, 4 AZR 173/19, AP Nr. 1 zu § 12 TVöD, ZTR 2020, S. 520 ff.; BAG 29.01.2020, 4 ABR 8/18, AP Nr. 166 zu § 99 BetrVG 1972).

Von einem einheitlichen Arbeitsvorgang ist ebenfalls auszugehen, wenn der Tarifvertrag sog. **Funktionsmerkmale (Beispielstätigkeiten)** enthält. Alle zu diesem Funktionsmerkmal gehörenden Tätigkeiten kennzeichnen einen einheitlichen Arbeitsvorgang (vgl. z. B. BAG 16.05.2019, 6 AZR 93/18, AP Nr. 97 zu § 611 BGB Kirchendienst; BAG 19.10.2022, 4 AZR 500/21, AP Nr. 17 zu § 12 TVöD; BAG 25.08.2010, 4 AZR 5/09, AP Nr. 315 zu §§ 22, 23 BAT 1975). Denn dieses bildet als Tätigkeitsbeispiel „die Klammer für alle Tätigkeiten (...), die der Beispielstätigkeit dienen (...)" (BAG 22.11.2000, 4 AZR 623/99, zit. nach BeckRS 2000, 30788219).

Beispiel:

- Lagerverwalter

  (BAG 15.09.2004, 4 AZR 396/03, AP Nr. 298 zu §§ 22, 23 BAT 1975)

Tätigkeiten mit **Funktionscharakter** weisen – wie Leitungs- und Beispielstätigkeiten – ein einheitliches Arbeitsergebnis auf, nämlich das Wahrnehmen nur einer bestimmten Hauptaufgabe/Funktion, wie z. B.:

- Bauoberleitung als Aufsicht über die örtliche Bauüberwachung

  (BAG 21.06.2000, 4 AZR 389/99)

- Klärmeister und Schichtführer im Klärwerk

  (Hess. LAG 30.04.1996, 9 Sa 1249/95, zit. nach Reidelbach/Wieland/Fattler, A 330 XIV.)

- Brandschutzbeauftragter

  (LAG Hamm 25.09.2009, 19 Sa 820/09)

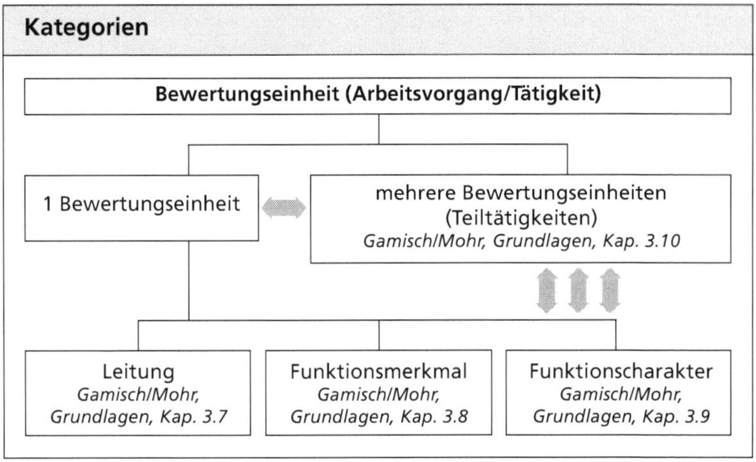

(weiterführende Ausführungen zum Begriff und zur Bildung von Arbeitsvorgängen siehe auch Gamisch/Mohr, Grundlagen, Kapitel 3)

Beispiele zur Bildung von Tätigkeiten

Entscheidungen zum TV-V

1. Arbeitsvorgang (statt Tätigkeit): Überwachen des Betriebs aller Anlagen zur Wärme- und Stromversorgung

   (ArbG Dresden 21.02.2014, 3 Ca 792/13)

2. Weder der Stellenbeschreibung noch dem sonstigen Sachvortrag der Parteien ist zu entnehmen, dass sie weitere Tätigkeiten mit der Wertigkeit der Entgeltgruppe 8 ausüben, die zusammen mit der von ihnen behauptetermaßen übertragenen Tätigkeit des An- und Abfahrens von Kraftwerksblöcken mindestens die Hälfte ihrer regelmäßig auszuübenden Tätigkeiten ausmachen. Die Kläger legen auch nicht dar, dass die behauptete Tätigkeit des An- und Abfahrens von Kraftwerksblöcken zusammen mit weiteren insgesamt 50 % ergebenden Tätigkeiten eine einheitlich zu bewertende Gesamttätigkeit darstellt, die gerade nicht unterschiedliche Tätigkeiten sind, welche tatsächlich trennbar und jeweils rechtlich selbständig bewertbar sind.

   (LAG Niedersachsen 16.03.2012, 14 Sa 932/11, zit. nach WKRS 2012, 43927)

Eingruppierung bei Vorliegen mehrerer Teiltätigkeiten

Liegen mehrere Teiltätigkeiten vor, gewinnt die Frage der Erreichung der 50-Prozent-Grenze an Bedeutung. Erreicht keine Teiltätigkeit für sich allein die 50-Prozent-Grenze (bzw. im Ausnahmefall der Entgeltgruppe 6 Fallgruppe 6.2 20 Prozent), bestimmt der TV-V Folgendes:

§ 5 Abs. 1 Satz 3 TV-V

Erreicht keine der vom Arbeitnehmer auszuübenden Tätigkeiten das in Satz 1 oder 2 geforderte Maß, werden höherwertige Tätigkeiten zu der jeweils nächstniedrigeren Tätigkeit hinzugerechnet.

Wichtig: Folglich fehlt im TV-V, wie im BMT-G II und MTArb, die Möglichkeit der sog. zusammenfassenden Betrachtung.

Exkurs: Die zusammenfassende Betrachtung

§ 12 Abs. 2 Satz 3 TVöD-VKA

Kann die Erfüllung einer Anforderung in der Regel erst bei der Betrachtung mehrerer Arbeitsvorgänge festgestellt werden (z. B. vielseitige Fachkenntnisse), sind diese Arbeitsvorgänge für die Feststellung, ob diese Anforderung erfüllt ist, insoweit zusammen zu beurteilen.

Diese Regel findet sich auch in § 12 TV-L und TVöD-Bund. Als ergänzende Form der Bewertung sichert sie einem Arbeitnehmer, der nebeneinander Aufgaben unterschiedlicher Art auszuüben hat und dafür jeweils andersartige Kenntnisse und Erfahrungen einsetzen muss, eine höhere Eingruppierungsmöglichkeit.

Der entsprechende Bewertungsvorgang erfolgt in zwei Schritten:

1. Bildung von Arbeitsvorgängen

Beispiel:

vier Aufgaben unterschiedlicher Art (anderer Arbeitsweg sowie unterschiedliche, voneinander abgrenzbare Arbeitsergebnisse)

Folge: vier Arbeitsvorgänge

Bewertungsergebnis der einzelnen Arbeitsvorgänge: Jeder Arbeitsvorgang erfüllt für sich die Anforderungen des Tätigkeitsmerkmals „gründliche und vielseitige Fachkenntnisse".

2. Zusammenfassende Betrachtung der Aufgaben und Kenntnisse und erneute Prüfung der Erfüllung der nächsthöheren Tätigkeitsmerkmale (soweit für die zusammenfassende Betrachtung zugelassen!)

Fortführung des obigen Beispiels:

erneute Prüfung der vier Arbeitsvorgänge, ob ggf. das auf den „gründlichen und vielseitigen Fachkenntnissen" aufbauende Tarifmerkmal der „gründlichen, umfassenden Fachkenntnisse" erfüllt ist

Diese zusammenfassende Betrachtung wurde durch die Rechtsprechung bei folgenden Tätigkeitsmerkmalen zugelassen:

- gründliche Fachkenntnisse
- gründliche und vielseitige Fachkenntnisse
- gründliche, umfassende Fachkenntnisse
- Maß der Verantwortung
- abgeschlossene wissenschaftliche Hochschulbildung

(vgl. Reidelbach/Wieland/Fattler, Z 200)

Für den TV-V wird dieses Verfahren ausdrücklich untersagt:

§ 5 Abs. 1 Satz 3 TV-V

Erreicht keine der vom Arbeitnehmer auszuübenden Tätigkeiten das in Satz 1 oder 2 geforderte Maß, werden höherwertige Tätigkeiten zu der jeweils nächstniedrigeren Tätigkeit hinzugerechnet.

Dieses Verbot schließt aber nicht aus, dass es sich bei den übertragenen auszuübenden Tätigkeiten um eine einheitlich zu bewertende Gesamttätigkeit handelt (vgl. z. B. BAG 15.02.2006, 4 AZR 634/04, AP Nr. 3 zu §§ 22, 23 BAT Rückgruppierung m. w. N.; BAG 27.08.2008, 4 AZR 484/07, AP Nr. 210 zu § 1 TVG Auslegung).

Einheitlich zu bewertende Gesamttätigkeit

Eine einheitlich zu bewertende Gesamttätigkeit liegt vor, wenn alle dem Arbeitnehmer übertragenen Aufgaben einem bestimmten Arbeitsergebnis dienen. Eine Aufspaltung der übertragenen Aufgaben in mehrere jeweils getrennt zu bewertende Teiltätigkeiten im Sinne des TV-V ist dann nicht mehr erforderlich.

Es ist also sehr gründlich zu prüfen, ob eine Gesamttätigkeit oder mehrere Teiltätigkeiten vorliegen. Liegt eine Gesamttätigkeit vor, macht diese als Bewertungseinheit 100 Prozent aus. Liegen mehrere Teiltätigkeiten vor, ist jede Teiltätigkeit für sich zu bewerten.

Wichtig: Innerhalb der zu bewertenden Tätigkeit (Gesamt- oder Teiltätigkeit) ist nicht mehr zu prüfen, ob die zu erfüllenden Anforderungen zeitlich überwiegen (*im TV-V die Hälfte – Anm. der Verfasser*; BAG 23.08.2006, 4 AZR 410/05, AP Nr. 12 zu § 51 TV AL II).

Für die Anwendung der Eingruppierungsregeln des TV-V auf die so bestimmte Gesamt- oder Teiltätigkeit ist Folgendes zu beachten: Der TV-V hat zum Teil Tätigkeitsmerkmale aus dem BAT übernommen (gründliche Fachkenntnisse, gründliche und vielseitige Fachkenntnisse, Maß der Verantwortung, abgeschlossene wissenschaftliche Hochschulbildung). Damit kann für die Auslegung dieser Tätigkeitsmerkmale grundsätzlich auf die BAT-Rechtsprechung zurückgegriffen werden. Da diese aber vom (zum Teil) kleinteiligeren Begriff des Arbeitsvorgangs ausgeht, kann die Rechtsprechung nur sinngemäß übernommen werden, da die Basis der Feststellung der tarifgerechten

Entgeltgruppe die Gliederung der Aufgaben nach den tarifvertraglichen Vorgaben ist: Der BAT geht vom kleinteiligeren Begriff des Arbeitsvorgangs, der TV-V vom umfassenderen Begriff der Tätigkeit aus.

Wichtig: Wird das nicht beachtet, kommt es bei Anwendung der oben genannten Tätigkeitsmerkmale zwangsläufig zu schlechteren Ergebnissen.

5. Die Anlage 1 zum TV-V

§ 5 Abs. 1 TV-V – Eingruppierung

(1) Der Arbeitnehmer ist ... in einer Entgeltgruppe nach **Anlage 1** eingruppiert.

(Hervorhebung durch die Verfasser)

Der TV-V bestimmt die „Regeln der Eingruppierung" in § 5 Abs. 1 TV-V, der durch die Vorbemerkungen der Anlage 1 TV-V ergänzt wird. Die maßgebliche Entgeltgruppe folgt aus der Anlage 1 TV-V.

Entgeltgruppen 1 bis 8

EG	FG 1	FG 2	FG 3
1	einfachste Tätigkeiten		
2	einfache Tätigkeiten		
3	eingehende Einarbeitung		
4	gründliche Fachkenntnisse	„sonstige Arbeitnehmer“	
5	+ abgeschlossene Ausbildung in einem anerkannten Ausbildungsberuf + entsprechende Tätigkeiten	gründliche und vielseitige Fachkenntnisse	„sonstige Arbeitnehmer“
6	besonders hochwertig **oder** besonders vielseitig	+ gründliche und vielseitige Fachkenntnisse + selbstständige Leistungen zu 1/5	„sonstige Arbeitnehmer“
7	besondere Spezialkenntnisse	+ gründliche und vielseitige Fachkenntnisse + selbstständige Leistungen	„sonstige Arbeitnehmer“
8	***Erhebliches Herausheben*** durch das Maß der Verantwortung	…	

Die Grundlagen der Eingruppierung gemäß § 5 TV-V

Entgeltgruppen 9 bis 15

EG	FG 1	FG 2	FG 3
8	…	+ gründliche, umfassende Fachkenntnisse + selbstständige Leistungen	„sonstige Arbeitnehmer"
9	***Herausheben*** aus 8.2 durch besonders verantwortungsvolle Tätigkeiten	+ abgeschlossene FH- oder BA-Ausbildung + entsprechende Tätigkeiten	„sonstige Arbeitnehmer"
10	***Herausheben*** aus 9.1 oder 9.2 durch besondere Schwierigkeit und Bedeutung	„sonstige Arbeitnehmer"	
11	+ abgeschlossene wiss. Hochschulbildung + entsprechende Tätigkeiten	***Erhebliches Herausheben*** aus 10.1 durch Maß der Verantwortung	„sonstige Arbeitnehmer"
12	+ abgeschlossene wiss. Hochschulbildung + einjährige einschlägige Berufsausübung + entsprechende Tätigkeiten	„sonstige Arbeitnehmer"	
13	***Herausheben*** aus 12.1 durch besondere Schwierigkeit und Bedeutung	„sonstige Arbeitnehmer"	
14	***Erhebliches Herausheben*** aus 13.1 durch Maß der Verantwortung	„sonstige Arbeitnehmer"	
15	***Erhebliches Herausheben*** aus 14.1	„sonstige Arbeitnehmer"	

Legende:
→ Heraushebungsmerkmal
•→ Aufbaumerkmal
Sonstige Arbeitnehmer = Arbeitnehmer, die aufgrund ihrer Fähigkeiten oder Erfahrungen gleichwertige Tätigkeiten ausüben

Der Aufbau der Entgeltordnung

3

1. Vorbemerkungen

Vergleichbar zum BAT erläutert der TV-V die Prinzipien der Eingruppierung in den „Vorbemerkungen" zur Anlage 1. Diese enthalten Regeln, die § 5 Abs. 1 TV-V ergänzen und bei der Ermittlung der Eingruppierung stets beachtet werden müssen:

Nr. 1 Satz 1	Die **Tätigkeiten** des Arbeitnehmers müssen die Voraussetzungen eines **Oberbegriffs** und die ihm zugrunde liegende Wertigkeit erfüllen.
Nr. 1 Satz 2	Die in den **Beispielen** zu den Entgeltgruppen umschriebenen Tätigkeiten entsprechen der Wertigkeit eines Oberbegriffs.
Nr. 1 Satz 3	Sind Tätigkeiten als **Beispiel** nur in einer Entgeltgruppe vereinbart, wird dadurch nicht ausgeschlossen, dass die Anforderungen eines Oberbegriffs einer höheren Entgeltgruppe erfüllt sein können.
Nr. 2	Sind in einer Entgeltgruppe mehrere Oberbegriffe vorhanden, stehen diese gleichwertig nebeneinander.
Nr. 3	Für Arbeitnehmer in den Entgeltgruppen 1 bis 11 können durch **landesbezirklichen Tarifvertrag** unter Beachtung der allgemeinen Voraussetzungen des jeweils zutreffenden Oberbegriffs und der ihm zugrunde liegenden Wertigkeit **weitere Beispiele** vereinbart werden.
Nr. 4	Arbeitnehmer, denen die Funktion eines **Vorarbeiters** oder Vorhandwerkers übertragen worden ist, werden für die Dauer dieser Tätigkeit jeweils eine Entgeltgruppe höher eingruppiert. Diese Eingruppierung ist jederzeit widerruflich.

(Hervorhebungen durch die Verfasser)

Vorbemerkung Nr. 3 der Anlage 1 zum TV-V bestimmt, dass für die Entgeltgruppen 1 bis 11 durch landesbezirkliche Tarifverträge weitere Tätigkeitsbeispiele vereinbart werden können. Dabei müssen die allgemeinen Voraussetzungen des jeweils zutreffenden Oberbegriffs und die ihm zugrunde liegende Wertigkeit beachtet werden (vgl. Landesbezirklicher Tarifvertrag NRW vom 06.10.2003 zur Ergänzung der Anlage 1 Entgeltgruppen zum TV-V, abgedruckt bei Reidelbach/Wieland/Fattler, A 270).

2. Entgeltgruppen

Die Entgeltgruppen enthalten mit ihren Tätigkeitsmerkmalen unbestimmte Rechtsbegriffe, die dem BAT bzw. dem BMT-G II entnommen worden sind und auch Eingang in den TVöD und TV-L gefunden haben. Auf diesem Weg wird ein hohes Maß an Rechtssicherheit erreicht, da zum Eingruppierungsrecht des BAT und BMT-G II eine Vielzahl von Gerichtsurteilen vorliegt (vgl. z. B. Reidelbach/Wieland/Fattler). Das gilt auch für die Entgeltgruppen 11 bis 15 (a. A. wohl Schlusen/Fellenberg/Hüsgen, Kapitel B, § 5, Rn. 63).

Die Entgeltgruppen sind in Qualifikationsebenen unterteilt, die (mit Modifikationen) dem BAT und damit dem Laufbahnrecht der Beamten nachgebildet worden sind:

EG	auszuübende Tätigkeit auf dem Niveau einer ...
11–15	... abgeschlossenen wissenschaftlichen Hochschulbildung
9–11	... abgeschlossenen Fachhochschul- bzw. Bachelorausbildung
4/5–8	... abgeschlossenen Berufsausbildung
1–4	... Anlerntätigkeit (kein Ausbildungsniveau)

Diese Qualifikationsebenen bilden grundsätzlich die Struktur des (alten) BAT ab und sind im TVöD und TV-L entsprechend übernommen worden (vgl. Gamisch/Mohr, gEG, IV D.2, IV D.3). Unterschiede in den Tarifen bestehen aber zwischen Entgeltgruppe 8 und 9:

So hat das BAG in den letzten Jahren beispielsweise die Tätigkeitsmerkmale „gründliche, umfassende Fachkenntnisse" des BAT dem Niveau einer Fachhochschulausbildung gleichgesetzt: Der Angestellte mit Fachhochschulabschluss wird bei Eintritt in den öffentlichen Dienst als Berufsanfänger regelmäßig nach Vergütungsgruppe Vb vergütet. Insbesondere stellt dies die Anfangseingruppierung für Betriebswirte mit Fachhochschulabschluss und entsprechender Tätigkeit dar (vgl. BAG 15.02.2006, 4 AZR 645/04; AP Nr. 32 zu §§ 22, 23 BAT-O, vgl. LAG Niedersachsen 29.04.2002, 8 Sa 1049/01 E). Demgegenüber ordnet der TV-V diese der Entgeltgruppe 8 Fallgruppe 8.2 zu, während Tätigkeiten, die eine abgeschlossene Fachhochschul- bzw. Bachelorausbildung erfordern, sich in der höheren Entgeltgruppe 9 Fallgruppe 9.2 finden. Demzufolge können im Geltungsbereich des TV-V gründliche, umfassende Fachkenntnisse einer Fachhochschul- bzw. Bachelorausbildung nicht gleichgesetzt werden; gegenüber der alten Rechtslage im BAT werden die Voraussetzungen für gründliche, umfassende Fachkenntnisse abgesenkt (zu den Einzelheiten siehe auch Kapitel 7.3).

Wichtig: Bei der Anwendung des TV-V dürfen die Begriffsbestimmungen und Gerichtsentscheidungen zum BAT nicht ungeprüft übernommen werden. Im Detail bestehen zum Teil erhebliche Unterschiede.

Der TV-V knüpft mit seinen Qualifikationsebenen – wie BAT und BMT-G – an Ausbildungsanforderungen an (sog. subjektive Eingruppierungsmerkmale). Damit wird die Frage aufgeworfen, ob berufliches Erfahrungswissen bei der Eingruppierung berücksichtigt wird bzw. werden kann. Der BAT und die neuen Entgeltordnungen zum TVöD und TV-L sehen dafür an verschiedenen Stellen den sogenannten „Sonstigen Arbeitnehmer" vor: Auch ohne die formale Qualifikation ist für bestimmte Tätigkeiten eine Eingruppierung in der entsprechend höheren Entgeltgruppe möglich, obwohl beim Mitarbeiter das subjektive Eingruppierungsmerkmal fehlt. Allerdings waren und sind die Voraussetzungen so streng, dass diese in der Praxis selten vorlagen/vorliegen. Trotzdem wurden/werden die Mitarbeiter entsprechend und damit zu hoch eingruppiert, was immer wieder von Prüfungsstellen beanstandet wurde/wird.

Demgegenüber erkennt der TV-V praktische Erfahrung an. Ab der Entgeltgruppe 4 gibt es einen eigenen allgemein gehaltenen Oberbegriff:

§

Arbeitnehmer, die aufgrund ihrer Fähigkeiten oder Erfahrungen entsprechend gleichwertige Tätigkeiten ausüben.

- Entgeltgruppe 4 Fallgruppe 4.2
- Entgeltgruppe 5 Fallgruppe 5.3, Entgeltgruppe 6 Fallgruppe 6.3, Entgeltgruppe 7 Fallgruppe 7.3, Entgeltgruppe 8 Fallgruppe 8.3
- Entgeltgruppe 9 Fallgruppe 9.3, Entgeltgruppe 10 Fallgruppe 10.2, Entgeltgruppe 11 Fallgruppe 11.3
- Entgeltgruppe 12 Fallgruppe 12.2, Entgeltgruppe 13 Fallgruppe 13.2, Entgeltgruppe 14 Fallgruppe 14.2, Entgeltgruppe 15 Fallgruppe 15.2

Im Unterschied zum BAT sind die Voraussetzungen an den „sonstigen Arbeitnehmer" eher weit gefasst. Während BAT/TVöD/TV-L den Sonstigen so beschreiben:

„Sonstige Angestellte/Beschäftigte, die aufgrund gleichwertiger Fähigkeiten und ihrer Erfahrungen entsprechende Tätigkeiten ausüben."

beschränkt der TV-V die Anforderung auf „gleichwertige Tätigkeiten" und lässt Fähigkeiten oder Erfahrungen ausreichen. Die BAT-Rechtsprechung zum „sonstigen Angestellten" kann nicht mehr angewendet werden, weil diese Anforderungen keine Grundlage im TV-V finden.

Der Sache nach ist im TV-V zu fordern, dass der Arbeitnehmer ohne das subjektive Eingruppierungsmerkmal in gleicher Funktion wie der Arbeitnehmer mit der formalen Qualifikation eingesetzt werden kann. Dazu muss ggf. eine praktische Erfahrung vorliegen, die mindestens der jeweils vorgeschriebenen Regelausbildungszeit entspricht, denn das BAG hat in einer Entscheidung zum vergleichbaren Bundesentgelttarifvertrag für die Chemische Industrie ausgeführt:

§

BAG vom 19.08.2004

Eine eigene Definition der Tarifvertragsparteien für die verwendeten Begriffe „gleichwertige Kenntnisse und Fertigkeiten" ... enthält der Tarifvertrag nicht. Darüber hinaus handelt es sich nicht um feststehende Rechtsbegriffe, so dass der allgemeine Sprachgebrauch maßgeblich ist. In subjektiver Hinsicht ist danach erforderlich, dass der Arbeitnehmer über einen mehrere Jahre umfassenden Zeitraum (mindestens 3 Jahre im Hinblick auf Absatz 1 der Entgeltgruppe 6) seine Arbeit ausübt ... und in der Ausübung Fachwissen und praktisches Können (Kenntnisse und Fertigkeiten) erworben hat, das mit dem mittels der dreijährigen Berufsausbildung erworbenen Wissen und Können vergleichbar ist (vgl. zu allem Wahrig, Deutsches Wörterbuch, 7. Aufl.). In objektiver Hinsicht muss es sich nach der Auslegung bei der ausgeübten Tätigkeit ebenfalls um eine Tätigkeit handeln, für die die durch die Berufspraxis erworbenen Kenntnisse und Fertigkeiten benötigt werden (vgl. Wahrig a. a. O.).

(BAG 19.08.2004, 8 AZR 375/03, ZTR 2005, S. 202)

3. Tätigkeitsmerkmale

Die Entgeltgruppen enthalten Tätigkeitsmerkmale, die die Anforderungen an die auszuübende Tätigkeit beschreiben.

In den Entgeltgruppen 1 bis 8 werden diese durch tarifvertragliche Definitionen in Klammerzusätzen näher erläutert. Ab der Entgeltgruppe 9 fehlen derartige Festschreibungen, so dass unmittelbar auf die Rechtsprechung der Arbeitsgerichte bzw. die Literatur zurückgegriffen werden muss (zu den Auslegungsgrundsätzen siehe auch Kapitel 1.3).

Die Technik gleicht dem BAT, dem regelmäßig vorgeworfen wurde, in seinen Bestimmungen zu abstrakt zu sein. Vor diesem Hintergrund werden die Oberbegriffe bis Entgeltgruppe 11 durch Tätigkeitsbeispiele erläutert, die auch Beispielstätigkeiten, Regel- oder Richtbeispiele genannt werden. Der TV-V spricht von „Beispielen".

Oberbegriffe

Oberbegriffe sind abstrakte Tätigkeitsmerkmale, die sich eingangs jeder Entgeltgruppe finden.

Beispiele:

- einfachste Tätigkeiten
- einfache Tätigkeiten
- Tätigkeiten, die eine eingehende fachliche Einarbeitung erfordern
- gründliche Fachkenntnisse
- abgeschlossene Ausbildung in einem anerkannten Ausbildungsberuf
- gründliche und vielseitige Fachkenntnisse
- gründliche, umfassende Fachkenntnisse
- abgeschlossene Fachhochschul- oder Bachelorausbildung
- abgeschlossene wissenschaftliche Hochschulbildung, usw.

Beispielstätigkeiten

Beispielstätigkeiten konkretisieren die bewusst abstrakt gehaltenen Oberbegriffe.

Wichtig: Der TV-V verzichtet erst ab Entgeltgruppe 12 auf diese Regelungstechnik.

Die Beispielstätigkeiten erfüllen zwei Funktionen. Zum einen sollen sie die abstrakten Oberbegriffe verdeutlichen und verständlich machen:

BAG vom 13.11.2019

Soweit die allgemeinen Tätigkeitsmerkmale unbestimmte Rechtsbegriffe enthalten, sind die Tätigkeitsbeispiele im Rahmen der Auslegung dieser unbestimmten Rechtsbegriffe **als Richtlinien** für die Bewertung mit zu berücksichtigen.

(BAG 13.11.2019, 4 ABR 3/19, AP Nr. 109 zu § 1 TVG Tarifverträge: Einzelhandel; *Hervorhebung durch die Verfasser*)

Zum anderen erleichtern sie die Anwendung des Tarifvertrages:

BAG vom 13.05.2020

Nach der ständigen Rechtsprechung des BAG sind die Erfordernisse eines Tätigkeitsmerkmals regelmäßig dann als erfüllt anzusehen, wenn der Arbeitnehmer eine dem in der Entgeltgruppe genannten Tätigkeits-, Regel- oder Richtbeispiel entsprechende Tätigkeit ausübt.

(BAG 13.05.2020, 4 ABR 29/19, AP Nr. 109 zu § 1 TVG Tarifverträge: Einzelhandel)

Nach der ständigen Rechtsprechung des Senats ist also immer dann, wenn eines der Tätigkeitsbeispiele zutrifft, auch das Merkmal des Oberbegriffs als erfüllt anzusehen; es muss nicht mehr (ergänzend) geprüft werden (vgl. auch BAG 20.05.2009, 4 AZR 184/08, AP Nr. 12 zu § 1 TVG Tarifverträge: Arbeiterwohlfahrt; BAG 13.11.2019, 4 ABR 3/19, AP Nr. 106 zu § 1 TVG Tarifverträge: Einzelhandel; BAG 13.05.2020, 4 ABR 29/19, AP Nr. 109 zu § 1 TVG Tarifverträge: Einzelhandel).

Die in den Beispielen verwendeten Fachbegriffe werden dabei nach der entsprechenden Fachsprache ausgelegt (vgl. BAG 20.02.2008, 4 AZR 53/07, AP Nr. 309 zu §§ 22, 23 BAT 1975 zur Auslegung der Beispiele für schwierige Aufgaben eines Physiotherapeuten).

Maßgebend für die Auslegung der Beispieltätigkeiten sind die Verhältnisse zum Zeitpunkt der Einführung der fraglichen Tätigkeitsmerkmale, da die Tarifvertragsparteien nur diese bei deren Formulierung berücksichtigen konnten. Die Gerichte dürfen Tarifnormen nicht wegen neuer technischer Entwicklungen einengend oder ausdehnend auslegen, wenn Wortlaut und Gesamtzusammenhang der tariflichen Regelung hierfür keine Möglichkeit bieten. So ist es deshalb z. B. unerheblich, dass aus heutiger Sicht Computertomographen sich nicht mehr aus dem allgemeinen Gerätestandard herausheben und es mehrere technische Möglichkeiten zur Anfertigung von Dreischichtaufnahmen gibt, von denen einige allgemein üblich („Standardgerät“) und andere spezieller („Spezialgerät“) sein mögen.

(vgl. BAG zu einer Beispielstätigkeit in den Tätigkeitsmerkmalen für Medizinisch-technische Assistenten: BAG 16.03.2016, 4 AZR 502/14, Rn. 25 ff., AP Nr. 14 zu § 1 TVG Tarifverträge: Krankenanstalten)

Sofern eine Beispielstätigkeit zu 50 Prozent der Arbeitszeit auszuüben ist, muss nicht mehr unter den abstrakten Oberbegriff subsumiert werden (vgl. z.B. BAG 20.06.2012, 4 AZR 438/10, AP Nr. 10 zu § 12 AVR Diakonisches Werk m. w. N. auf die Rechtsprechung BAG 21.08.2002, 4 AZR 223/01, AP Nr. 1 zu § 1 TVG Tarifverträge Krankenkassen). Die Beispielstätigkeiten haben grundsätzlich Vorrang: Sie sind zunächst zu prüfen, weil die Tarifvertragsparteien mit der Bezeichnung der Tätigkeit in dem Beispielskatalog zum Ausdruck bringen, dass die Voraussetzungen der Entgeltgruppe erfüllt werden (vgl. BAG 13.05.2020, 4 ABR 29/19, AP Nr. 109 zu § 1 TVG Tarifverträge: Einzelhandel; BAG 12.06.2019, 4 AZR 363/18, AP Nr. 21 zu § 1 TVG Tarifverträge: Gaststätten).

Auf die Oberbegriffe muss bzw. darf nur zurückgegriffen werden, wenn

- auch bei Erfüllung eines Tätigkeitsbeispiels eine sichere Zuordnung in eine Entgeltgruppe nicht möglich ist, weil zum Beispiel das konkrete Tätigkeitsbeispiel selbst einen unbestimmten Rechtsbegriff enthält (BAG 13.11.2019, 4 ABR 3/19, AP Nr. 106 zu § 1 TVG Tarifverträge: Einzelhandel; BAG 20.06.2012, 4 AZR 438/10, AP Nr. 10 zu § 12 AVR Diakonisches Werk m. w. N. auf die Rechtsprechung),
- die Tätigkeitsbeispiele in unterschiedlichen Entgeltgruppen vorkommen und so als Kriterium für eine bestimmte Entgeltgruppe ausscheiden (BAG 20.06.2012, 4 AZR 438/10, AP Nr. 10 zu § 12 AVR Diakonisches Werk m. w. N. auf die Rechtsprechung),
- die Tarifvertragsparteien in anderer Weise eindeutig zum Ausdruck gebracht haben, dass die Erfüllung der Beispielstätigkeit nach ihrem Willen nicht für die Zuordnung zur Entgeltgruppe ausreichen soll (vgl. BAG 25.10.2006, 4 AZR 622/04; BAG 20.02.2008, 4 AZR 53/07, AP Nr. 309 zu §§ 22, 23 BAT 1975).

Entgegen den tariflichen Regelungen im BAT regelt der TV-V aber:

Vorbemerkung Nr. 1 Satz 3 der Anlage 1 zum TV-V

Sind Tätigkeiten als Beispiel nur in einer Entgeltgruppe vereinbart, wird dadurch nicht ausgeschlossen, dass die Anforderungen eines Oberbegriffs einer höheren Entgeltgruppe erfüllt sein können.

Es ist somit (theoretisch) möglich, dass der Arbeitnehmer trotz Erfüllung einer bestimmten Beispielstätigkeit nicht in diese, sondern in die nächsthöhere Entgeltgruppe eingruppiert werden kann. Dazu muss er das jeweilige Obermerkmal erfüllen.

Beispiel:

Erfüllung der Beispielstätigkeit Entgeltgruppe 9 Fallgruppe 9.4.1: Handwerks- und Industriemeister, die ausdrücklich zu Leitern von großen Arbeitsstätten, in denen Handwerker oder Facharbeiter beschäftigt sind, bestellt sind.

Obermerkmal der Entgeltgruppe 10 Fallgruppe 10.1: Arbeitnehmer, deren Tätigkeiten sich durch besondere Schwierigkeit und Bedeutung aus der Entgeltgruppe 9.1 oder 9.2 herausheben.

Die Tätigkeit müsste demnach Anforderungen stellen, die über das ab Entgeltgruppe 9 Fallgruppe 9.2 geforderte Dipl.-FH-/Bachelor-Niveau noch einmal deutlich hinausgehen, was regelmäßig nicht der Fall sein wird.

Es ist fragwürdig, warum der TV-V ab Entgeltgruppe 12 auf Beispiele verzichtet. Den Tarifvertragsparteien soll es daran gelegen haben, die Flexibilität der Entgeltfindung in diesem Bereich nicht einzuschränken (vgl. Schlusen/Fellenberg/Hüsgen, Kapitel B, § 5, Rn. 63). Vor diesem Hintergrund ist es insbesondere bei Eingruppierungen ab Entgeltgruppe 12 – sofern eine tarifgerechte Eingruppierung überhaupt erwünscht ist – erforderlich, die Rechtsprechung zum BAT/TVöD zu beachten. Aufgrund der vorliegenden Entscheidungen und Literatur kann jede Stelle zutreffend bewertet werden. Anderenfalls unterläge die Eingruppierung in dieser Qualifikationsebene der Beliebigkeit des Arbeitgebers, woran insbesondere Personal- und Betriebsräte kein Interesse haben können.

Wichtig: Der landesbezirkliche Tarifvertrag NRW vom 06.10.2003 zur Ergänzung der Anlage 1 (Entgeltgruppen) zum TV-V (Abdruck in Reidelbach/Wieland/Fattler, A 270) führt in den Entgeltgruppen 1 bis 9 TV-V weitere Tätigkeitsbeispiele auf.

Die Bedeutung von Heraushebungsmerkmalen

Der TV-V folgt – wie der BAT/TVöD/TV-L – dem sogenannten Baukastenprinzip: Die Tätigkeitsmerkmale der Entgeltgruppen bauen grundsätzlich aufeinander auf. Je höher die Entgeltgruppe, umso höher die Anforderungen. An verschiedenen Stellen erfolgt darüber hinaus eine Heraushebung durch sogenannte Heraushebungsmerkmale.

Beispiele:

... das Maß ihrer Verantwortung herausheben (Entgeltgruppe 8 Fallgruppe 8.1)

... herausheben, dass sie besonders verantwortungsvoll sind (Entgeltgruppe 9 Fallgruppe 9.1)

... sich durch besondere Schwierigkeit und Bedeutung ... herausheben (Entgeltgruppe 10 Fallgruppe 10.1, Entgeltgruppe 13 Fallgruppe 13.1)

... das Maß der Verantwortung herausheben (Entgeltgruppe 11 Fallgruppe 11.2, Entgeltgruppe 14 Fallgruppe 14.1)

... die sich erheblich aus der Entgeltgruppe 14.1 herausheben (Entgeltgruppe 15 Fallgruppe 15.1)

Heraushebungsmerkmale erfordern demnach ein zusätzliches qualifizierendes Tätigkeitsmerkmal. Dementsprechend sind sie nur zu prüfen, wenn die zugrunde liegenden Anforderungen/Tätigkeitsmerkmale erfüllt sind (vgl. BAG 21.03.2012, 4 AZR 292/10, AP Nr. 322; BAG 18.11.2015, 4 AZR 605/13, AP Nr. 335; beide zu §§ 22, 23 BAT 1975).

Die dem Heraushebungsmerkmal zugrunde liegende Anforderung wird häufig auch als Ausgangs- bzw. Grundmerkmal bezeichnet (vgl. BAG 21.03.2012, 4 AZR 292/10, AP Nr. 322 zu §§ 22, 23 BAT 1975; BAG 07.05.2008, 4 AZR 303/07, AP Nr. 37 zu §§ 22, 23 BAT-O).

4. Die Bedeutung von Berufsbildern

Ab Entgeltgruppe 5 Fallgruppe 5.1 arbeitet der TV-V mit Ausbildungsanforderungen:

Beispiele:

- Abgeschlossene Ausbildung in einem anerkannten **Ausbildungsberuf** und entsprechenden Tätigkeiten (Entgeltgruppe 5 Fallgruppe 5.1)
- Handwerks- und Industrie**meister** mit entsprechenden Tätigkeiten (Entgeltgruppe 6 Beispiel 6.4.1)
- Abgeschlossene **Fachhochschul- oder BA-Ausbildung** und entsprechenden Tätigkeiten (Entgeltgruppe 9 Fallgruppe 9.2)
- Abgeschlossene **wissenschaftliche Hochschulbildung** und entsprechenden Tätigkeiten (Entgeltgruppe 11 Fallgruppe 11.1)

Dass gemäß § 5 Abs. 1 TV-V dabei die regelmäßig auszuübende Tätigkeit für die Eingruppierung maßgeblich ist, wird durch die Anforderung „und entsprechende Tätigkeiten" verdeutlicht.

Eine Tätigkeit entspricht einer bestimmten Ausbildung, wenn die durch die Ausbildung erworbenen Fähigkeiten zur ordnungsgemäßen Ausübung der Tätigkeit erforderlich sind. Die jeweils geforderte Ausbildung muss notwendig sein, um die Aufgaben in vollem Umfang, im üblichen Zeitrahmen und in der gebotenen Qualität erledigen zu können. Ohne die in einer solchen Ausbildung vermittelten Fähigkeiten ist es demnach nicht möglich, dem Aufgabenprofil in vollem Umfang gerecht zu werden (vgl. LAG M-V 11.01.2022, 5 Sa 111/21 m. w. N., zit. nach WKRS 2022, 10915).

Ob „entsprechende Tätigkeiten" vorliegen, kann anhand der jeweiligen **Berufsbilder** (Ausbildungs- und Prüfungsanforderungen) geprüft werden (vgl. BAG 27.08.2008, 4 AZR 484/07, AP Nr. 210 zu § 1 TVG Auslegung; BAG 04.07.2012, 4 AZR 694/10, AP Nr. 11 zu § 12 AVR Diakonisches Werk).

Berufsbilder beschreiben die Elemente eines Berufs im Hinblick auf:

- erforderliche Vorbildung
- Ausbildungsinhalte
- berufstypische Tätigkeiten
- Aufstiegschancen
- Weiterbildungsformen
- Verdienstmöglichkeiten

Praxis-Tipp:

Informationen zu den Berufsbildern werden von der Bundesagentur für Arbeit in Zusammenarbeit mit dem Bundesinstitut für Berufsbildung entwickelt und veröffentlicht. Sie sind zu finden unter: www.berufenet.arbeitsagentur.de

Berufsbildern kommt im TV-V eine besondere Bedeutung zu, da ab Entgeltgruppe 5 Fallgruppe 5.1 eine abgeschlossene Ausbildung in einem anerkannten Ausbildungsberuf gefordert wird und die Entgeltgruppe 6 Fallgruppe 6.1 bis Entgeltgruppe 8 Fallgruppe 8.1 unmittelbar aufeinander Bezug nehmen, das heißt aufeinander aufbauen. Aber auch die Entgeltgruppen 9 bis 15 fordern einen formellen Abschluss. In den Entgeltgruppen 9 bis 10 ist es die abgeschlossene FH- oder Bachelorausbildung, ab Entgeltgruppe 11 die abgeschlossene wissenschaftliche Hochschulbildung.

Praxis-Tipp:

Auch für diese Ausbildungsformen führt das offizielle Informationsportal der Bundesagentur für Arbeit Berufsbeschreibungen (www.berufenet.arbeitsagentur.de).

Für die alten Hochschulabschlüsse (Diplom/Diplom-FH) finden sich seit 2007 keine Berufsbeschreibungen mehr im „berufenet". Vielmehr wird die neue Hochschulwelt mit ihren Bachelor- und Masterabschlüssen dargestellt. Dabei wird auf die möglichen Aufgaben allerdings nur sehr kurz und pauschal eingegangen.

Das reicht für eine Eingruppierungsentscheidung nicht aus. Hierfür bedarf es weiterführender Informationen zu den jeweils zu prüfenden/einschlägigen Studienrichtungen. Die deutschen (Fach-)Hochschulen und Universitäten können über www.studienwahl.de oder über www.hochschulkompass.de ermittelt werden. Über konkrete Studieninhalte informieren die einzelnen (Fach-)Hochschulen und Universitäten selbst.

5. Eingruppierung von Vorarbeitern und Vorhandwerkern

Der TV-V kennt die frühere Vorarbeiter- bzw. Vorhandwerkerzulage des BMT-G nicht mehr. Arbeitnehmer, denen die Funktion eines Vorarbeiters oder Vorhandwerkers übertragen worden ist, werden gemäß Vorbemerkung Nr. 4 der Anlage 1 zum TV-V für die Dauer dieser Tätigkeit jeweils eine Entgeltgruppe höher eingruppiert. Der Tarifvertrag erweitert damit in zulässiger Weise das Weisungsrecht des Arbeitgebers (vgl. BAG 10.11.1992, 1 AZR 185/92, AP Nr. 6 zu § 72 LPVG NW).

Der TV-V bestimmt nicht, welche Anforderungen an den Vorarbeiter bzw. Vorhandwerker gestellt werden.

Der Begriff greift die bisherige Bezeichnung auf, die eine Weisungsbefugnis zum Ausdruck brachte. Sinn und Zweck der Zulage war es, die Leitungs- und Überwachungsfunktion für eine Gruppe abzugelten (vgl. BAG 22.02.1978, 4 AZR 553/78, AP Nr. 3 zu § 21 MTB II). Da die kleinste Gruppe aus zwei Personen besteht, ist für die widerrufliche Höhergruppierung die Unterstellung von mindestens zwei Arbeitnehmern erforderlich.

Kennzeichnend für die Vorarbeitertätigkeit ist, dass der Vorarbeiter mit den ihm zugeteilten Mitarbeitern gemeinsam arbeitet, ihnen somit durch praktische Arbeit Anweisung und Beispiel gibt (vgl. LAG Köln 14.02.2011, 5 Sa 1123/10, zit. nach WKRS 2011, 12519).

Gemäß Vorbemerkung Nr. 4 der Anlage 1 zum TV-V ist diese Eingruppierung jederzeit widerruflich. Der Ausspruch einer Änderungskündigung ist nicht erforderlich. Der Widerruf darf aber nicht willkürlich erfolgen. Vielmehr muss der Arbeitgeber sein Ermessen rechtskonform ausüben (vgl. BAG 23.09.2004, 6 AZR 567/03, AP Nr. 64 zu § 611 BGB Direktionsrecht; BAG 22.07.2010, 6 AZR 847/07, AP Nr. 55 zu § 611 BGB Kirchendienst). So sind Beanstandungen einer Prüfbehörde (hier des Bundesrechnungshofs) kein ausreichender Widerrufsgrund (vgl. LAG Köln 14.02.2011, 5 Sa 1123/10, zit. nach WKRS 2011, 12519).

Aber auch bei Abberufung wegen betrieblicher Konflikte, die durch die Ausübung der Vorarbeiterfunktion entstanden sind, ist zu beachten, dass hier der Arbeitgeber beweisen muss, dass die Abberufung sachgerecht war. Wurde der Vorarbeiter zum Beispiel ohne Grund tätlich angegriffen, ist das kein Anlass, die Vorarbeiterfunktion – nebst höherem Entgelt – zu entziehen (vgl. LAG Rheinland-Pfalz 06.09.2005, 5 Sa 230/05, zit. nach Busemann, ZTR 2015, S. 68).

Der Arbeitgeber sollte bei der Übertragung dieser Tätigkeiten vorsorglich auf die vorübergehende Natur der Eingruppierung und das Widerrufsrecht hinweisen.

Die Auslegung der Beispielstätigkeiten

1. Vorbemerkungen

Bei der Eingruppierung von Arbeitnehmern, die früher der Rentenversicherung der Arbeiter unterlagen, ist § 23 TV-V zu beachten. Danach gelten die in den Bezirkstarifverträgen bzw. im Tarifvertrag zu § 20 Abs. 1 BMT-G-O (Lohngruppenverzeichnis) vereinbarten Beispielstätigkeiten weiter. Dazu müssen zwei Voraussetzungen erfüllt sein. Erste Voraussetzung ist, dass sich die Obermerkmale der entsprechenden Lohngruppen nicht mit den Obermerkmalen der TV-V-Entgeltgruppen widersprechen. Welche Lohngruppe welcher TV-V-Entgeltgruppe entspricht, regelt § 23 TV-V wie folgt:

Entgeltgruppe nach TV-V	Lohngruppe
1	–
2	2
3	2
4	3, 4
5	5
6	6
7	7, 9

Zweite Voraussetzung ist, dass noch kein landesbezirklicher Tarifvertrag zum TV-V gem. Nr. 3 der Vorbemerkungen der Anlage 1 TV-V vereinbart ist.

2. Un- und Anlerntätigkeiten

Beispielstätigkeiten für Un- und Anlerntätigkeiten

EG	Obermerkmal	Beispielstätigkeiten	FG
2	+ einfache Tätigkeiten	Reinigen von Werkstätten und Labors	2.1
		einfache Bürotätigkeiten	2.2
		Tätigkeiten als Bote	2.3
3	+ eingehende fachliche Einarbeitung	Tätigkeiten als Messgehilfe	3.1
		Tätigkeiten als Zählerableser	3.2
		Tätigkeiten als Pförtner	3.3
		Tätigkeiten als Telefonist	3.4
4	+ gründliche Fachkenntnisse	Verwaltung von Lagern und Magazinen	4.3.1
		Tätigkeiten als Fahrer von Kraftfahrzeugen	4.3.2
		Tätigkeiten als Schreibkraft	4.3.3
		Montagearbeiten in Netzen	4.3.4

Einfache Bürotätigkeiten (Beispiel 2.2 der Entgeltgruppe 2)

Einfache Bürotätigkeiten gemäß Klammersatz zu Beispiel 2.2 sind:

- Führen von einfachen Listen
- Mithilfe bei der Postabfertigung
- Registratur
- Fotokopien

Tätigkeiten als Bote (Beispiel 2.3 der Entgeltgruppe 2)

Die Aufgabe von Boten besteht insbesondere darin, Nachrichten und Gegenstände an Adressaten zu überbringen. Dazu gehören:

- Verteilen der internen Hauspost
- Paketdienste
- Kurierfahrten

Weitere Einsatzgebiete von Boten sind:

- Warenannahme
- Bearbeiten der Eingangs- und Ausgangspost
- Erledigen von Büro-Hilfsarbeiten wie Kopiertätigkeiten

Eine Einarbeitung am Arbeitsplatz ist üblich (vgl. http://berufenet.arbeitsagentur.de/ berufe/start?dest=profession&prof-id=7448).

Damit finden sich die Auslegungskriterien für die Tätigkeiten von Boten durch verständige Fachkreise (hier die Bundesagentur für Arbeit in Zusammenarbeit mit dem Bundesinstitut für Berufsbildung) entsprechend in den tarifvertraglichen Regelungen wieder.

Tätigkeiten als Messgehilfe (Beispiel 3.1 der Entgeltgruppe 3)

Bei diesem Tätigkeitsbeispiel handelt es sich um ein Beispiel aus dem Arbeiterbereich. Der Messgehilfe führt Zuarbeiten im Rahmen von Vermessungen durch. Dazu gehören regelmäßig Arbeiten wie Bestücken der Vermessungspunkte mit Geräten unter Anleitung, Vorbereitung der Messgeräte unter Anleitung, Entlastung des Messtruppführers bei der Datenerfassung. Daneben sind sie für die Wartung der Geräteausstattung sowie für das Führen und Warten des Messwagens zuständig (vgl. BAG 26.04.2000, 4 AZR 157/99, AP Nr. 3 zu § 22 MTAng-LV).

Tätigkeiten als Zählerableser (Beispiel 3.2 der Entgeltgruppe 3)

Zu den berufstypischen Aufgaben von Zählerablesern zählen:

- Ablesen von Zählern für Strom, Gas, Wasser, Heizung und Fernwärme
- Dokumentieren der Zählerstände
- Bedienen mobiler Datenerfassungsgeräte (MDE)

- Entgegennehmen und Weiterleiten von Beschwerden und Reklamationen
- Überprüfen, ob Bleiverschlüsse (Plomben) an den Zählern unversehrt sind

Ein bestimmter Bildungsgang ist nicht vorgeschrieben. Technische Kenntnisse können hilfreich sein (vgl. http://berufenet.arbeitsagentur.de/berufe/start?dest=profession&prof-id=7101).

Das entspricht auch der Ansicht der Tarifvertragsparteien, die mit der Einordnung der Tätigkeit in Entgeltgruppe 3 ebenfalls deutlich zum Ausdruck bringen, dass eine Berufsausbildung **nicht erforderlich** ist.

Tätigkeiten als Pförtner (Beispiel 3.3 der Entgeltgruppe 3)

Da die Tarifvertragsparteien keine eigene Definition vorgenommen haben, kann davon ausgegangen werden, dass der Begriff des Pförtners im Sinne des allgemeinen Sprachgebrauchs auszulegen ist. Danach ist Pförtner ein Mitarbeiter, der den Eingang an einem Gebäude, einer Fabrik oder Ähnlichem bewacht, die Pforte öffnet und schließt, Besuchern den Weg weist usw. Zur Pförtnertätigkeit gehört z. B. die Überwachung/Weiterleitung, nötigenfalls auch Registrierung von Ankömmlingen, die Beobachtung/Regelung des Kraftwagenverkehrs, das Öffnen/Schließen von Schranken usw. Daraus ist zu entnehmen, dass der Aufgabenbereich eines Pförtners nicht von vornherein festgelegt ist. Kennzeichnend ist nur, dass er den Eingang von Gebäuden oder sonstigen Räumlichkeiten überwacht und Besuchern den Weg weist. Da hierbei in aller Regel Zeiten anfallen, die ein Pförtner auch mit anderen Tätigkeiten ausfüllen kann, werden ihm in der Praxis oft weitere Tätigkeiten übertragen, die er ohne Vernachlässigung seiner Überwachungsaufgaben miterledigen kann, z. B. Frankieren von Briefen, Aussondern von Akten usw. Welche Tätigkeiten dies im Einzelnen sind, liegt im Organisationsermessen des Arbeitgebers (LAG Hamm 17.04.1997, 4 Sa 1652/96 m. w. N. auf die BAG-Rechtsprechung).

Tätigkeiten als Telefonist (Beispiel 3.4 der Entgeltgruppe 3)

Unter „Telefondienst" ist der betriebliche Telefonservice für ein- und ausgehende Gespräche, also die Telefonvermittlung zu verstehen. Telefonisten sind in aller Regel in der sog. Telefonzentrale tätig (LAG Hamm 17.04.1997, 4 Sa 1652/96).

Verwaltung von Lagern und Magazinen (Beispiel 4.3.1 der Entgeltgruppe 4)

Im allgemeinen Sprachgebrauch werden die Begriffe „Lager" und „Magazin" synonym verwendet. Danach ist unter einem „Lager" ein Platz, Raum oder Gebäude zu verstehen, in dem Warenbestände und -vorräte gelagert werden (vgl. Duden, S. 1110).

So hat die BAG-Rechtsprechung zum BAT-Funktionsmerkmal des Lagerverwalters klargestellt, dass die Tarifvertragsparteien in den einschlägigen Tarifmerkmalen den Begriff des „Lagers" nicht nur im Sinne des allgemeinen Sprachgebrauchs, sondern auch ohne eine gegenständliche Beschränkung bezüglich des jeweils zu lagernden Gutes oder Materials verwenden. Zudem sei charakteristisch, dass das Lager zwar der Aufbewahrung der Waren oder Güter, aber nicht ihrer eigentlichen Zweckbestimmung dient (vgl. BAG 22.10.1986, 4 AZR 568/85, AP Nr. 126 zu §§ 22, 23 BAT 1975).

Der Begriff der Verwaltung ist im allgemeinen Sprachgebrauch ebenfalls weit umspannt. Er bedeutet, im Auftrag von jemandem etwas betreuen, in Obhut haben, in Ordnung halten, aber auch, etwas verantwortlich leiten bzw. führen (vgl. Duden, S. 1970).

Beispiel:

Nach der Rechtsprechung zum Funktionsbeispiel des Lagerverwalters fallen alle diese Tätigkeiten unter die Funktion „Lagerverwalter" (hier an einer Universität):

Verwaltungsaufgaben

- Erledigung des anfallenden Schriftverkehrs mit den Hochschulinstituten und Einrichtungen
- Sichtung der schriftlichen Bedarfsanforderungen und Überprüfung der Lieferbarkeit
- Ausstellung der Empfangsbescheinigungen mit Warengliederung
- Auskunftserteilung über Art und Anwendung der von den Instituten angeforderten Waren einschließlich chemischer Reinigungs- und Lösungsmittel
- Führung der Bestandskarteien der rund 900 verschiedenen Warensorten

- laufende Überprüfung des Lagerbestands und der Restmengen nach Anzahl
- rechnerische Prüfung der Firmenrechnungen und Weiterleitung zur Rechnungsstelle
- Berechnung der Stückpreise aller Lieferungen für die Institute einschließlich Rechnungserstellung zwecks Belastung der betreffenden Institutshaushalte
- Terminabsprache mit der Fahrbereitschaft der Universität und Koordinierung der Warenlieferungen an die Bedarfsanforderer
- Büroorganisation und Registratur

Lagerarbeiten

- Einsortierung neuer Warenlieferungen
- laufende Überprüfung der Stückmengen und der Warenqualität der Lieferungen
- Sortieren und transportgerechte Zusammenstellung der Schmutzwäsche – Auslieferung für die Wäscherei (Berufskleidung, Handtücher, Putztücher, usw.)
- übersichtliche Ordnung der gesamten Lagervorräte einschließlich der Regalbeschriftung
- transportgerechte Zusammenstellung der Bestellungen der Institute für die Auslieferung
- sachgemäße Lagerung der Warensorten unter Berücksichtigung der Unfallverhütung und des Feuerschutzes
- Überprüfung der Bestände auf Alterung und Gebrauchsfähigkeit

(vgl. BAG 25.03.1981, 4 AZR 1026/78, AP Nr. 43 zu §§ 22, 23 BAT 1975)

Praxis-Tipp:

Bei der Eingruppierung von Lagermitarbeitern gilt es zu prüfen, ob nicht – unabhängig von der oben genannten BAT-spezifischen Rechtsprechung – Tätigkeiten der Entgeltgruppe 5 Fallgruppe 5.1 vorliegen, da ggf. Tätigkeiten eines Fachlageristen auszuüben sind.

Bei der Ausbildung zum Fachlageristen handelt es sich um einen anerkannten Ausbildungsberuf nach dem Berufsbildungsgesetz. Die Ausbildung dauert zwei Jahre. Danach werden die Anforderungen der Entgeltgruppe 5 Fallgruppe 5.1 erfüllt, wenn zusätzlich entsprechende – das heißt berufstypische – Tätigkeiten anfallen. Beim Fachlageristen sind folgende Tätigkeiten berufstypisch:

- Annehmen von Waren
- fachgerechte Einlagerung
- Weiterleiten von Gütern an die entsprechenden Stellen im Betrieb

(vgl. http://berufenet.arbeitsagentur.de/berufe/start?dest=profession&prof-id=27539)

Wichtig: Anders als im Vorgängertarifvertrag (BMT-G) haben die Tarifvertragsparteien nämlich keine Mindest-Ausbildungsdauer für die Entgeltgruppe 5 Fallgruppe 5.1 bestimmt. Es muss sich um einen anerkannten Ausbildungsberuf handeln (siehe auch nähere Ausführungen dazu in Kapitel 3.4).

Fahrer von Kraftfahrzeugen (Beispiel 4.3.2 der Entgeltgruppe 4)

Fahrer eines Kraftfahrzeugs ist jemand, der sich in bestimmter Weise mit einem Fahrzeug (z. B. Pkw) fortbewegt (vgl. Duden, S. 585).

Kraftfahrzeuge sind Landfahrzeuge, die durch Maschinenkraft bewegt werden, ohne an Bahngleise gebunden zu sein (vgl. § 1 Abs. 2 Straßenverkehrsgesetz).

Neben der eigentlichen Fahrleistung zählen zu den berufstypischen Tätigkeiten eines Fahrers:

- Wartungs- und Pflegearbeiten
- Durchführung kleinerer (Kurz-)Reparaturen
- Bereitschaftszeiten

(vgl. BAG 30.05.1984, 4 AZR 146/82, AP Nr. 2 zu § 21 MTL II m. w. N.)

Praxis-Tipp:

Diese Tätigkeiten sind als Zusammenhangsarbeiten bei der Ermittlung der Zeitanteile ebenfalls entsprechend miteinzubeziehen.

Tätigkeiten als Schreibkraft (Beispiel 4.3.3 der Entgeltgruppe 4)

Der Schreibdienst umfasst Tätigkeiten, bei denen in Buchstaben oder Zahlen etwas schriftlich festgehalten, zu Papier gebracht wird, mag das auch über Medien, wie Bildschirme, erfolgen. Schreibdienst umfasst die Aufgaben, Diktate in Kurzschrift oder mittels Schreibmaschine oder Textgerät aufzunehmen, stenografische, handschriftliche oder auf Band gesprochene Entwürfe zu übertragen, Reinschriften und Abschriften anzufertigen sowie in diesem Zusammenhang notwendige Nebenarbeiten, wie das Lesen von Reinschriften, Anfertigen von Vervielfältigungen usw. auszuführen. Der Schreibdienst erfüllt damit eine Hilfsfunktion innerhalb der Verwaltung (vgl. Eichhorn, Verwaltungslexikon, 2. Aufl. 1991, S. 738, Stichwort „Schreibdienst").

Montagearbeiten in Netzen (Beispiel 4.3.4 der Entgeltgruppe 4)

Montage im technischen Sinne umfasst im allgemeinen Sprachgebrauch das Aufstellen, Zusammensetzen und Anschließen einer Maschine bzw. das Zusammenbauen einzelner vorgefertigter Teile zu einer funktionsfähigen Maschine oder technischen Anlage (vgl. Duden, S. 1243).

Nach den verständigen Fachkreisen ist unter einem „Netz" im energietechnischen Sinne die Gesamtheit der miteinander verbundenen Anlagenteile für die Übertragung und Verteilung von elektrischer Energie zu verstehen (vgl. Kraus, S. 141).

Welche Arten von „Netzen" die Tarifvertragsparteien hierunter verstanden wissen wollten, haben sie im Klammersatz zu diesem Tätigkeitsbeispiel näher erläutert:

> Gas, Wasser, Fernheizung, Kabel, Freileitung

Die Besonderheit dieser Beispielstätigkeit des TV-V besteht darin, dass es in Entgeltgruppe 5 unter Beispiel 5.4.7 noch einmal wortgleich verwandt wird. Eine Abgrenzung beider Beispiele ist daher nur anhand der Obermerkmale möglich (zur Auslegung von Beispieltätigkeiten siehe Kapitel 3.3).

3. Facharbeiter- und Handwerkertätigkeiten

Beispielstätigkeiten für Facharbeiter- und Handwerkertätigkeiten

EG	Obermerkmal	Beispielstätigkeiten	FG
5	+ abgeschlossene Ausbildung in einem anerkannten Ausbildungsberuf + entsprechende Tätigkeiten	Bedienen und Überwachen von Kraftwerksmaschinen	5.4.1
		Tätigkeiten als Schaltwart	5.4.2
		Tätigkeiten als Wasserwart	5.4.3
		Tätigkeiten als geprüfter Kesselwärter	5.4.4
		Fahrer von Kraftfahrzeugen mit mehr als 7,5 t zulässigem Gesamtgewicht	5.4.5
		Fahren und Bedienen von Spezialkraftfahrzeugen	5.4.6
		Montagearbeiten in Netzen	5.4.7
7	+ abgeschlossene Ausbildung in einem anerkannten Ausbildungsberuf + entsprechende Tätigkeiten + besonders hochwertig oder besonders vielseitig + besondere Spezialkenntnisse	Komplizierte Instandhaltungs-, Reparatur- und Überholungsarbeiten an Hochspannungs- und Hochleistungsschaltgeräten oder leittechnischen Anlagen von mindestens 110 KV	7.4.3
		An- und Abfahren aller Kraftwerksanlagen und Eingreifen bei Störungen als Kraftwerker mit Kraftwerkerprüfung	7.4.5
8	+ abgeschlossene Ausbildung in einem anerkannten Ausbildungsberuf + entsprechende Tätigkeiten + besonders hochwertig oder besonders vielseitig + besondere Spezialkenntnisse + erhebliches Maß an Verantwortung	An- und Abfahren von Kraftwerksblöcken mit einer Leistung von mehr als 100 MW und Eingreifen bei Störungen als Kraftwerker mit Kraftwerkerprüfung	8.4.2

Bedienen und Überwachen von Kraftwerksmaschinen (Beispiel 5.4.1 der Entgeltgruppe 5)

Die Tarifvertragsparteien haben den Begriff **Bedienen** nicht näher umschrieben. Mangels anderweitiger Anhaltspunkte ist damit der Begriff im Sinne des allgemeinen Sprachgebrauchs für die Tarifauslegung maßgebend. Danach ist unter „Bedienen" einer Anlage deren Handhabung oder Steuerung zu verstehen (BAG 23.02.2022, 4 AZR 354/21, Rn. 49 m. w. N., AP Nr. 12 zu § 12 TVöD).

Der Begriff **Überwachen** bedeutet bei einer technischen Anlage deren Beobachtung zur Kontrolle ihrer Funktionsfähigkeit (BAG 23.02.2022, 4 AZR 354/21, Rn. 49 m. w. N., AP Nr. 12 zu § 12 TVöD).

Der Begriff **Kraftwerksmaschinen** ist wie folgt auszulegen: Unter einem „Kraftwerk" ist eine Anlage zu verstehen, die dazu bestimmt ist, durch Energieumwandlung elektrische Energie zu erzeugen. Nach Art der Energieumwandlung im Kraftwerk differenziert man zum Beispiel Wasser-, Wind-, Solar-, Brennstoffzellen- oder Wärmekraftwerke (einschließlich Geothermie). Nach Art der Antriebsmaschine werden insbesondere Dampfturbinen-, Gasturbinen- und Verbrennungsmotoren-Kraftwerke unterschieden (vgl. Monatsbericht über die Elektrizitäts- und Wärmeerzeugung der Stromerzeugungsanlagen für die allgemeine Versorgung, http://www.tls.thueringen.de/erfassung/formulare/43311_066K.pdf).

Als „Maschine" wird eine aus beweglichen Teilen bestehende Vorrichtung bezeichnet, die Kraft oder Energie überträgt und mit deren Hilfe bestimmte Arbeiten unter Einsparung menschlicher Arbeitskraft ausgeführt werden (vgl. Duden, S. 1193).

Entscheidung zum TV-V

So sind z. B. Kessel-, Turbinen- und Nebenanlagen abgrenzbare einzelne Maschinen eines Kraftwerks.

(vgl. LAG Niedersachsen 16.03.2012, 14 Sa 932/11, zit. nach WKRS 2012, 43927)

Das Beispiel ist abzugrenzen von den kraftwerksbezogenen Beispielstätigkeiten der Entgeltgruppe 7 (Beispiel 7.4.5) und 8 (Beispiel 8.4.2), die in Abgrenzung zum Beispiel 5.4.1 der Entgeltgruppe 5 von Kraftwerksanlagen bzw. -blöcken ausgehen (zu den Einzelheiten siehe auch die noch folgenden Ausführungen zu den entsprechenden Beispielen).

Tätigkeiten als Schaltwart (Beispiel 5.4.2 der Entgeltgruppe 5)

Eine Schaltwarte (auch Leitwarte, Messwarte oder Leitstand genannt) ist eine technische Einrichtung, mit deren Hilfe technische Prozesse überwacht und gesteuert werden (vgl. https://lexikon-der-sicherheit.de/glossary/leitstelle/).

Entscheidung zum TV-V

Ein Schaltwart überwacht die Prozesse mithilfe der in der Schaltwarte bereitgestellten Überwachungs- und Steuerungstechnik.
(vgl. ArbG Dresden 21.02.2014, 3 Ca 792/13)

Tätigkeiten als Wasserwart (Beispiel 5.4.3 der Entgeltgruppe 5)

Die Ausbildung zum Wasserwart wurde vom Berufsbild „Fachkraft für Wasserversorgungstechnik" abgelöst. Fachkräfte für Wasserversorgungstechnik bedienen und überwachen Maschinen und Anlagen, die Wasser fördern, aufbereiten oder weiterleiten. Zudem reparieren und verlegen sie Rohrleitungen. Konkret fallen diese berufstypischen Arbeiten an:

1. Rohwasser aus Grundwasser oder als Uferfiltrat von Flüssen oder Seen gewinnen
2. Wasser aufbereiten, um hygienisch einwandfreies Trinkwasser zu gewinnen
   - in Vorlagebehältern Sand absetzen lassen
   - in Filteranlagen und Reaktionsbecken unerwünschte Begleitstoffe entziehen
   - Chemikalien zusetzen, um z. B. Schmutz- und Schwebstoffe zu Flocken zu verdichten und leichter abzufiltern
   - Wasser filtern
   - Wasser mit Chlor oder Ozon entkeimen bzw. mit ultravioletter Strahlung Keime abtöten
3. Wasserqualität überprüfen
   - Wasserproben in verschiedenen Aufbereitungsstadien nehmen
   - Proben mikroskopisch und chemisch analysieren
   - Wassertemperatur messen
   - Analysen gemäß den gesetzlichen Vorschriften dokumentieren
4. Wasser in Hochbehältern speichern und ins Leitungsnetz abgeben

5. Maschinen und Anlagen bedienen, überwachen und warten
   - Anlagen bedienen und überwachen
   - Anlagen inspizieren und im begrenzten Umfang auch reparieren
   - Kundenanlagen überprüfen
   - Betriebsstörungen erkennen und selbstständig die erforderlichen Maßnahmen ergreifen
6. Rohrleitungen und -leitungssysteme verlegen und warten
   - mit Kunststoffrohren, Muffen und Biegestücken Rohrleitungssysteme verlegen
   - elektrische Einrichtungen wie Pumpen und Filteranlagen installieren und warten
   - Hydranten legen
   - bei Rohrbrüchen Leitungen reparieren
   - Wasseruhren einbauen

Dabei sind in der Regel alle Arbeits- und Betriebsabläufe zu dokumentieren und auszuwerten. Die Arbeitsausführung erfolgt unter Berücksichtigung von Vorgaben aus Qualitätsmanagement, fachbezogenen Rechtsvorschriften, technischen Regeln sowie unter Beachtung der Vorschriften zu Arbeitssicherheit und Gesundheitsschutz (vgl. https://web.arbeitsagentur.de/berufenet/beruf/14754).

Tätigkeiten als geprüfter Kesselwärter (Beispiel 5.4.4 der Entgeltgruppe 5)

Kesselwärter stellen einen sicheren, wirtschaftlichen und umweltfreundlichen Betrieb von Dampfkesselanlagen sicher. Dazu bedienen sie Dampfkesselanlagen, überwachen die Prozessabläufe und kontrollieren Prozessleitsysteme und den Betriebszustand der Dampfkessel. Sie füllen Betriebsstoffe nach und prüfen die Wasserqualität. Störungen, Schäden oder Regelabweichungen beseitigen sie entweder selbst oder melden sie den Vorgesetzten. Zudem überprüfen und dokumentieren sie regelmäßig Energieeinsatzmenge, Wärmeverlust und Wirkungsgrad der Anlage. Darüber hinaus warten sie die Anlagen. Sind Reparaturen notwendig, führen sie diese aus oder veranlassen bei größeren Schäden entsprechende Maßnahmen (vgl. https://web.arbeitsagentur.de/berufenet/beruf/4860).

Entsprechende Lehrgänge dauern ca. 15 Tage und setzen mindestens eine dreimonatige praktische Tätigkeit an Kesselanlagen sowie etwa eine adäquate Berufsausbildung (z. B. zum Maschinenschlosser) voraus (vgl. z. B. Ausbildungslehrgang zum geprüften Kesselwärter beim TÜV Süd, Ausbildungsanforderungen abrufbar unter: www.tuev-sued.de/akademie_de/seminare_technik/anlagen-_und_produktionstechnik/dampfkessel_waermetechnische_anlagen/1611201-ausbildungslehrgang-zum-geprueften-kesselwaerter/2015-1611201-ausbildungslehrgang-zum-geprueften-kesselwaerter-2015?cnsl_prodNr=1611201&other=&shopId=akd&).

Tätigkeiten als Fahrer von Kraftfahrzeugen mit mehr als 7,5 t zulässigem Gesamtgewicht (Beispiel 5.4.5 der Entgeltgruppe 5)

Diese Beispielstätigkeit baut auf dem Beispiel der Entgeltgruppe 4 auf. Zusätzlich zu den dort genannten Anforderungen (siehe Seite 66) ist hier erforderlich, dass Fahrzeuge mit mehr als 7,5 t zulässigem Gesamtgewicht gefahren werden. Unter dem zulässigen Gesamtgewicht wird das Gewicht eines Fahrzeugs verstanden, das sich aus dem Leergewicht und dem Gewicht der beförderten Last zusammensetzt (vgl. Duden, S. 726).

Fahren und Bedienen von Spezialkraftfahrzeugen (wie Kraftfahrzeuge mit komplizierten Arbeitsmaschinen) (Beispiel 5.4.6 der Entgeltgruppe 5)

Diese Beispielstätigkeit ist dadurch von den Beispielen „Fahrer von Kraftfahrzeugen" (Beispiel 4.3.2 der Entgeltgruppe 4) und „Tätigkeiten als Fahrer von Kraftfahrzeugen mit mehr als 7,5 t zulässigem Gesamtgewicht" (Beispiel 5.4.5 der Entgeltgruppe 5) abzugrenzen, dass diese zusätzlichen Anforderungen zu erfüllen sind: „Bedienen eines Spezialkraftfahrzeuges (wie Kraftfahrzeuge mit komplizierten Arbeitsmaschinen)".

Den Begriff **Bedienen** haben die Tarifvertragsparteien nicht näher umschrieben. Mangels anderweitiger Anhaltspunkte ist damit der Begriff im Sinne des allgemeinen Sprachgebrauchs für die Tarifauslegung maßgebend. Danach ist unter „Bedienen" einer Anlage deren Handhabung oder Steuerung zu verstehen (BAG 23.02.2022, 4 AZR 354/21, Rn. 49 m. w. N., AP Nr. 12 zu § 12 TVöD).

Unter einem **Spezialfahrzeug** ist ein Kraftfahrzeug zu verstehen, das aufgrund seines besonderen Verwendungszwecks mit verschiedenen Zusatzeinrichtungen versehen ist (vgl. LAG Hamm 10.11.2004, 10 Sa 374/04 m. w. N., zit. nach WKRS 2004, 26306).

Fahrer bedienen mobile Arbeitsgeräte (Fahrzeuge) entweder zum Transportieren oder um mit den Zusatzgeräten an verschiedenen Orten Arbeiten zu verrichten (LAG Schleswig-Holstein 03.06.2002, 4 Sa 438/01, Rn. 16, zit. nach WKRS 2002, 10918).

Montagearbeiten in Netzen (Beispiel 5.4.7 der Entgeltgruppe 5)

Wie schon angemerkt, hat der TV-V hier eine Besonderheit: In Entgeltgruppe 4 (Beispiel 4.3.4) und in Entgeltgruppe 5 (Beispiel 5.4.7) taucht dieses wortgleiche Beispiel auf:

§ Montagearbeiten in Netzen (Gas, Wasser, Fernheizung, Kabel, Freileitung).

Zur Erläuterung des Beispiels kann insoweit auf die Ausführungen auf Seite 67 verwiesen werden. Fraglich ist die Abgrenzung zu beiden Entgeltgruppen.

Gemäß den Obermerkmalen i. V. m. Vorbemerkung Nr. 1 Satz 2 zu Anlage 1 TV-V kann das Tätigkeitsbeispiel nur dann erfüllt sein, wenn es als gleichwertig angesehen werden kann mit:

- einer abgeschlossenen Berufsausbildung in einem anerkannten Ausbildungsberuf und entsprechenden Tätigkeiten oder
- gründlichen und vielseitigen Fachkenntnissen

Praxis-Tipp:

Als praktikable Auslegungsgrundlage kann hier auf die erste Alternative und damit auf das einschlägige Berufsbild zurückgegriffen werden.

Das Berufsbild des Anlagenmechanikers kann beispielsweise als einschlägiges Berufsbild angesehen werden. Er montiert versorgungstechnische Rohrleitungssysteme, hält sie in Stand und baut sie bei Bedarf um (vgl. https://web.arbeitsagentur.de/berufenet/beruf/29047).

Die berufsspezifischen Fachqualifikationen beinhalten dabei gemäß Ausbildungsrahmenplan für die Berufsausbildung zum Anlagenmechaniker/zur Anlagenmechanikerin:

Bearbeiten von Aufträgen (§ 7 Absatz 1 Nummer 14)

a) Zeichnungen, insbesondere Rohrleitungspläne, isometrische Darstellungen, Abwicklungen, Fundament und Lagepläne sowie Aufstellungspläne, lesen und anwenden
b) isometrische Skizzen von Rohrformstücken anfertigen
c) Rohrleitungsverläufe aufnehmen und isometrisch skizzieren
d) technische Sachverhalte im Hinblick auf die Auftragsabwicklung berufsübergreifend abstimmen
e) Werk-, Hilfs- und Betriebsstoffe disponieren

f) Arbeitsablauf unter Berücksichtigung vor- und nachgelagerter Prozessschritte festlegen und sicherstellen

g) Schweiß- und Montagepläne lesen und umsetzen

h) Sicherungsmaßnahmen auf Baustellen oder Montageplätzen durchführen

Herstellen und Montieren von Bauteilen und Baugruppen (§ 7 Absatz 1 Nummer 15)

a) Werkstoffe und Werkstoffkombinationen nach ihrem Verwendungszweck auswählen und einsetzen

b) Rohre, Bleche und Profile thermisch und mechanisch trennen

c) Rohre, Bleche und Profile kalt und warm umformen

d) Armaturen auswählen und einbauen

e) Schablonen und Abwicklungen konstruieren, anreißen und herstellen

f) Rohr-, Flansch- und Schlauchverbindungen herstellen

g) lösbare und unlösbare Rohrverbindungen unter Berücksichtigung der zu fördernden Medien, des Druckes und der Temperatur herstellen

h) Schutz von Anlagenteilen gegen äußere Einflüsse und Dämmmaßnahmen sicherstellen

i) Bauteile heften und durch Kehlnähte und I-Nähte schweißen

j) Rohrformstücke oder Anlagen- und Behälterteile unter Beachtung der schweißtechnischen Rahmenbedingungen heften und schweißen

k) Rohrsysteme oder Behälter nach Unterlagen herstellen

l) Bauteile und Baugruppen unter Beachtung teilespezifischer Montagebedingungen fügen

m) Schweißnähte thermisch vor- und nachbehandeln

n) Rohre, Bleche, Profile warmrichten

o) werkstoff- und bauteilbezogene Wärmebehandlung ausführen

p) Anlagenteile montieren und demontieren

Instandhaltung; Feststellen, Eingrenzen und Beheben von Fehlern und Störungen (§ 7 Absatz 1 Nummer 16)

a) Anlagen oder Anlagenteile inspizieren, Fehler, Beschädigungen und Störungen feststellen und eingrenzen
b) Vorbereitungsmaßnahmen zur Instandhaltung von Anlagenteilen unter Berücksichtigung verfahrens- und sicherheitstechnischer Vorschriften durchführen
c) Bauteile auf Verschleiß und Beschädigungen sichtprüfen
d) Anlagenteile oder Versorgungseinrichtungen unter Beachtung sicherheits- und verfahrenstechnischer Vorschriften außer Betrieb setzen
e) Anlagen oder Anlagenteile warten
f) Anlagen oder Anlagenteile instand setzen
g) Inspektionsbefunde und Instandhaltungsmaßnahmen dokumentieren

Bauteile und Einrichtungen prüfen (§ 7 Absatz 1 Nummer 17)

a) Bauteile und Einrichtungen unter Beachtung technischer Unterlagen und technischer Rahmenbedingungen prüfen oder in Betrieb nehmen
b) Regelungs- und Steuerungseinrichtungen sowie Sicherheitseinrichtungen auf Funktion prüfen
c) Sichtprüfverfahren, insbesondere Farbeindring- oder Magnetpulverprüfung, an Schweißnähten durchführen
d) Behälter, Rohrsysteme oder Anlagenteile durch Druckprobe auf Dichtheit prüfen
e) Prüfprotokolle erstellen

Geschäftsprozesse und Qualitätssicherungssysteme im Einsatzgebiet (§ 7 Absatz 1 Nummer 18)

a) Art und Umfang von Aufträgen klären, spezifische Leistungen feststellen, Besonderheiten und Termine mit Kunden absprechen
b) Informationen für die Auftragsabwicklung beschaffen, auswerten und nutzen, technische Entwicklungen berücksichtigen, sicherheitsrelevante Vorgaben beachten
c) Auftragsabwicklungen unter Berücksichtigung sicherheitstechnischer, betriebswirtschaftlicher und ökologischer Gesichtspunkte planen sowie mit vor- und nachgelagerten Bereichen abstimmen, Planungsunterlagen erstellen

d) Teilaufträge veranlassen, Ergebnisse prüfen

e) Aufträge, insbesondere unter Berücksichtigung von Arbeitssicherheit, Umweltschutz und Terminvorgaben durchführen

f) betriebliche Qualitätssicherungssysteme im eigenen Arbeitsbereich anwenden; Ursachen von Qualitätsmängeln systematisch suchen, beseitigen und dokumentieren

g) Prüfverfahren und Prüfmittel auswählen und anwenden, Einsatzfähigkeit von Prüfmitteln feststellen, Prüfpläne und betriebliche Prüfvorschriften anwenden, Ergebnisse dokumentieren

h) Auftragsabwicklung, Leistungen und Verbrauch dokumentieren

i) technische Systeme oder Produkte an Kunden übergeben und erläutern, Abnahmeprotokolle erstellen

j) Arbeitsergebnisse und -durchführung bewerten sowie zur kontinuierlichen Verbesserung von Arbeitsvorgängen im Betriebsablauf beitragen

k) Optimierung von Vorgaben, insbesondere von Dokumentationen, veranlassen

l) Lebenszyklusdaten von Aufträgen, Dienstleistungen, Produkten und Betriebsmitteln auswerten und Vorschläge zur Optimierung von Abläufen und Prozessen erarbeiten

(vgl. Anlage 2 Teil A zu § 7 des Ausbildungsrahmenplans für die Berufsausbildung zum Anlagenmechaniker/zur Anlagenmechanikerin, abrufbar unter:
http://berufenet.arbeitsagentur.de/berufe/berufId.do?_pgnt_act=goToAnyPage&_pgnt_pn=0&_pgnt_id=resultShort&status=R)

Wie dieser Vergleich mit einem möglichen einschlägigen Berufsbild zeigt, wird im Rahmen der Ausbildung mehr vermittelt als nur Kenntnisse und Fertigkeiten zur Montage (siehe Seite 67).

Komplizierte Instandhaltungs-, Reparatur- und Überholungsarbeiten an Hochspannungs- und Hochleistungsschaltgeräten oder leittechnischen Anlagen von mindestens 110 kV (Beispiel 7.4.3 der Entgeltgruppe 7)

Das Wort **kompliziert** beschreibt im Sinne des allgemeinen Sprachgebrauchs die Eigenschaft von etwas im Sinne von schwierig bzw. verwickelt. Verwickelt bedeutet, dass etwas aus vielen Eigenschaften besteht und daher schwer zu durchschauen und zu handhaben ist (vgl. Duden, S. 1050). Eine vergleichbare Auslegung findet sich auch in der Rechtsprechung. Danach liegt eine „komplizierte Arbeit" im tariflichen Sinne nur vor, wenn bezogen auf das typische Berufsbild wesentlich höhere Anforderungen gestellt werden (BAG 31.07.2002, 4 AZR 146/01, Rn. 19).

Der Begriff der **Instandhaltung** wird durch die verständigen Fachkreise wie folgt definiert: Instandhaltung umfasst alle Maßnahmen zum Erhalt des funktionsfähigen Zustands technischer Systeme, Geräte, Bauelemente etc. bzw. zu dessen Wiederherstellung nach einem Ausfall. Instandhaltungsmaßnahmen bestehen regelmäßig aus Wartungs-, Inspektions-, Instandsetzungs- und Verbesserungsmaßnahmen (vgl. DIN EN 13306).

Unter dem Begriff **Reparieren** (im Sinne der Reparaturarbeiten) ist das Wiederherstellen und Ausbessern von etwas zu verstehen, das nicht mehr funktioniert, entzweigegangen oder schadhaft geworden ist. Ziel des Reparierens ist, den Gegenstand wieder in den früheren intakten, gebrauchsfähigen Zustand zu versetzen (vgl. Duden, S. 1484).

Überholen – im hier technischen Kontext – bedeutet, etwas auf technische Mängel zu überprüfen und zu reparieren, also wieder völlig in Stand zu setzen (vgl. Duden, S. 1851). Die Instandsetzung wiederum betrifft die Wiederherstellung bzw. Ausbesserung einer Anlage (vgl. Duden, S. 945). Die Instandsetzung beinhaltet alle Maßnahmen zur Beseitigung von Schäden. Sie grenzt an den Ersatz ganzer Anlagen und erfasst die Reparatur oder den Austausch von Baugruppen einzelner Anlagenteile (BAG 19.11.1997, 10 AZR 628/96, Rn. 27, zit. nach WKRS 1997, 20003).

Der Begriff der **Hochspannungs- und Hochleistungsschaltgeräte** setzt sich aus den Begriffen „Hochspannung", „Hochleistung" und „Schaltgeräte" zusammen. Hochspannung ist eine elektrische Spannung von 60 bis 150 kV (vgl. Kraus, S. 101).

Was unter „Hochleistungsschaltgeräten" zu verstehen ist, klären die einschlägigen Lexika zur Energietechnik und -wirtschaft nicht (vgl. z. B. Schaefer, Kraus). Im allgemeinen Sprachgebrauch ist unter Hochleistung eine sehr große Leistung zu verstehen (vgl. Duden, S. 892). Entsprechend haben die Tarifvertragsparteien konkretisiert, dass es sich hier um Geräte oder Anlagen mit mindestens 110 kV handeln muss.

Der Begriff „Schaltgerät" setzt sich im Sinne des allgemeinen Sprachgebrauchs aus den Worten Schalter und Gerät zusammen. Unter einem „Gerät“ ist dabei ein (beweglicher) Gegenstand zu verstehen, mit dessen Hilfe etwas bearbeitet, bewirkt oder hergestellt werden soll (vgl. Duden, S. 721). Als Schalter bezeichnet man eine Vorrichtung zum Herstellen oder Unterbrechen einer elektrischen Verbindung in Form eines Hebels, Druck- oder Drehknopfes (vgl. Duden, S. 1547).

Schaltgeräte sind Bestandteil einer Schaltanlage. Eine Schaltanlage ist eine Anlage zur Verteilung elektrischer Energie sowie zum Schalten, Steuern und Überwachen von ankommenden und abgehenden Leitungen, von Geräten u. Ä. in Kraftwerken, Umspannstationen und bei Großverbrauchern. Eine Schaltanlage umfasst Schaltgeräte (Leistungs-, Erdungs-, Trennschalter), Messeinrichtungen (Messgeräte, -wandler), Steuer- und Schutzeinrichtungen (Steuerelektronik, Sicherungen, Überspannungsableiter). Schaltgeräte und Hilfseinrichtungen sind in Schaltfelder, -zellen oder -schränke unterteilt, die über Sammelschienen miteinander verbunden sind (vgl. Brockhaus, Stichwort: Schaltanlage).

Generell wird unter Leittechnik das gezielte Einwirken auf den Ablauf von industriellen Prozessen verstanden. In einem Kraftwerk hat die Leittechnik dafür Sorge zu tragen, dass das Umwandeln von Primärenergie in elektrische Energie so erfolgt, dass der Bedarf der angeschlossenen Verbraucher an elektrischer Energie jederzeit gedeckt werden kann und der Umwandlungsprozess sicher abläuft. Die konkrete Aufgabe der Leittechnik besteht also in der Prozessführung. Dabei werden bestimmte Prozesszustände und -größen hergestellt und bei Störungen aufrechterhalten (vgl. Peter u. a. in: Schaefer, S. 802).

Anlagen im technischen Sinne sind die Gesamtheit der maschinellen und anderen Ausrüstungen eines Betriebs, die für die Erzeugung von Energie notwendig sind (Brockhaus, Stichwort: Anlage).

An- und Abfahren aller Kraftwerksanlagen und Eingreifen bei Störungen als Kraftwerker mit Kraftwerkerprüfung (Beispiel 7.4.5 der Entgeltgruppe 7)

Diese Tätigkeiten beschreiben die einschlägigen Fachkreise wie folgt:

Ziel des **Anfahrens** ist, dass die Kraftwerksanlagen ausgehend vom Stillstand auf den optimalen Weg in den gewünschten Betriebszustand überführt werden. Der optimale Weg erfordert eine spezifische Anpassung der Anfahrsysteme und der leittechnischen Einrichtungen, sowohl am Dampferzeuger als auch am Kraftwerksblock.

Das **Abfahren**, das heißt die Rückführung der Kraftwerksanlagen vom Betriebszustand in den Stillstand, wird differenziert nach dem Anlass in Warm- bzw. Kaltabfahren sowie nach dem Störabfahren. Das Warmabfahren erfolgt nach dem Ziel, den Kraftwerksblock nach Stillstand möglichst rasch wieder anzufahren. Das Kaltabfahren erfolgt hingegen, wenn zum Beispiel wegen anschließender Reparaturen die Abkühlzeit der Anlage verkürzt werden soll (vgl. Waldmann in: Schaefer, S. 50 ff.).

Der Begriff der **Kraftwerksanlagen** setzt sich zusammen aus den Begriffen „Kraftwerk" und „Anlage". Unter einem „Kraftwerk" ist eine Anlage zu verstehen, die dazu bestimmt ist, durch Energieumwandlung elektrische Energie zu erzeugen. Nach Art der Energieumwandlung im Kraftwerk unterscheidet man beispielsweise Wasser-, Wind-, Solar-, Brennstoffzellen- oder Wärmekraftwerke (einschließlich Geothermie). Abhängig von der Antriebsmaschine wird insbesondere differenziert nach Dampfturbinen-, Gasturbinen- und Verbrennungsmotoren-Kraftwerken (vgl. Monatsbericht über die Elektrizitäts- und Wärmeerzeugung der Stromerzeugungsanlagen für die allgemeine Versorgung, http://www.tls.thueringen.de/erfassung/formulare/43311_066K.pdf).

Anlagen im technischen Sinne sind die Gesamtheit der maschinellen und anderen Ausrüstungen eines Betriebs, die für die Erzeugung von Energie notwendig sind (vgl. Brockhaus, Stichwort: Anlage).

Entscheidung zum TV-V

Ein derartiges An- und Abfahren erfolgt nur situationsbedingt, etwa wenn regenerative Energien ins Stromnetz gespeist werden, wenn weniger Energie benötigt wird bzw. bei Reparaturarbeiten und Störungen. Der Vorgang des Anfahrens (hier eines Kraftwerksblocks) erfolgt in der Weise, dass alle einzelnen Komponenten, also die Feuerungsanlage, der Dampferzeuger, die Turbine, der Generator sowie die Nebenanlagen Bekohlung und Rauchgasreinigungsanlage unter Einhaltung der Betriebsparameter und Herstellervorgaben sowie nach einem Zeitstrahl nacheinander in Betrieb genommen werden. Ein solcher Prozess dauert ca. 3 bis 3½ Stunden.

Für das Anfahren selbst sind einige Voraussetzungen zu schaffen. Hierzu gehört, dass die elektrischen, leittechnischen und mechanischen Arbeiten beendet sein müssen. Zudem dürfen sich keine Personen, Werkzeuge oder Materialien mehr in den Anlageteilen befinden. Zudem müssen die Systeme gefüllt und betriebsbereit sein. Danach füllt der Pultfahrer eine Anlagenkontrolle am Bildschirmarbeitsplatz durch. Kontrolliert wird, ob die Gruppen, Untergruppen und Teilsteuerungen in Anfahrstellung stehen. Aus dieser Ausgangsstellung wird durch Starten der jeweiligen Gruppen und Untergruppensteuerungen zum Teil parallel mit dem Anfahren begonnen. Immer unter Berücksichtigung sich ständig wechselnder Betriebsparameter, etwa Wärmespannung und Öldruck, werden dann die Kondensatförderung,

> Kondensation, Speisewasserförderung, Luft/Rauchgasweg in Betrieb genommen. Soweit sich diese Systeme dann im Betrieb befinden, wird auf die Ölfreigabe hingearbeitet, danach kann der Brennstoffweg in Betrieb genommen und Feuer im Dampferzeuger gemacht werden. Nach Inbetriebnahme des ersten Ölbrenners wird dann auch die sogenannte UGS-Turbine gestartet. Wenn dann die Belastungsbedingungen erfüllt sind, kann der Turbosatz synchronisiert aufs Netz geschaltet werden. Nachdem die Kraftwerksanlage (hier der Kraftwerksblock) am Netz ist, erfolgen noch einige weitere Arbeiten, wie etwa der Wechsel auf reines Kohlefeuer usw. Wenn eine Störung in einem anderen Block vorliegt, ist es selbstverständlich, dass sich der Schichtführer zu diesem Block begibt.
>
> (vgl. LAG Niedersachsen 16.03.2012, 14 Sa 932/11, zit. nach WKRS 2012, 43927).

Der Begriff **Kraftwerker mit Kraftwerkerprüfung** entspricht der Berufsbezeichnung „Geprüfter Kraftwerker" (vgl. „Verordnung über die Prüfung zum anerkannten Abschluss Geprüfter Kraftwerker/Geprüfte Kraftwerkerin" vom 09.12.2019, BGBl. I S. 2153 ff.).

Zu den Tätigkeiten eines Geprüften Kraftwerkers zählen das Bedienen, Überwachen sowie das An- und Abfahren der Haupt-, Hilfs- und Nebenanlagen von Kraftwerken. Sie beobachten und bewerten die Betriebszustände dieser Anlagen, stellen Betriebsstörungen fest und beheben diese während des laufenden Betriebes. Um Störungen zu vermeiden, sorgen Kraftwerker für turnusmäßige Wartungsarbeiten an den technischen Einrichtungen und veranlassen Instandsetzungs- und Reparaturmaßnahmen. Konkret sind diese berufstypischen Arbeiten auszuführen:

Überwachen von Kraftwerksanlagen

- Beobachten von Messinstrumenten, Kontrollleuchten und Bildschirmanzeigen an Leitständen
- Protokollieren von Messwerten und Betriebszuständen (z. B. Drücke, Temperaturen, CO_2- und Emissionsgrenzwerte)
- Interpretieren von Messwerten und Einschätzen ihrer Bedeutung
- Einleiten von Maßnahmen bei problematischen Betriebszuständen (z. B. gestörte Anlagenteile abschalten)

Ausführen von Wartungs- und Reparaturarbeiten

- Durchführen von Kontrollgängen in den verschiedenen Kraftwerksanlagen
- Lokalisieren und Analysieren von Störungen
- unwegsame, schwer zugängliche Areale ggf. auch von Drohnen inspizieren lassen

- Überprüfen der Betriebsbereitschaft von Anlagen und Durchführen von Routine-Checks
- Durchführen kleinerer Reparaturarbeiten, Einbauen von Ersatzteilen

Versorgen und Überwachen von Nebenanlagen

- Sicherstellen der Luft- und Kühlwasserversorgung
- Überwachen der Brennstofflager (bei Kohle- und Ölkraftwerken)

Maßnahmen des Arbeitsschutzes, der Unfallverhütung sowie des Umweltschutzes beachten und durchsetzen

Es ist eine zwölfmonatige strukturierte Weiterbildung im Kraftwerksbetrieb nachzuweisen. Zusätzlich werden entsprechende Vorbereitungslehrgänge angeboten. Sie dauern ca. 16 Wochen (in Vollzeit), sind aber nicht verpflichtend (vgl. Berufsbild unter: http://berufenet.arbeitsagentur.de/berufe/start?dest=profession&prof-id=14744).

An- und Abfahren von Kraftwerksblöcken mit einer Leistung von mehr als 100 MW und Eingreifen bei Störungen als Kraftwerker mit Kraftwerkerprüfung (Beispiel 8.4.2 der Entgeltgruppe 8)

Die Beispielstätigkeit ist abzugrenzen von der Beispielstätigkeit 7.4.5 der Entgeltgruppe 7. Die Begriffe „An- und Abfahren" sowie „Kraftwerker mit Kraftwerkerprüfung" sind bereits dort erläutert. Im Gegensatz zu Beispielstätigkeit 7.4.5 wird aber hier gefordert, dass es sich um Kraftwerksblöcke mit einer Leistung von mehr als 100 MW handeln muss.

Ein **Kraftwerksblock** ist eine einzelne Erzeugungseinheit eines Kraftwerks. Unter Erzeugungseinheit versteht man dabei eine Anlage eines Kraftwerks, die nach bestimmten Kriterien von anderen abgrenzbar ist (vgl. Kraus, S. 77, 119). Es handelt sich somit um einen selbstständig funktionsfähigen Kraftwerksteil (vgl. auch Duden, S. 339).

So stellt auch das LAG Niedersachsen klar:

Entscheidung zum TV-V

Kessel-, Turbinen- und Nebenanlagen sind abgrenzbare einzelne Maschinen des Kraftwerks, wo hingegen als Kraftwerksblock ein einzelnes technisch vollständiges Kraftwerk einschließlich aller Nebenanlagen bezeichnet wird.

(vgl. LAG Niedersachsen 16.03.2012, 14 Sa 932/11, zit. nach WKRS 2012, 43927)

Zur Frage, ob dieses Beispiel zeitlich maßgeblich für die Eingruppierungsermittlung sein kann, führt das LAG Niedersachsen weiter aus:

§

Entscheidung zum TV-V

Die Kläger tragen schon nicht ausreichend vor, woraus sich ergeben soll, dass sie arbeitszeitlich mindestens zur Hälfte regelmäßig Tätigkeiten in der Entgeltgruppe 8 ausüben. Das von ihnen allein herangezogene Tätigkeitsbeispiel des An- und Abfahrens von Kraftwerksblöcken mit einer Leistung von mehr als 100 Megawatt und Eingreifen bei Störungen als Kraftwerker mit Kraftwerkerprüfung erfordert ersichtlich nur einen geringfügigen Teil ihrer Gesamtarbeitszeit, jedenfalls auf keinen Fall mindestens die Hälfte ihrer Arbeitszeit. Dies haben die Kläger unzweifelhaft auch erkannt, wie insbesondere ihre ausführlichen Darlegungen zur Entbehrlichkeit dieser Voraussetzung nach § 5 TV-V im Schriftsatz vom 02.05.2011 ab Seite 10 zeigen. Weder der Stellenbeschreibung noch dem sonstigen Sachvortrag der Parteien ist zu entnehmen, dass sie weitere Tätigkeiten mit der Wertigkeit der Entgeltgruppe 8 ausüben, die zusammen mit der von ihnen behauptetermaßen übertragenen Tätigkeit des An- und Abfahrens von Kraftwerksblöcken mindestens die Hälfte ihrer regelmäßig auszuübenden Tätigkeiten ausmachen. Die Kläger legen auch nicht dar, dass die behauptete Tätigkeit des An- und Abfahrens von Kraftwerksblöcken zusammen mit weiteren insgesamt 50 % ergebenden Tätigkeiten eine einheitlich zu bewertende Gesamttätigkeit darstellt, die gerade nicht unterschiedliche Tätigkeiten sind, welche tatsächlich trennbar und jeweils rechtlich selbständig bewertbar sind (vgl. nur BAG 20.05.2009 – 4 ABR 99/08 – Rz. 20 ff., AP Nr. 2 zu § 17 TVÜ). Soweit die Kläger im Zusammenhang mit der diesbezüglichen Diskussion in der Verhandlung vor dem erkennenden Gericht einen Schriftsatznachlass begehren, bestand hierfür kein Anlass, weil die Kläger das für sie bestehende Rechtsproblem des § 5 TV-V bereits erstinstanzlich erkannt hatten und für sich die Lösung allein darin sahen, von einer durch das Gericht auszufüllenden Regelungslücke im Tarifvertrag auszugehen. Eine solche insbesondere nachträglich entstandene Lücke ist jedoch offensichtlich nicht gegeben, berufen sich die Kläger doch auf einen Wartenneubau im Jahre 2001, durch den sämtliche Anlagen in ihrer Komplexität zusammengefasst worden seien, obgleich der vorliegende Tarifvertrag erst im April 2002 in Kraft trat. Davon unabhängig teilt das Gericht nicht die Auffassung der Kläger, eine Regelungslücke sei deshalb gegeben, weil die 50%ige Beschäftigung mit dem An- und Abfahren von Kraftwerksblöcken angesichts der hochkomplexen technischen Zusammenhänge technisch unmöglich und ökonomisch ineffizient wäre. Abgesehen davon, dass die Einsatzzeiten von Arbeitnehmern für das An- und Abfahren in verschiedenen Kraftwerken mit jeweils ganz andersartiger Konstruktion und unterschiedlichen Brennstoffen völlig voneinander abweichen können, ist auch denkbar, dass ein Mitarbeiter die erforderlichen Arbeitszeiten durch den Einsatz in verschiedensten Blöcken erreichen kann oder im Zusammenhang mit weiteren die Entgeltgruppe 8 erfüllenden Tätigkeiten oder im Rahmen einer als einheitlich zu bewertenden Gesamttätigkeit. Diese Voraussetzungen liegen bei den Klägern im vorliegenden Verfahren jedoch nicht vor.

Zur Frage, ob dieses Beispiel inhaltlich maßgeblich für die Eingruppierungsermittlung sein kann, führt das LAG Niedersachsen weiter aus:

> Unabhängig von der soeben gegebenen Begründung haben die Kläger ferner überhaupt nicht dargelegt, woraus sich ergeben soll, dass sie die Voraussetzungen des Beispiels 8.4.2 der Entgeltgruppe 8 erfüllen. Unstreitig ist es Aufgabe des jeweils zuständigen und von anderweitigen Störungsfällen abgesehen offenbar regelmäßig körperlich anwesenden Schichtleiters, über das An- und Abfahren der Kraftwerksblöcke zu entscheiden bzw. entsprechende Anweisungen zu geben.
>
> (vgl. LAG Niedersachsen 16.03.2012, 14 Sa 932/11, zit. nach WKRS 2012, 43927).

4. Technikertätigkeiten

Tätigkeiten als staatlich geprüfte Techniker finden sich nur einmal als Beispielstätigkeit 6.4.2 in der Entgeltgruppe 6 wieder:

> Staatlich geprüfter Techniker mit entsprechenden Tätigkeiten

Bei dem Abschluss zum staatlich geprüften Techniker (z. B. in der Fachrichtung Umweltschutztechnik mit dem Schwerpunkt Wasserver- und -entsorgung) handelt es sich um eine landesrechtlich geregelte schulische Fortbildung an Fachschulen bzw. Berufskollegs (vgl. z. B. http://berufenet.arbeitsagentur.de/berufe/start?dest=profession&prof-id=6056). Fachschulen qualifizieren unter anderem zur Übernahme von Führungsaufgaben (vgl. Rahmenvereinbarung über Fachschulen; Beschluss der Kultusministerkonferenz vom 07.11.2002 i. d. F. vom 16.12.2021, S. 2).

Dementsprechend üben Techniker im Allgemeinen eine erforschende, planende, überwachende und/oder leitende Fachtätigkeit aus. Diese bezieht sich auf das Entwickeln und Verwirklichen von technischen Konstruktionen in der jeweils ausgebildeten Fachrichtung (vgl. BAG 01.03.1995, 4 AZR 970/93, AP Nr. 191 zu §§ 22, 23 BAT 1975 m. w. N.).

Ziel der Ausbildung ist es, Fachkräfte mit einschlägiger Berufsausbildung und Berufserfahrung für die Lösung technisch-naturwissenschaftlicher Problemstellungen und für Führungsaufgaben im betrieblichen Management auf der mittleren Führungsebene zu qualifizieren (vgl. Rahmenvereinbarung über Fachschulen; Beschluss der Kultusministerkonferenz vom 07.11.2002 i. d. F. vom 16.12.2021, S. 16).

Für eine sachgerechte Umsetzung in die Tarifpraxis dürfte sich der reguläre Eingruppierungsrahmen damit zwischen der Entgeltgruppe 6 und der Entgeltgruppe 8 bewegen. Dies ergibt sich aus dem Aufbau der Entgeltordnung:

Auf der einen Seite wird mit der Entgeltgruppe 5 Fallgruppe 5.1

> Arbeitnehmer mit abgeschlossener Ausbildung in einem anerkannten Ausbildungsberuf ...

die Einstiegseingruppierung für Facharbeiter und Handwerker tarifvertraglich festgelegt.

Auf der anderen Seite schreiben die Tarifvertragsparteien mit der Entgeltgruppe 9 Fallgruppe 9.2 durch die Formulierung

> Arbeitnehmer mit abgeschlossener Fachhochschul- oder Bachelorausbildung ...

auch die Einstiegseingruppierung für Ingenieure (Dipl.-FH/BA) fest.

Aufgabe des staatlich geprüften Technikers ist es, technische Problemstellungen selbstständig oder im Team zu erkennen, zu analysieren, zu strukturieren, zu beurteilen und Wege zur Lösung dieser Probleme in wechselnden Situationen zu finden (vgl. Rahmenvereinbarung über Fachschulen; Beschluss der Kultusministerkonferenz vom 07.11.2002 i. d. F. vom 16.12.2021, S. 16).

Aus der Vielzahl möglicher Fortbildungsgänge sind für den Bereich der Versorgungswirtschaft diese Beispiele einschlägig:

- Techniker – Bautechnik
- Techniker – Elektrotechnik (Energietechnik)
- Techniker – Heizungs-, Lüftungs-, Klimatechnik
- Techniker – Maschinentechnik
- Techniker – Umweltschutztechnik (Wasserver- und -entsorgung)

(vgl. Auswahl der Fortbildungen für staatlich geprüfte Techniker unter: www.berufenet.arbeitsagentur.de)

Da auch die Vergütungsordnung des BAT das Berufsbild des Technikers mit staatlicher Anerkennung kennt, ist entsprechende Rechtsprechung vorhanden. Für die Eingruppierung nach dem TV-V sind aber hier lediglich die Urteile zur „entsprechenden Tätigkeit" von Interesse, da das Berufsbild nur einmal als Beispiel auftaucht.

Beispiel:

Versorgungskaufmann in der Abteilung „Zentrales Aufmaß" eines kommunalen Versorgungsunternehmens

Für die Annahme eines technischen Charakters spricht, dass das Aufmaß für die Ermittlung der tatsächlich angefallenen Material-, Lohn-, Maschinen-, Verwaltungs- und Gemeinkosten für bestimmte Bauleistungen zum Berufsbild des Bautechnikers in seiner Erscheinungsform des Bauabrechners gehört (vgl. Blätter zur Berufskunde Bautechniker/Bautechnikerin 5. Aufl. 1996 2-I N 20 S. 15). Das Aufmaß als Ausmessen der fertigen Baustelle usw. als Grundlage für die Abrechnung erfolgt laut Stellenbeschreibung „nach Vorgaben der technischen Abteilungen". Konkret wurde dem Versorgungskaufmann vorgegeben:

- die Baumaßnahmen, für die die Aufmaße zu erstellen sind
- die zu beachtenden Aufmaßbestimmungen in den allgemeinen technischen Vorschriften und in etwaigen zusätzlichen technischen Vorschriften (vgl. § 14 Ziff. 2 Satz 2 VOB-B). Die technischen DIN-Normen enthalten durchweg unter Nr. 5 Bestimmungen über Aufmaß und Abrechnung. Diese Vorschriften werden dem Versorgungskaufmann von den technischen Abteilungen vorgegeben.

Auf dieser Basis wird das Aufmaß vorgenommen. Er nimmt das Aufmaß unter Berücksichtigung der allgemeinen und etwaigen zusätzlichen technischen Vorschriften. Das spricht dafür, dass für die Tätigkeit, soweit er „Aufmaß von Unternehmerleistungen im Tief- und Straßenbau für die Strom-, Gas-, Wasser- und Fernwärmeversorgung sowie im Bereich der Bäder-, Rohr- und Kabelaufmaße" vornimmt, das heißt die Leistungen in Augenschein nimmt und durch Aufmaß Feststellungen hinsichtlich des Umfangs der Leistung, aber auch sonstige Feststellungen trifft, technische Fachkenntnisse erforderlich sind. Solche Fachkenntnisse werden in einer Ausbildung zum Bautechniker vermittelt. Es spricht viel dafür, dass sie zur Feststellung des Umfangs der jeweiligen Leistung und der sonstigen Punkte einschließlich der erfolgten Beachtung oder Nichtbeachtung der allgemeinen technischen Vorschriften und der zusätzlichen technischen Vertragsbedingungen und Richtlinien und DIN-Normen erforderlich sind und damit eine technische Tätigkeit vorliegt (vgl. BAG 22.03.2000, 4 AZR 116/99, AP Nr. 275 zu §§ 22, 23 BAT 1975).

5. Technische-Assistenten-Tätigkeiten

Auch Tätigkeiten von technischen Assistenten finden sich, wie die staatlich geprüften Techniker, nur einmal als Beispielstätigkeit 6.4.3 in Entgeltgruppe 6 wieder:

> Technische Assistenten mit entsprechenden Tätigkeiten

Der Begriff „Technischer Assistent" wird im Berufsbildungsrecht synonym zum „Staatlich geprüften technischen Assistenten" verwendet.

Bei diesem Beruf handelt es sich – im Gegensatz zu den anderen unter Entgeltgruppe 6 genannten Beispielen/Berufen – nicht um eine Fortbildung im berufsbildungsrechtlichen Sinne, sondern um eine berufliche Erstausbildung. Sie dauert regulär zwei Jahre und wird gemäß der „Rahmenvereinbarung über die Ausbildung und Prüfung zum Staatlich geprüften technischen Assistenten/zur Staatlich geprüften technischen Assistentin an Berufsfachschulen" durchgeführt und geprüft. Zulassungsvoraussetzung ist ein Realschulabschluss oder ein als gleichwertig anerkannter Abschluss.

Ausgebildet wird in vielen Bereichen (vgl. Anlage 1 und 2 zur Rahmenvereinbarung über die Ausbildung und Prüfung zum technischen Assistenten/zur technischen Assistentin an Berufsfachschulen). Die Berufsbezeichnung erfolgt dementsprechend mit einem den Beruf angebenden Zusatz und ggf. der Angabe eines Schwerpunkts.

Von Interesse in Bezug auf die klassischen Aufgaben für Versorgungsbetriebe sind:

- Staatlich geprüfter technischer Assistent für regenerative Energietechnik und Energiemanagement
- Staatlich geprüfter technischer Assistent für Informatik
- Staatlich geprüfter Assistent für technische Kommunikation und Dokumentation
- Staatlich geprüfter technischer Assistent für Gebäudetechnik
- Staatlich geprüfter technischer Assistent für Elektronik und Datentechnik
- Staatlich geprüfter elektrotechnischer Assistent
- Staatlich geprüfter umweltschutztechnischer Assistent

Grundsätzlich erwerben technische Assistenten während der Ausbildung Qualifikationen, die vorwiegend in Laboratorien, Instituten,

Werkseinrichtungen, Prüf- und Versuchsfeldern der Wirtschaft, Verwaltung und Wissenschaft benötigt werden (vgl. „Rahmenvereinbarung über die Ausbildung und Prüfung zum technischen Assistenten/zur technischen Assistentin an Berufsfachschulen", Beschluss der Kultusministerkonferenz vom 30.09.2011 i. d. F. vom 25.06.2020, S. 2).

Für eine Eingruppierung nach Entgeltgruppe 6 Fallgruppe 6.4.3 muss der technische Assistent entsprechende Tätigkeiten ausüben. Diese liegen nur vor, wenn die übertragenen Tätigkeiten zum erlernten Berufsbild gehören. Es reicht nicht aus, dass der technische Assistent ohne Rücksicht auf seine spezielle Ausbildung irgendeine Tätigkeit ausübt, die zum Berufsbild eines technischen Assistenten gehört. Es kann nicht davon ausgegangen werden, dass die Tarifvertragsparteien bei der Eingruppierung eine Ausbildung honorieren wollen, die für die Ausübung der Tätigkeit nicht erforderlich ist und andererseits eine Tätigkeit ausreichen lassen wollen, die einem Berufsbild entspricht, in dem der Arbeitnehmer nicht ausgebildet ist (vgl. BAG 28.06.1989, 4 AZR 115/89, ZTR 1989, S. 444).

6. Handwerks- und Industriemeistertätigkeiten

EG	FG	Beispiele für Handwerks- und Industriemeister-tätigkeiten
6	6.4.1	Handwerks- und Industriemeister ■ mit entsprechenden Tätigkeiten
7	7.4.1	Handwerks- und Industriemeister ■ mit fachlicher Aufsicht ■ über Handwerker oder Facharbeiter
	7.4.2	Handwerks- und Industriemeister, die ■ die Voraussetzungen der Ausbildereignungs-Verordnung erfüllen und ■ in der Berufsausbildung entsprechend tätig sind.
8	8.4.1	Handwerks- und Industriemeister, die ■ große Arbeitsstätten (Bereiche, Werkstätten, Abteilungen oder Betriebe) ■ fachlich beaufsichtigen, ■ in denen Handwerker oder Facharbeiter beschäftigt sind.

EG	FG	Beispiele für Handwerks- und Industriemeistertätigkeiten
9	9.4.1	Handwerks- und Industriemeister, die ▪ ausdrücklich zu Leitern von großen Arbeitsstätten bestellt sind, ▪ in denen Handwerker oder Facharbeiter beschäftigt sind.

Der Begriff des Handwerksmeisters

Der Begriff des „Handwerksmeisters“ hat in der Rechtsordnung einen fest umrissenen Inhalt. Wenn Tarifvertragsparteien einen solchen Rechtsbegriff verwenden, ist mangels anderweitiger Anhaltspunkte davon auszugehen, dass sie ihn im allgemeinen Rechtssinne angewendet wissen wollen. Handwerksmeister ist danach ein Arbeitnehmer, der die Meisterprüfung vor der zuständigen Handwerkskammer mit Erfolg abgelegt hat. Diese Definition ist hier somit auch im tariflichen Sinne anzunehmen (vgl. BAG 14.03.1984, 4 AZR 14/82, AP Nr. 87 zu §§ 22, 23 BAT 1975). Eine Auflistung der einzelnen Gewerke, für die Meisterprüfungen abgelegt werden können, findet sich in den Anlagen A und B der Handwerksordnung.

Im Bereich der Versorgungswirtschaft sind regelmäßig für diese Gewerke Handwerksmeister anzutreffen:

- Elektrotechniker
- Elektromaschinenbauer
- Maler und Lackierer
- Metallbauer
- Kälteanlagenbauer
- Kraftfahrzeugtechniker
- Klempner
- Installateur und Heizungsbauer

(Text der Handwerksordnung abrufbar unter https://www.gesetze-im-internet.de/hwo/HwO.pdf)

Der Begriff des Industriemeisters

Auch der Begriff des „Industriemeisters“ wird von den Tarifvertragsparteien nicht näher bestimmt. Im Gegensatz zum Handwerksmeister hat er aber auch in der Rechtsterminologie keinen fest umrissenen

Inhalt. Für die Auslegung ist folglich davon auszugehen, dass die Tarifvertragsparteien diesen Begriff so angewendet wissen wollen, wie er im Wirtschaftsleben verstanden wird. Danach stellt der Industriemeister einen Fortbildungsabschluss für alle Industriebereiche nach abgeschlossener Industrielehre und praktischer Berufsausübung dar. Die Prüfung zum Industriemeister wird entsprechend vor der IHK abgelegt (vgl. BAG 16.10.1985, 4 AZR 149/84, AP Nr. 108; BAG 23.01.1985, 4 AZR 14/84, AP Nr. 99, beide zu §§ 22, 23 BAT 1975 m. w. N.).

Für den Bereich der Versorgungswirtschaft können beispielhaft folgende Industriemeisterfachrichtungen infrage kommen:

- Industriemeister – Elektrotechnik
- Industriemeister – Leitungsbau
- Industriemeister – Rohrnetzbau und Rohrnetzbetrieb
- Wassermeister
- Abwassermeister

(vgl. http://berufenet.arbeitsagentur.de/berufe/simplesearch.do)

Entsprechende Tätigkeiten (Beispiel 6.4.1 der Entgeltgruppe 6)

Eine der beruflichen Qualifikation eines Meisters entsprechende Tätigkeit liegt vor, wenn diese die Fähigkeiten und Kenntnisse erfordert, die durch die abgelegte Meisterprüfung nachgewiesen werden. Dazu gehört bei einem Meister, dass er Meistertätigkeiten im Gegensatz zu Gesellen- oder Facharbeitertätigkeiten ausübt und auf seinem Fachgebiet tätig oder mit verwandten Tätigkeiten betraut ist, die grundsätzlich die Kenntnisse voraussetzen, die durch die Meisterprüfung nachgewiesen werden (vgl. BAG 14.03.1984, 4 AZR 14/82, AP Nr. 87 zu §§ 22, 23 BAT 1975 m. w. N.).

Klassische Meistertätigkeiten sind:

- leitende, beaufsichtigende, überwachende Tätigkeiten
- Tätigkeiten mit besonderen fachlichen Qualifikationen, wie sie durch die Meisterprüfung nachgewiesen werden

(vgl. LAG Nürnberg 09.10.2019, 2 Sa 190/19, Rev. nicht zugelassen, zit. nach WKRS 2019, 53633)

Für die Erfüllung der entsprechenden Tätigkeit ist es somit nicht ausreichend:

- wenn ein Arbeitnehmer **keine** leitenden oder überwachenden Tätigkeiten ausübt

- wenn die selbst wahrzunehmenden Tätigkeiten **keine** besonderen Qualifikationen erfordern, wie sie erst mit der Meisterprüfung als nachgewiesen gelten

Für eine leitende oder überwachende Tätigkeit ist es nicht ausreichend, dass dem Arbeitnehmer ein Mitarbeiter unterstellt ist. Diese geringe Anzahl unterstellter Mitarbeiter reicht nicht aus, da der Zeitaufwand (z. B. für das Einteilen des Arbeitsablaufs und die Kontrolle der Aufgabenerledigung) regelmäßig viel zu gering ist (vgl. BAG 14.03.1984, 4 AZR 14/82, AP Nr. 87 zu §§ 22, 23 BAT 1975 m. w. N.).

Aufgrund der gewerkegebundenen Fortbildungen gibt es nicht „das" klassische **Handwerksmeisterberufsbild**. Die Verordnung über gemeinsame Anforderungen in der Meisterprüfung im Handwerk regelt aber, welche Art von Qualifikationen und damit welche Art von Tätigkeiten einem Meister im Rahmen seines (oder eines artverwandten) Berufsbilds abverlangt werden können:

Einem Handwerksmeister kann abverlangt werden:

1. wesentliche Tätigkeiten seines Handwerks meisterhaft zu verrichten (Teil I),
   (Bei Schwerpunkten: wesentliche Tätigkeiten im Schwerpunkt meisterhaft zu verrichten und im schwerpunktübergreifenden Bereich über Grundfertigkeiten und Grundkenntnisse verfügt, die die fachgerechte Ausübung auch dieser Tätigkeiten ermöglicht),
2. dass er die erforderlichen fachtheoretischen Kenntnisse besitzt (Teil II),
3. dass er die erforderlichen betriebswirtschaftlichen, kaufmännischen und rechtlichen Kenntnisse besitzt (Teil III) und
4. dass er die erforderlichen berufs- und arbeitspädagogischen Kenntnisse besitzt (Teil IV)

(§ 45 Abs. 3 und 4 HwO)

Industriemeister üben typischerweise selbstständig fachlich-aufsichtsführende Tätigkeiten im Produktionsbereich verschiedenster industrieller Wirtschaftszweige aus. Sie sind für den ungehinderten Arbeitsablauf im Fertigungsbereich mitverantwortlich. Das kann konkret umfassen:

- praktisch-technische Fragen der Fließbandfertigung
- Teil-/Vollautomation und ihre Steuerung
- arbeitsanalytische Arbeitsvorbereitung
- Prüfung der Materialgeeignetheit/-qualität etc.

Zudem sind sie regelmäßig als Ausbilder im technischen Arbeitskräftebereich tätig. Auch können ihnen nicht gelernte und angelernte Kräfte unterstehen.

(vgl. BAG 23.01.1985, 4 AZR 14/84, AP Nr. 99 zu §§ 22, 23 BAT 1975 m. w. N.)

Für die Anerkennung der **entsprechenden Tätigkeit** ist es nicht erforderlich, dass der **Meister** auf seinem eigenen Fachgebiet tätig ist. Vielmehr ist es ausreichend, dass der Meister auf einem artverwandten oder auf einem, seinem eigenen Handwerksbereich vergleichbaren bzw. fachlich verbundenen Gebiet arbeitet. Deshalb reicht die Ausbildung und Ablegung der Meisterprüfung auf einem artverwandten Gebiet aus. Als artverwandt kann für einen Elektroinstallateurmeister die Tätigkeit als Prüfmeister angesehen werden, da sich die Aufgaben – auch von der Ausbildung her – mit denen eines Kfz-Elektrikermeisters zu einem großen Teil überschneiden (vgl. BAG 19.05.1982, 4 AZR 767/79, AP Nr. 59 zu §§ 22, 23 BAT 1975 m. w. N.).

Mit fachlicher Aufsicht über Handwerker oder Facharbeiter (Beispiel 7.4.1 der Entgeltgruppe 7)

Der Begriff der **fachlichen Aufsicht** kann im Sinne des allgemeinen Sprachgebrauchs wie folgt näher bestimmt werden:

Unter **fachlich** versteht man ein bestimmtes Fach, Fachgebiet betreffend, dazu gehörend (vgl. Duden, S. 582).

Aufsicht bedeutet das Achten darauf, dass bestimmte Vorschriften eingehalten werden, damit nichts passiert (vgl. Duden, S. 213).

Ähnlich haben auch die Richter des BAG entschieden:

BAG vom 27.02.1980

Die Aufsicht umfasst Aufsicht über den weiteren Arbeitsablauf. Sie soll sicherstellen, dass Beanstandungen erledigt werden. Es ist nicht erforderlich, dass der Aufsichtsführende gegenüber den technischen Sachbearbeitern, die die Beanstandungen zu erledigen haben, Weisungsbefugnisse hat oder die Dienstaufsicht führt.

(BAG 27.02.1980, 4 AZR 237/78, AP Nr. 30 zu §§ 22, 23 BAT 1975)

Als **Handwerker** wird bezeichnet, wer einen anerkannten Ausbildungsberuf (Handwerk) mit Gesellenprüfung bestanden hat (vgl. Duden, S. 809 f.).

Aus tarifrechtlicher Sicht müssen somit Tätigkeiten vorliegen, die die Ausbildung in einem Handwerk erfordern.

Als **Facharbeiter** wird ein Arbeiter mit einer abgeschlossenen Lehre in einem anerkannten Lehrberuf bezeichnet (vgl. Duden, S. 581).

Wichtig: Für den Einsatz von Fach-Fremdpersonal gilt: Die Tarifvertragsparteien haben dies entsprechend berücksichtigt, da sie von Aufsicht und nicht von einer Unterstellung ausgehen.

Meister, die die Voraussetzungen der Ausbilder-Eignungsverordnung erfüllen und in der Berufsausbildung entsprechend tätig sind (Beispiel 7.4.2 der Entgeltgruppe 7)

Die Ausbilder-Eignungsverordnung (AEVO) regelt, welche berufs- und arbeitspädagogische Eignung vorliegen muss, um nach dem Berufsbildungsgesetz ausbilden zu können, und wie diese Qualifikation nachzuweisen ist. Sie gilt insofern auch für Ausbildungen nach der Handwerksordnung, auch wenn die AEVO selbst dies nicht explizit regelt. Der Anwendungsbereich ergibt sich vielmehr unmittelbar durch den Verweis auf die Bestimmungen des Berufsbildungsgesetzes, die in § 3 Abs. 3 BBiG ausdrücklich auf die einschlägigen Regelungen der Handwerksordnung verweisen.

Entsprechende Tätigkeiten in der Berufsausbildung müssen somit mindestens auf die Vermittlung technischen Wissens ausgerichtet sein. Der Meister soll den Auszubildenden die Kenntnisse vermitteln, die diese nach erfolgreichem Abschluss der Ausbildung für die Tätigkeiten im jeweiligen Beruf befähigen (vgl. BAG 01.08.2001, 4 AZR 302/00, AP Nr. 282 zu §§ 22, 23 BAT 1975 m. w. N.).

Wichtig: Da Ausbildungsaufgaben zum klassischen Tätigkeitsprofil eines Meisters gehören (vgl. Berufsbilder unter: www.berufenet.arbeitsagentur.de; BAG 01.08.2001, 4 AZR 302/00, AP Nr. 282 zu §§ 22, 23 BAT 1975 m. w. N.), kann nicht davon ausgegangen werden, dass mit Ausbildungstätigkeiten beschäftigte Meister höher als nach dieser Beispielstätigkeit tarifgerecht eingruppiert sind! Die Vorbemerkung Nr. 1 Satz 3 der Anlage 1 zu § 5 TV-V erlangt deshalb in diesem Fall keine praktische Relevanz.

Meister, die große Arbeitsstätten fachlich beaufsichtigen, in denen Handwerker oder Facharbeiter beschäftigt sind (Beispiel 8.4.1 der Entgeltgruppe 8)

Gemäß Erläuterung in der Klammer zur Beispielstätigkeit 8.4.1 versteht der TV-V unter Arbeitsstätten

> (Bereiche, Werkstätten, Abteilungen oder Betriebe)

und übernimmt damit den Wortlaut des BAT zum Begriff der Arbeitsstätte (vgl. z. B. BAG 23.01.1985, 4 AZR 14/84, AP Nr. 99 zu §§ 22, 23 BAT 1975).

Die Arbeitsstätte ist der Arbeitsort:

- der vom Meister zu beaufsichtigen ist
- sind die Stellen, an denen Arbeitskräfte tätig sind, die dem Meister unterstehen

(vgl. LAG Rheinland-Pfalz 12.11.1996, 6 Sa 700/96, EzBAT §§ 22, 23 BAT J 5b Nr. 6)

Mit der Abgrenzung zwischen normaler und großer Arbeitsstätte hat sich das BAG entsprechend bereits wiederholt auseinandergesetzt.

Checkliste: Große Arbeitsstätten

„Große" Arbeitsstätten liegen vor bei:

- entsprechender räumlicher Größe und
- entsprechender Zahl der in der Arbeitsstätte beschäftigten Arbeitnehmer oder
- entsprechender Größe der technisch-maschinellen Ausstattung oder
- besonderen betriebsorganisatorischen Gründen

(vgl. BAG 28.05.1997, 10 AZR 515/95, Rn. 32 m. w. N., AP Nr. 4 zu § 21 MTArb)

Grundsätzlich sind dabei folgende Aspekte zu berücksichtigen:

1. Die räumliche Größe allein ist kein entscheidendes Merkmal. (vgl. 28.05.1997, 10 AZR 515/95, Rn. 32 m. w. N., AP Nr. 4 zu § 21 MTArb)

   Es gibt insoweit keine feste Untergrenze. Abzustellen ist vielmehr auf alle Umstände. Von Bedeutung kann auch sein, dass an der Arbeitsstätte die Arbeit von mehreren Gewerken zu beaufsichtigen ist. Die große Arbeitsstätte kann auch bei der Zuständigkeit für nur eine Arbeitsstätte (hier eine Werkstatt) gegeben sein.

   (vgl. LAG Hessen 03.08.1989, 9 Sa 1585/88 m. w. N.)

2. Gehen die Tarifvertragsparteien ausdrücklich von Handwerkern oder Facharbeitern aus, werden Hilfskräfte bei der Ermittlung der Zahl der in der Arbeitsstätte beschäftigten Arbeitnehmer

nicht mitgezählt, weil sie keine besonderen Anforderungen an den Meister stellen in Bezug auf:

- Auswahl
- Einsatz
- Beaufsichtigung

(vgl. BAG 23.01.1985, 4 AZR 14/84, AP Nr. 99 zu §§ 22, 23 BAT 1975).

Der Begriff **Beaufsichtigen** bedeutet im allgemeinen Sprachgebrauch, über jemanden oder über etwas die Aufsicht ausüben bzw. etwas oder jemanden überwachen (vgl. Duden, S. 272). Von Überwachen ist dann die Rede, wenn jemand beobachtend, kontrollierend für den richtigen Ablauf einer Sache sorgt bzw. darauf zu achten ist, dass in einem bestimmten Bereich alles mit rechten Dingen zugeht (vgl. Duden, S. 1859).

Beispiele:

1. In Bezug auf die Anzahl der beschäftigten Arbeitnehmer lehnte das BAG eine große Arbeitsstätte ab bei

   - 12 bis 15 Fachkräften bzw.
   - 33 insgesamt unterstellten Mitarbeitern (einschließlich oben unberücksichtigt gebliebenen Hilfskräften) in einer Küche mit täglicher Verpflegungsausgabe für 1000 Personen.

   (vgl. BAG 23.01.1985, 4 AZR 14/84, AP Nr. 99 zu §§ 22, 23 BAT 1975)

2. Als **Maurermeister** oblag dem Meister die Leitung des Bauhofes mit Aufsicht/Koordinierung des Einsatzes von Handwerkern im Hoch- und Tiefbau, bei Heizungs- und Sanitärarbeiten und bei Verputzer- und Malerarbeiten. Die Arbeitsstätten heben sich nicht durch die o. g. Kriterien für große Arbeitsstätten ggü. anderen (möglichen) Meister-Arbeitsstätten ab: Der Bauhof hebt sich räumlich nicht von anderen Arbeitsstätten ab. Mit 10 bis 11 zugeordneten Arbeitnehmern reicht auch die Zahl der Mitarbeiter nicht aus. Ob die Größe der technisch-maschinellen Ausstattung bzw. besondere betriebsorganisatorische Gründe vorliegen, wurde nicht ausreichend vorgetragen. Es fehlt am Vergleich zu(r) „normalen" Arbeitsstätte(n).

   (vgl. LAG Rheinland-Pfalz 12.11.1996, 6 Sa 700/96)

Hingegen genügten diese Bedingungen den Anforderungen an die „große Arbeitsstätte":

1. Leitung der sog. Nebenwerkstätten
   Die große Arbeitsstätte ergab sich insgesamt aus allen folgenden Aspekten:
   - Die Werkstatt besteht aus 3 Teilbereichen Schreinerei, Sattlerei, Spritzerei
     Die Leitung hat also 3 unterschiedliche Gewerke zu beaufsichtigen im Gegensatz zu einer normalen Werkstatt mit nur einem Ausbildungsberuf (Gewerk).
   - mit 17 Fachkräften und 1 Hilfskraft
   - räumliche Ausdehnung: Sattlerei und Spritzerei liegen räumlich nebeneinander und haben eine Gesamtfläche von 350 qm. Die Schreinerei ist separat und hat einschließlich des Holzlagers 400 qm.

   Diese räumliche Situation bringt eine gesteigerte Schwierigkeit der Beaufsichtigung mit sich, weil die Leitung nicht überall zugleich sein kann.

   (vgl. LAG Hessen 03.08.1989, 9 Sa 1585/88)
2. Meister in einer Untertageanlage mit einer Gesamtfläche von 163.000 qm und 90 km Stollen (als Beispiel für die räumliche Größe und die technisch-maschinelle Ausstattung)

   (vgl. BAG 18.11.1998, 10 AZR 633/97, AP Nr. 6 zu § 21 MTArb)
3. Bundeswehrstandort, räumlich der drittgrößte der BRD, mit 4000 beschäftigten Personen. Der Mitarbeiter war für die zentrale Haus- und Betriebstechnik zuständig (Wartung, Sicherstellung des laufenden Betriebs) mit Leitzentrale, die DDC-gesteuert 224 Heizungsunterstationen regelt und überwacht.

   (BAG 28.05.1997, 10 AZR 515/95, AP Nr. 4 zu § 21 MTArb; Arbeiterfall)
4. Leitung der Werkstatt für Elektrotechnik mit 14 unterstellten Mitarbeitern und zuständig im Bereich der Elektrotechnik für ca. 185 km Bundeswasserstraßen in 4 Außenbezirken mit insgesamt 15 Schleusenbetriebsstellen. Die große Arbeitsstätte war gegeben aufgrund der Anzahl der unterstellten Fachkräfte und der zu betreuenden Streckenkilometer (Aufteilung in mehrere Arbeitsbereiche an verschiedenen Orten im Sinne besonderer betriebsorganisatorischer Gründe).

   (vgl. LAG Nürnberg 09.10.2019, 2 Sa 190/19, zit. nach WKRS 2019, 53633, Teilabdruck in ZTR 2020, 350 ff.)

Meister, die ausdrücklich zu Leitern von großen Arbeitsstätten, in denen Handwerker oder Facharbeiter beschäftigt sind, bestellt sind (Beispiel 9.4.1 der Entgeltgruppe 9)

Im Sinne des allgemeinen Sprachgebrauchs bedeutet die **ausdrückliche Bestellung** im Einzelnen:

„Ausdrücklich" steht für etwas mit Nachdruck, unmissverständlich vorbringen bzw. etwas extra, besonders betonen (vgl. Duden, S. 223).

„Bestellen" bedeutet in dem hier gebrauchten Zusammenhang, jemanden für einen bestimmten Zweck einzusetzen bzw. für eine bestimmte Tätigkeit zu ernennen, zu bestimmen (vgl. Duden, S. 308).

Ein mit den genannten Ausführungen inhaltlich vergleichbares Tätigkeitsmerkmal kennt auch der BAT, nämlich das der ausdrücklichen Anordnung. Es wird als Tätigkeitsmerkmal ebenfalls im Rahmen der Unterstellung von Mitarbeitern gebraucht. Die Rechtsprechung stellt dabei klar, dass die sich mit der Unterstellung ergebenden Aufsichts- und Weisungsbefugnisse durch eine entsprechende Willenserklärung des Arbeitgebers begründet werden müssen. Die Willenserklärung selbst kann mündlich oder schriftlich erfolgen. Alternativ kann sie auch in Dienstanweisungen, Verwaltungsverfügungen und Geschäftsverteilungsplänen enthalten sein. Für das Wirksamwerden ist allerdings der Zugang gegenüber dem Arbeitnehmer erforderlich (vgl. BAG 12.03.2008, 4 AZR 67/07, AP Nr. 36 zu §§ 22, 23 BAT-O).

Leiter ist jemand, der etwas leitet, der die Leitung hat. Unter Leitung ist die Verbindung von Aufgaben der Planung, Organisation, Anweisung, Koordination und Kontrolle zu verstehen, das heißt die organisatorische Gesamtzuständigkeit für die übertragene Aufgabe (vgl. BAG 16.05.2019, 6 AZR 93/18, AP Nr. 97 zu § 611 BGB Kirchendienst).

Als Eingruppierungsmerkmal des BAT ist nach der Rechtsprechung des BAG für den Begriff des Leiters weiter erforderlich, dass er für eine Einrichtung, einen Teil derselben oder einen abgrenzbaren Aufgabenbereich die Verantwortung trägt (vgl. BAG 16.05.2019, 6 AZR 93/18, AP Nr. 97 zu § 611 BGB Kirchendienst m. w. N.).

Alle anderen Merkmale entsprechen den bereits genannten Beispielstätigkeiten für Meister. Auf die Ausführungen kann entsprechend zurückgegriffen werden.

7. Sonstige technisch geprägte Tätigkeiten

Beispielstätigkeiten für sonstige technisch geprägte Tätigkeiten

EG	Obermerkmal	Tätigkeitsmerkmal – Beispieltätigkeit	FG
7	+ abgeschlossene Ausbildung in einem anerkannten Ausbildungsberuf + entsprechende Tätigkeiten + besonders hochwertig oder besonders vielseitig + besondere Spezialkenntnisse	versorgungstechnische, vertragsrechtliche und energiewirtschaftliche Kundenberatung	7.4.4
9	+ abgeschlossene FH- oder BA-Ausbildung + entsprechende Tätigkeiten	Bau und/oder Betrieb von Netzen einschließlich Personal- und Materialeinsatz	9.4.2
10	+ abgeschlossene FH- oder BA-Ausbildung + entsprechende Tätigkeiten + besondere Schwierigkeit und Bedeutung	+ versorgungstechnische, vertragsrechtliche und energiewirtschaftliche Kundenberatung + der Sonderabnehmer	10.3.1
		alleinverantwortliche Überwachung von Energieerzeugungsanlagen	10.3.4
11	+ abgeschlossene FH- oder BA-Ausbildung + entsprechende Tätigkeiten + besondere Schwierigkeit und Bedeutung + Maß der Verantwortung	Bauleitung von besonders schwierigen Neu- und Erweiterungsbauten im Strom-, Gas-, Wasser- oder Fernwärmenetz	11.4.4
		Entwurf, Vortrassierung und Ausschreibung von Leitungs- und Tiefbauarbeiten im MS- und HS-Netz von besonderer Schwierigkeit	11.4.5

4

Versorgungstechnische, vertragsrechtliche und energiewirtschaftliche Kundenberatung (Beispiel 7.4.4 der Entgeltgruppe 7)

Der Begriff der **Kundenberatung** als Beispielstätigkeit findet sich auch in den Tarifverträgen der Banken und Sparkassen wieder. Die Rechtsprechung definierte in diesem Zusammenhang den Begriff der Kundenberatung wie folgt näher: Von Kundenberatung kann ausgegangen werden, wenn sich die Arbeit auf Kunden bezieht. Sie darf sich nicht auf die Abwicklung interner Vorgänge beschränken. Zudem muss die Tätigkeit „beratenden" Charakter haben (jemandem einen Rat erteilen). Eine einfache Informationserteilung und Reaktion auf Kundenwünsche kann diesem Tätigkeitsmerkmal also nicht genügen. Vielmehr müssen abschließende Erläuterungen von Sachverhalten zum allgemeinen Bereich der Produktpalette des Unternehmens abgegeben sowie Lösungsalternativen dargestellt werden können. Die Tätigkeit ist somit auf eine umfassende Informationserteilung ausgerichtet (vgl. BAG 17.01.1996, 4 AZR 662/94, AP Nr. 4 zu §§ 22, 23 BAT Sparkassenangestellte und ähnlich BAG 05.02.2004, 8 AZR 600/02, zit. nach WKRS 2004, 10004).

Die **Versorgungstechnik** umfasst alle technischen Anlagen, die der Ver- und Entsorgung dienen. Die Anlagen dienen sowohl der Bereitstellung von Energie und Wasser als auch der Abwasser- und Abfallentsorgung (http://berufenet.arbeitsagentur.de/berufe/start?dest=profession&prof-id=5459).

Der Begriff des **Vertragsrechts** setzt sich aus den Worten „Vertrag" und „Recht" zusammen. Als Vertrag wird jedes Schuldverhältnis bezeichnet, das durch ein Rechtsgeschäft zu Stande gekommen ist (vgl. Schmidt in Weber: Stichwort Vertrag). Der Begriff Recht umschließt im objektiven Sinne die Rechtsordnung als solche, das heißt die Gesamtheit der Rechtsvorschriften (vgl. Groh in Weber: Stichwort Recht).

Energiewirtschaftliche Kundenberatung umfasst im Sinne des allgemeinen Sprachgebrauchs den sparsamen Umgang mit Energie (vgl. Duden, Stichwort „Energiewirtschaft" gemäß S. 529 und „wirtschaftlich" gemäß S. 2076).

Bei der Auslegung und Anwendung dieses Tätigkeitsbeispiels ist insbesondere zu beachten, dass für eine Eingruppierung nach dieser Beispielstätigkeit die auszuübende Tätigkeit alle drei Beratungsebenen umfassen muss:

- Versorgungstechnik
- Vertragsrecht
- Energiewirtschaft

Dies wird durch das Wort „und" in der Aufzählung deutlich:

§ 7.4.4 Versorgungstechnische, vertragsrechtliche **und** energiewirtschaftliche …

Die versorgungstechnische und energiewirtschaftliche Kundenberatung ist ein klassisches Einsatzfeld für den Energieberater. Dabei handelt es sich um eine berufliche Fortbildung im Handwerk nach der Handwerksordnung i. V. m. dem Berufsbildungsgesetz. Zuständig sind demgemäß die Handwerkskammern. Darüber hinaus kann es interne Vorschriften der Lehrgangsträger geben. Einzelne Handwerkskammern und Fachverbände haben zusätzlich zur relativ einheitlich geregelten Fortbildungsmaßnahme „Gebäudeenergieberater/in im Handwerk" gewerbespezifische Lehrgänge entwickelt.

Aufgabe der Gebäudeenergieberater ist es, Privathaushalte und Wirtschaftsbetriebe in wirtschaftlicher und technischer Hinsicht über sparsamen und umweltschonenden Energieeinsatz, insbesondere bei Sanierungsmaßnahmen, Modernisierungsvorhaben sowie bei Neubau- und gewerblichen Investitionsvorhaben zu informieren. Dazu gehört die Prüfung der technischen Gegebenheiten in Bezug auf Heizungs-, Lüftungs-, Sanitär- und Klimaanlagen. Darauf aufbauend wird ein günstiges Energiekonzept für den jeweiligen Kunden erstellt (vgl. http://berufenet.arbeitsagentur.de/berufe/start?dest=profession&prof-id=10152).

4

Praxis-Tipp:

Anhand dieser berufstypischen Tätigkeiten wird deutlich, dass eine technische Vorbildung unabdingbar ist.

Dass diese auf unterschiedlichem Niveau vorliegen kann, haben die Tarifvertragsparteien berücksichtigt, indem sie in Entgeltgruppe 10 Fallgruppe 10.3.1 ein auf dieser Beispielstätigkeit aufbauendes Beispiel formuliert haben.

Versorgungstechnische, vertragsrechtliche und energiewirtschaftliche Kundenberatung der Sonderabnehmer (Beispiel 10.3.1 der Entgeltgruppe 10)

Der materielle und bewertungserhebliche Unterschied zwischen beiden Beispielen besteht lediglich in der Zielgruppe der Beratung. Während der Kundenberater in Entgeltgruppe 10 für die Sonderabnehmer zuständig ist und der Kundenberater in Entgeltgruppe 7 ohne Zielgruppenbeschränkung tätig wird, kann infolge der Tarifsystematik nur davon ausgegangen werden, dass sich für eine Eingruppierung nach der höheren Entgeltgruppe 10 die Kundenberatung zum bewertungsrelevanten Zeitanteil ausschließlich auf die Beratung der Sonderabnehmer beziehen muss.

Der Begriff des Sonderabnehmers wird weder im TV-V noch in energiewirtschaftlichen Fachgesetzen näher bestimmt. Er kommt aus den verständigen Fachkreisen und bezeichnete Abnehmer, für die keine Allgemeinen Versorgungsbedingungen galten (vgl. z. B. BGH 09.06.1959, VIII ZR 61/58, Rn. 13). Mit ihnen wurden individuelle Versorgungsbedingungen und -preise ausgehandelt. Mit der Liberalisierung des Energieversorgungsmarktes wandelte sich der Begriff, aber auch vor allem die Zielgruppe hin zum Sondervertragskunden (vgl. dazu auch nähere Ausführungen in: OLG Düsseldorf 24.06.2009, VI-2 U (Kart) 14/08). Sondervertragskunden sind danach jene Kunden, die nicht Tarifkunden sind. Mit ihnen werden besondere Vertragsbedingungen und Preise in einem standardisierten oder individuellen Sondervertrag vereinbart. Dementsprechend unterscheiden sich auch die Preisregelungen von denen für die Tarifkunden. Die Versorgung der Sonderabnehmer erfolgt aus Hoch-, Mittel- oder Niederspannungsnetzen (vgl. Kraus, S. 172, 182).

Praxis-Tipp:

Da es sich beim Begriff des Sonderabnehmers um einen unbestimmten Rechtsbegriff handelt, ist bei der Auslegung ohnehin auf die Oberbegriffe der Entgeltgruppe 10 zurückzugreifen (zur Auslegung siehe Kapitel 3.3).

Bau und/oder Betrieb von Netzen einschließlich Personal- und Materialeinsatz (Beispiel 9.4.2 der Entgeltgruppe 9)

Nach dem allgemeinen Sprachgebrauch umfasst der „Bau von Netzen" alle Tätigkeiten, die dem Errichten bzw. Errichten lassen der Netze dienen (vgl. Duden, S. 267). Betrieb von Netzen bedeutet im Sinne des allgemeinen Sprachgebrauchs das In-Funktion-Sein, das Arbeiten, aber auch das Betreiben von etwas (Duden, S. 312 f.). Unter Betreiben fallen alle Tätigkeiten, die der Führung und Unterhaltung des Netzes dienen (vgl. Duden, S. 312). Führung bedeutet in diesem Zusammenhang etwas verantwortlich leiten (vgl. Duden,

S. 668). Um diese allgemeine Definition konkret zu fassen, haben die Tarifvertragsparteien offensichtlich noch ergänzt, dass bei Bau und Betrieb auch die Zuständigkeit für den Personal- und Materialeinsatz gegeben sein muss, um diese Beispielstätigkeit zu erfüllen.

Was dabei unter einem Netz zu verstehen ist, lassen die Tarifvertragsparteien an dieser Stelle offen. Nach den verständigen Fachkreisen ist unter einem Netz im energietechnischen Sinne die Gesamtheit der miteinander verbundenen Anlagenteile für die Übertragung und Verteilung von elektrischer Energie zu verstehen (vgl. Kraus, S. 141).

Da in den Beispielen 4.3.4 und 5.4.7 zudem Netze mit dem Klammersatz (Gas, Wasser, Fernheizung, Kabel, Freileitung) im Sinne von Versorgungsnetzen konkretisiert werden, kann auch hier zunächst von Versorgungsnetzen ausgegangen werden. Im Sinne des allgemeinen Sprachgebrauchs ist ein Netz ein System von netzartig verzweigten Verteilungsleitungen mit den dazugehörigen Einrichtungen für die Versorgung mit Strom, Gas, Wasser, Öl, für die Kanalisation, aber auch für die Nachrichtenübermittlung (vgl. Duden, S. 1286). Damit ist der Netzbegriff hier insgesamt weiter gefasst als in den Beispielen 4.3.4 und 5.4.7 und umfasst auch Abwasser- und Telekommunikationsnetze.

Alleinverantwortliches Überwachen von Energieerzeugungsanlagen (Beispiel 10.3.4 der Entgeltgruppe 10)

Alleinverantwortlich heißt, dass Tätigkeiten wahrzunehmen sind, deren Ergebnis nicht der Überprüfung anderer Personen bedürfen oder bei deren Erledigung (z. B. im Schichtbetrieb) nicht unmittelbar Entscheidungen des jeweiligen Vorgesetzten eingeholt werden können. Alleinverantwortung und Mitverantwortung können tariflich nicht gleichgestellt werden (vgl. BAG 12.06.1996, 4 AZR 1055/94, AP Nr. 215 zu §§ 22, 23 BAT 1975).

Der Begriff **Überwachen** bedeutet bei einer technischen Anlage deren Beobachtung zur Kontrolle ihrer Funktionsfähigkeit (BAG 23.02.2022, 4 AZR 354/21, Rn. 49 m. w. N., AP Nr. 12 zu § 12 TVöD).

Energieerzeugung ist die Erzeugung von Prozessenergien, insbesondere elektrische Arbeit (Strom) und Wärme, durch Umwandlung aus gespeicherten Energien, zum Beispiel chemischer Energie (Brennstoffe), potenzieller Energie (Wasserkraft), Kernenergie, Solarenergie (vgl. Bohn in: Schaefer, S. 353). **Anlagen** im technischen Sinne sind die Gesamtheit der maschinellen und anderen Ausrüstungen eines Betriebs, die für die Erzeugung von Energie notwendig sind (vgl. Brockhaus, Stichwort: Anlage). Energieerzeugungsanlagen im genannten Sinne sind demnach z. B. ganze Kraftwerke bzw. -blöcke.

Um das Beispiel als alleinige Eingruppierungsgrundlage heranziehen zu können, sind alle drei Teilanforderungen zu erfüllen:

1. Alleinverantwortlich
2. Überwachen
3. Energieerzeugungsanlagen.

Erste Rechtsprechung zum TV-V nähert sich diesen Fragen wie folgt: So führt das ArbG Weiden zur Klärung der Frage, ob es sich bei den zu überwachenden Anlagen um solche der Energieerzeugung handelt, Folgendes aus:

Entscheidung zum TV-V

Der ... Kläger ... ist ... als Schichtmeister im Müllkraftwerk beschäftigt. ... ihm obliegt hier die eigenverantwortliche Leitung einer Schichtgruppe aus mehreren Mitarbeitern, die für die gesamte Steuerung und Überwachung des Kraftwerkbetriebes und seiner Nebenanlagen verantwortlich ist. (...)

Der Kläger erfüllt das geltend gemachte Beispielsmerkmal „Alleinverantwortliche Überwachung von Energieerzeugungsanlagen" gem. Nr. 10.3.4 der Anlage 1 zum TV-V.

Der klägerische Arbeitsplatz befindet sich in einer Energieerzeugungsanlage im Sinne der Nr. 10.3.4 der Anlage 1 zum TV-V. Keine Rolle spielt in diesem Zusammenhang die Frage, ob Müllverbrennungsanlagen ggf. keine Energieerzeugungsanlagen in dem Sinne sind, dass der TV-V bereits originär zur Anwendung kommen müsste. Es ist bei der Auslegung der Eingruppierungsmerkmale zu beachten, dass der TV-V eben nicht originär über § 1 I TV-V zur Anwendung kommt, sondern – und dies nach dem expliziten Wortlaut der entsprechenden Tarifvorschrift – gem. § 1 II TV-V ungeachtet der Voraussetzungen des § 1 I TV-V durch freiwillige Einbeziehung (auf Antrag des Betriebes), Konsequenz ist, dass die tariflichen Regelungen grundsätzlich für alle Geltungsbereiche gleichermaßen gelten, und zwar unabhängig davon, ob die Voraussetzungen des § 1 I TV-V gegeben sind, also hier: ob eine Energieversorgungsanlage gem. § 1 I TV-V vorliegt. In den Fällen, in denen die Tarifvertragsparteien eine partielle Beschränkung des tariflichen Geltungsbereichs nach Einbeziehung von Unternehmen außerhalb des originären Geltungsbereichs (wie z. B. Müllverbrennungsanlagen) für angebracht erachtet haben, haben sie dies nachträglich durch Änderungstarifvertrag inzwischen eindeutig geregelt, z. B. in §§ 10 IX, 17 II TV-V – Protokollerklärung (vgl. BAG vom 14.11.2012, 10 AZR 685/11, AP Nr. 5 zu § 1 TVG Tarifverträge: Versorgungsbetriebe). In diesem Lichte sind die maßgebenden Tarifvorschriften auszulegen und anzuwenden. (...)

Unstreitig wird dort in nicht geringem Umfang Energie erzeugt, es handelt sich objektiv um eine Anlage, mit der Energie erzeugt wird. Weitere Voraussetzungen sind jedenfalls im vorliegenden Fall wegen der Größe des vom

Beklagten betriebenen Kraftwerks nicht zu erfüllen, da über § 1 II TV-V gerade im Ergebnis eine Gleichstellung erfolgt, die hier auch naheliegend und sachgerecht ist. (...)

(ArbG Weiden 30.11.2016, 3 Ca 734/16, zit. nach Beck RS 2016, 113594)

Da Müllverbrennungsanlagen nicht originär der Stromerzeugung dienen, argumentiert das ArbG Weiden ergänzend weiter:

§

Entscheidung zum TV-V

Darüber hinaus ergibt sich zur Überzeugung der Kammer aus dem Obersatz der Entgeltgruppe 10 (Nr. 2: **Arbeitnehmer, die aufgrund ihrer Fähigkeiten oder Erfahrungen entsprechende gleichwertige Tätigkeiten ausüben**), der nach allgemeinen Eingruppierungsregeln stets im Zusammenhang mit dem Beispielsmerkmal gesehen werden muss (vgl. hierzu Hofmann, Die Eingruppierung nach dem TV-V, BKPV, 2015) der Aspekt, dass auch gleichwertige Tätigkeiten zur Erfüllung der Voraussetzungen der Entgeltgruppe 10 genügen. Dabei sieht die Kammer das Überwachen des Betriebes einer Müllverbrennungsanlage dann, wenn es sich hierbei wegen der erzeugten Energie nicht ohnehin originär um eine Energieerzeugungsanlage i. S. d. Nr. 10.3.4 handeln sollte, jedenfalls als eine dem Überwachen einer (reinen) Energieerzeugungsanlage im Tarifsinne gleichwertige Tätigkeit an. Zu diesem Schluss kommt das Gericht mit Blick auf die sich in der Größe des Beklagten (nach eigenen Angaben werden ca. 1,8 Mio. Einwohner über das Müllkraftwerk von Haus-, Sperr- und Gewerbemüll entsorgt, vgl. Internetauftritt des Beklagten) widerspiegelnde Bedeutung der Anlage für die Bevölkerung ...

Nach alldem passt es zum gefundenen Ergebnis, dass auch der KAV Bayern als tarifschließende Partei nach der außergerichtlichen Mitteilung des Beklagten im Schreiben vom 17.11.2014 (Bl. 14 f. d. A.) es explizit bejaht hat, dass es sich beim Müllkraftwerk des Beklagten um eine Energieerzeugungsanlage im Sinne des Beispiels Nr. 10.3.4 handelt.

(ArbG Weiden 30.11.2016, 3 Ca 734/16, zit. nach Beck RS 2016, 113594; *Ergänzung durch die Verfasser*)

4

Die Frage der alleinverantwortlichen Überwachung wird wie folgt geprüft:

§

Entscheidung zum TV-V

Der Kläger überwacht die Müllverbrennungs-Anlage auch alleinverantwortlich im Tarifsinne.

Die klägerseits dargestellte Tätigkeit ist unstreitig. Danach fahren die Leitstandfahrer die Anlage, während er selbst die Tätigkeiten der ihm in seiner Schicht zugeteilten Mitarbeiter (Leitstandfahrer und Anlagenbetreuer) anleitet und kontrolliert, ohne selbst aktiv in den Steuerungsprozess einzugreifen. Damit/aber überwacht der Kläger die Anlage im Tarifsinne unproblematisch, seine Tätigkeit besteht gerade im Überwachen des Betriebes des beklagten Müllkraftwerks.

> Er erledigt dies – die Überwachung – auch alleinverantwortlich. Der Kläger hat hierzu geltend gemacht, dass die regelmäßig ablaufende Überwachungstätigkeit, also das kontrollierend für den richtigen Ablauf Sorge tragen, nur durch ihn bzw. seine Schichtmeisterkollegen, nicht aber bzw. nur zu einem äußerst geringen Teil durch ihm hierarchisch übergeordnete Personen ausgeübt wird und dass Vorgesetzte eben in die regelmäßige Überwachung weder überprüfend, noch entscheidend eingreifen. Dies entspricht der Arbeitsplatzbeschreibung, wonach dem Kläger nach Ziffer 10 in eigener Verantwortung sowohl der selbstständige wirtschaftliche und technisch optimierte Betrieb der Anlage als auch (ebenfalls eigenverantwortlich, vgl. Überschrift in Ziffer 10) die Einleitung aller notwendigen Maßnahmen bei Abweichungen vom Normalbetrieb obliegen. Darüber hinaus muss der Kläger eigenverantwortlich die Behebung von Störungen veranlassen (8. Unterpunkt) und er ist nach dem zweiten Unterpunkt in Ziffer 10 der Arbeitsplatzbeschreibung explizit alleinverantwortlich für die Durchführung aller für den störungsfreien Betrieb anfallenden, nicht aufschiebbaren Aufgaben und Entscheidungen bei Abwesenheit des Betriebsleiters und des Kraftwerkmeisters. Daraus folgt, dass der Kläger für den Normalbetrieb inclusive kleinerer Störungen ohnehin verantwortlich im Sinne einer Alleinverantwortlichkeit ist, wobei mit Blick auf die 50-Prozent-Regel in § 5 I 1 TV-V Anweisungen des Kraftwerkmeisters, soweit diese tatsächlich in den Regelbetrieb hineinwirken, keine Rolle spielen.
>
> (ArbG Weiden 30.11.2016, 3 Ca 734/16, zit. nach Beck RS 2016, 113594)

In einem weiteren TV-V-Fall ist die alleinverantwortliche Überwachung hingegen nicht erfüllt:

> **Entscheidung zum TV-V**
>
> So trägt der Kläger selbst vor, dass bei Störungen im Heizwerk xxx-Straße die Bereitschaft Fernwärme zu informieren ist, zumal er nicht vor Ort ist. Er trägt auch vor, dass der Ingenieur vom Dienst bei Störungen, von denen mehr als 20 Endverbraucher oder Gewerbekunden betroffen sind, zu informieren ist und dieser die Informationen an den Geschäftsführer weiterleiten muss. Auch muss nach dem Vortrag des Klägers in besonders dringenden Fällen Verbindung mit dem Ingenieur vom Dienst aufgenommen werden und bei schweren Havarien auch der Fachbereichsleiter/Meister Netzbetrieb.
>
> (ArbG Dresden 21.02.2014, 3 Ca 792/13)

Bauleitung von besonders schwierigen Neu- und Erweiterungsbauten im Strom-, Gas-, Wasser- oder Fernwärmenetz (Beispiel 11.4.4 der Entgeltgruppe 11)

Der Begriff der **Bauleitung** ist sowohl im Sinne des allgemeinen als auch fachspezifischen Sprachgebrauchs mehrdeutig.

Nach dem allgemeinen Sprachgebrauch bezeichnet man damit zum einen die Leitung der Ausführung eines Baus und zum anderen einen Kreis von Personen, die mit der Ausführung eines Baus beauftragt sind (vgl. Duden, S. 269).

Im Baurecht unterscheidet man bei der Bauleitung bzw. dem Bauleiter zwischen:

- dem örtlichen Bauführer gemäß § 34 Abs. 3 Nr. 8 i. V. m. Anlage 10 zur HOAI 2021
- der Bauoberleitung (z. B. gemäß § 43 Abs. 1 Nr. 8 i. V. m. Anlage 12 zur HOAI 2021)
- dem verantwortlichen Bauleiter

Der **örtliche Bauführer** ist zuständig für die Objektüberwachung. Diese umfasst gemäß Anlage 10 zur HOAI 2021:

Leistungsphase 8: Objektüberwachung (Bauüberwachung)
■ Überwachen der Ausführung des Objekts auf Übereinstimmung mit der öffentlich-rechtlichen Genehmigung oder Zustimmung, den Verträgen mit ausführenden Unternehmen, den Ausführungsunterlagen, den einschlägigen Vorschriften sowie mit den allgemein anerkannten Regeln der Technik ■ Überwachen der Ausführung von Tragwerken mit sehr geringen und geringen Planungsanforderungen auf Übereinstimmung mit dem Standsicherheitsnachweis ■ Koordinieren der an der Objektüberwachung fachlich Beteiligten ■ Aufstellen, Fortschreiben und Überwachen eines Terminplans (Balkendiagramm) ■ Dokumentation des Bauablaufs (z. B. Bautagebuch) ■ Gemeinsames Aufmaß mit den ausführenden Unternehmen ■ Rechnungsprüfung einschließlich Prüfen der Aufmaße der bauausführenden Unternehmen ■ Vergleich der Ergebnisse der Rechnungsprüfungen mit den Auftragsnummern einschließlich Nachträgen ■ Kostenkontrolle durch Überprüfen der Leistungsabrechnung der bauausführenden Unternehmen im Vergleich zu den Vertragspreisen ■ Kostenfeststellung, z. B. nach DIN 276 ■ Organisation der Abnahme der Bauleistungen unter Mitwirkung anderer, an der Planung und Objektüberwachung fachlich Beteiligter, Feststellung von Mängeln, Abnahmeempfehlungen für den Auftraggeber

- Antrag auf öffentlich-rechtliche Abnahmen und Teilnahme daran
- Systematische Zusammenstellung der Dokumentation, zeichnerischen Darstellungen und rechnerischen Ergebnisse des Objekts
- Übergabe des Objekts
- Auflisten der Verjährungsfristen für Mängelansprüche
- Überwachen der Beseitigung der bei der Abnahme der Bauleistungen festgestellten Mängel

Die Tätigkeiten der Bauoberleitung ergeben sich für den Bereich Ingenieurbauwerke (z. B. Bauwerke und Anlagen der Wasserversorgung, Abwasserentsorgung) aus Anlage 12 HOAI 2021:

Leistungsphase 8: Bauoberleitung

- Aufsicht über die örtliche Bauüberwachung, Koordinierung der an der Objektüberwachung fachlich Beteiligten, einmaliges Prüfen von Plänen auf Übereinstimmung mit dem auszuführenden Objekt und Mitwirken bei deren Freigabe
- Aufstellen, Fortschreiben und Überwachen eines Terminplans (Balkendiagramm)
- Veranlassen und Mitwirken beim Inverzugsetzen der ausführenden Unternehmen
- Kostenfeststellung, Vergleich der Kostenfeststellung mit der Auftragssumme
- Abnahme von Bauleistungen, Leistungen und Lieferungen unter Mitwirkung der örtlichen Bauüberwachung und anderer, an der Planung und Objektüberwachung fachlich Beteiligter, Feststellen von Mängeln, Fertigung einer Niederschrift über das Ergebnis der Abnahme
- Überwachen der Prüfungen der Funktionsfähigkeit der Anlagenteile und der Gesamtanlage
- Antrag auf behördliche Abnahmen und Teilnahme daran
- Übergabe des Objekts
- Auflisten der Verjährungsfristen der Mängelansprüche
- Zusammenstellen und Übergeben der Dokumentation des Bauablaufs, der Bestandsunterlagen und der Wartungsvorschriften

Die Tätigkeiten des **verantwortlichen Bauleiters** ergeben sich hingegen aus den jeweiligen Landesbauordnungen. Er hat darüber zu wachen, dass die Baumaßnahme den öffentlich-rechtlichen Vorschriften und den genehmigten Bauvorlagen entsprechend ausgeführt wird. Dazu gehört, dass er auf den sicheren bautechnischen Betrieb der Baustelle, insbesondere auf das gefahrlose Ineinandergreifen der Arbeiten der Unternehmer zu achten hat. Seine Verantwortlichkeit besteht lediglich gegenüber den jeweiligen Bauordnungsbehörden.

Mit dem verantwortlichen Bauleiter ist damit eine Institution geschaffen, durch die erreicht wird, dass auf der Baustelle eine Person vorhanden ist, die der Bauaufsichtsbehörde gegenüber öffentlich-rechtlich die Verantwortung dafür trägt, dass das Bauvorhaben betriebssicher und unfallfrei abläuft.

Insbesondere aufgrund der dem verantwortlichen Bauleiter obliegenden Verkehrssicherungspflicht ist eine ständige gründliche Überwachung der Bauarbeiten erforderlich. Die durch ihn vorzunehmenden Kontroll- und Überwachungsaufgaben müssen wesentlich intensiver sein als die des örtlichen Bauleiters. Er muss praktisch das gesamte Bauvorhaben ununterbrochen und persönlich überprüfen (vgl. Ansorge/Götz/Lentz, S. 33 f.).

Welche der genannten Formen der Bauleitung die Tarifvertragsparteien meinen, lässt sich unmittelbar weder aus dem Wortlaut noch aus der Systematik der Entgeltordnung ableiten. Unter Berücksichtigung der Tarifgeschichte (Entstehung und Herkunft des Tarifvertrages) kann aber davon ausgegangen werden, dass hier nicht allein die Bauleitung im Sinne der örtlichen Bauleitung – wie im BAT – zu verstehen ist, da diese dort bereits als „Normalleistung" eines Diplom-Ingenieurs (FH) vorkommt (vgl. BAG 28.09.1994, 4 AZR 830/93, AP Nr. 192 zu §§ 22, 23 BAT 1975). Hinzu kommt, dass der Oberbegriff der Entgeltgruppe 11 als Spitzenposition auf Dipl.-FH-/Bachelor-Niveau auf das Heraushebungsmerkmal „Maß der Verantwortung" abhebt. Aus diesem Blickwinkel **kann** die Beispielstätigkeit der „Bauleitung" **so ausgelegt werden** (zu den Auslegungsgrundsätzen siehe Kapitel 3.3), dass es sich um die verantwortliche Bauleitung handelt, da bei dieser – wie beim Obermerkmal der Entgeltgruppe 11 Fallgruppe 11.2 – neben fachlich herausgehobenen Aspekten die erhöhte Verantwortung gefordert wird. Diese kann aufgrund der Pflichten des verantwortlichen Bauleiters regelmäßig als erfüllt angesehen werden.

Bei der tariflichen Anforderungskombination **besonders schwierig** handelt es sich um einen unbestimmten Rechtsbegriff. Er bezieht sich nach der ständigen Rechtsprechung des BAG auf die fachliche Qualifikation des Arbeitnehmers, das heißt auf sein fachliches Können und auf seine fachliche Erfahrung. Sie verlangt, dass sich die Tätigkeit des Arbeitnehmers hinsichtlich der fachlichen Anforderungen in beträchtlicher, gewichtiger Weise von denjenigen der niedrigeren Entgeltgruppe abhebt. Wird dort in dem einschlägigen Tätigkeitsmerkmal eine einem bestimmten Beruf entsprechende Tätigkeit („Normaltätigkeit") gefordert, sind die Ausbildungsinhalte dieses Berufs während des streitigen Anspruchszeitraums maßgebend. Die erhöhte Qualifizierung im Vergleich zur „Normaltätigkeit" dieses Berufs kann sich im Einzelfall aus der Breite und Tiefe des geforderten fachlichen Wissens und Könnens ergeben, aber auch aus außergewöhnlichen Erfahrungen oder einer sonstigen gleichwertigen Qualifikation, etwa Spezialkenntnissen (vgl. BAG 22.06.2022, 4 AZR 495/21, AP Nr. 8 zu § 12 TV-L m. w. N.).

Von Erweitern im Sinne des allgemeinen Sprachgebrauchs ist auszugehen, wenn etwas weiter, größer wird (vgl. Duden, S. 562), von Neubau hingegen nur, wenn ein Bauwerk erstmals oder wiedererrichtet wird (vgl. Duden, S. 1287).

Entwurf, Vortrassierung und Ausschreibung von Leitungs- und Tiefbauprojekten im Mittelspannungs- und Hochspannungsnetz von besonderer Schwierigkeit (Beispiel 11.4.5 der Entgeltgruppe 11)

Als **Entwurf** im Sinne des allgemeinen Sprachgebrauchs wird sowohl eine Zeichnung, nach der jemand etwas ausführt, bezeichnet als auch eine schriftliche Festlegung einer Sache in ihren wesentlichen Punkten (vgl. Duden, S. 541).

Der Begriff der **Vortrassierung** setzt sich aus den Worten „vor" und „trassieren" zusammen: Unter Trassieren wird dabei verstanden, eine Trasse zeichnen bzw. im Gelände festlegen, abstecken, anlegen. Im Bereich der Versorgungswirtschaft ist eine Trasse eine geplante, im Gelände abgesteckte Linienführung für eine Versorgungsleitung (vgl. Duden, S. 1821). Um diese Bespielstätigkeit zu erfüllen, muss der Arbeitnehmer somit zumindest im Sinne von „vor" die Versorgungsleitung in ihrer groben Führung vorbestimmen, vorfestlegen.

Als **Ausschreibung** wird das Ausschreiben selbst bzw. der Text, mit dem etwas ausgeschrieben wird, bezeichnet. Dabei bedeutet „Ausschreiben" etwas öffentlich und schriftlich für Interessenten, Bewerber, Teilnehmer o. Ä. zur Kenntnis bringen, bekannt geben (vgl. Duden, S. 240). Im Baurecht wird als Ausschreibung das förmliche Vergabeverfahren zur Einholung von Angeboten bezeichnet. Dabei regelt die VOB/A die allgemeinen Grundsätze für die Ausschreibung und Vergabe von Bauleistungen (vgl. Schmidt, S. 53).

Leitungs- und Tiefbauprojekte können im Sinne des allgemeinen Sprachgebrauchs wie folgt näher definiert werden: Unter einer Leitung wird eine energietransportierende Anlage von langer Erstreckung (Draht, Kabel) verstanden (vgl. Duden, S. 1141). Der Tiefbau ist ein Teilgebiet des Bauwesens, das die Planung und Errichtung von Bauten umfasst, die an oder unter der Erdoberfläche liegen (z. B. Straßenbau, Kanalisation; vgl. Duden, S. 1800). Ein Projekt ist ein groß angelegtes, geplantes oder bereits begonnenes Unternehmen/Vorhaben (vgl. Duden, S. 1419).

Die Abkürzungen **MS** und **HS** stehen für Mittelspannungs- bzw. Hochspannungsnetz. Das Mittelspannungs**netz** ist eine Netzart mit einer Nennspannung von 1 bis 60 kV. Es dient der Verteilung der elektrischen Energie an die Transformatorenstationen des Niederspannungsnetzes (vgl. Kraus, S. 136). Das Hochspannungsnetz ist eine Netzart mit einer Nennspannung von mehr als 150 kV. Es wird unmittelbar aus mittleren und großen Kraftwerken gespeist und dient der (überregionalen) Energieübertragung (vgl. Kraus, S. 102).

Bei der tariflichen Anforderungskombination der „besonderen Schwierigkeit" handelt es sich um einen unbestimmten Rechtsbegriff. Er bezieht sich nach der ständigen Rechtsprechung des BAG auf die fachliche Qualifikation des Arbeitnehmers, das heißt auf sein fachliches Können und auf seine fachliche Erfahrung. Sie verlangt, dass sich die Tätigkeit des Angestellten hinsichtlich der fachlichen Anforderungen in beträchtlicher, gewichtiger Weise von denjenigen der niedrigeren Entgeltgruppe abhebt. Wird dort in dem einschlägigen Tätigkeitsmerkmal eine einem bestimmten Beruf entsprechende Tätigkeit („Normaltätigkeit") gefordert, sind die Ausbildungsinhalte dieses Berufs während des streitigen Anspruchszeitraums maßgebend. Die erhöhte Qualifizierung im Vergleich zur „Normaltätigkeit" dieses Berufs kann sich im Einzelfall aus der Breite und Tiefe des geforderten fachlichen Wissens und Könnens ergeben, aber auch aus außergewöhnlichen Erfahrungen oder einer sonstigen gleichwertigen Qualifikation, etwa Spezialkenntnissen (vgl. BAG 22.06.2022, 4 AZR 495/21, AP Nr. 8 zu § 12 TV-L m. w. N.).

8. Tätigkeiten im IT-Bereich

EG	FG	Beispielstätigkeiten für den IT-Bereich
8	8.4.4	■ Selbstständiges Anfertigen, Ändern und Pflegen von DV-Programmen und DV-Programmbausteinen
9	9.4.5	■ Selbstständiges Anfertigen, Ändern und Pflegen von DV-Programmen und DV-Programmbausteinen ■ mittleren Schwierigkeitsgrads
10	10.3.5	■ Selbstständiges Anfertigen, Ändern und Pflegen von DV-Programmen und DV-Programmbausteinen ■ hohen Schwierigkeitsgrads
11	11.4.2	■ Analysieren, Testen und Einführen von DV-Systemen und deren Wartung ■ als DV-Organisator
11	11.4.3	■ Analysieren, Planen, Implementieren und Kontrollieren von Betriebssystemen von Standardsoftware ■ als Systemprogrammierer

Selbstständiges Anfertigen, Ändern und Pflegen von DV-Programmen und DV-Programmbausteinen (Beispiel 8.4.4 der Entgeltgruppe 8)

Bei diesem Tätigkeitsbeispiel handelt es sich um den sogenannten Anwendungsprogrammierer, wie ihn schon der BAT kannte.

Die Regelungen des TV-V weisen aber im Vergleich zum BAT diese Besonderheiten auf:

- Die verwendeten Beispielstätigkeiten werden nicht mehr näher erläutert wie im BAT.
- Die Programmierarbeiten müssen sich auf DV-Programme **und** DV-Programmbausteine beziehen. Die Tarifvertragsparteien stellen damit in Bezug auf den Umfang der Programmiertätigkeiten höhere Anforderungen als im BAT (dort: **oder**).

Der Begriff der **Selbstständigkeit** erfordert eine – nach den Umständen der betreffenden Berufsgruppe – gewisse eigene Entscheidungsbefugnis über:

- den zum Erreichen der geschuldeten Arbeitsleistung einzuschlagenden Weg
- das zu findende Arbeitsergebnis

Es muss somit eine gewisse Eigenständigkeit des Aufgabengebietes bestehen. Das schließt aber die fachliche Anleitung oder Abhängigkeit von Weisungen durch vorgesetzte Stellen nicht gänzlich aus. Erhält der Arbeitnehmer nur allgemeine Weisungen, die noch eigene Entscheidungen über den Weg oder das Ergebnis der zu erbringenden Leistungen eröffnen, reicht dies für die Anerkennung „selbstständig" aus (vgl. BAG 18.05.2011, 4 ABR 82/78, AP Nr. 98 zu § 1 TVG Tarifverträge: Einzelhandel).

Die Tarifvertragsparteien erläutern weder den IT-spezifischen Begriff des DV-Programms noch des DV-Programmbausteins näher. Deren Auslegung muss sich (soweit vorhanden) an die Definitionen der verständigen Fachkreise halten bzw. am allgemeinen Sprachgebrauch orientieren.

Die Abkürzung **DV** steht für elektronische Datenverarbeitung (vgl. Duden, S. 477, 407).

Im IT-spezifischen Sinne ist unter einem **Programm** eine Abfolge von Anweisungen für eine Anlage zur elektronischen Verarbeitung von Daten zur Lösung einer bestimmten Aufgabe zu verstehen (vgl. Duden, S. 1418).

Hingegen ist ein (Programm-)Baustein nach dem allgemeinen Sprachgebrauch ein kleiner, aber wichtiger Bestandteil von etwas, aus dem etwas zusammengesetzt ist oder zusammengesetzt werden kann (vgl. Duden, S. 270). Heutzutage wird eher der Begriff des Software-Moduls gebraucht.

Praxis-Tipp:

Was die Tarifvertragsparteien unter dem Begriff DV-Programmbaustein konkret verstanden wissen wollen, kann offen bleiben. Die Beispielstätigkeit geht von „DV-Programmen und DV-Programmbausteinen" aus. Wenn ein Programm erstellt wird, werden im Sinne des allgemeinen Sprachgebrauchs auch gleichzeitig Bausteine davon erstellt. Die Unterscheidung zwischen DV-Programm und DV-Programmbaustein hat demnach in der Eingruppierungspraxis keine Relevanz.

Selbstständiges Anfertigen, Ändern und Pflegen von DV-Programmen und DV-Programmbausteinen mittleren Schwierigkeitsgrads (Beispiel 9.4.5 der Entgeltgruppe 9)

Diese Beispielstätigkeit unterscheidet sich zum Beispiel 8.4.4

> Selbständiges Anfertigen, Ändern und Pflegen von DV-Programmen und DV-Programmbausteinen

nur durch die Ergänzung

> mittleren Schwierigkeitsgrades.

Insoweit kann für die zuerst genannten Begriffe auf die oben genannten Erläuterungen verwiesen werden.

Was unter einem **mittleren Schwierigkeitsgrad** zu verstehen ist, haben die Tarifvertragsparteien selbst nicht erläutert. Offenkundig war es auch nicht Wille der Tarifvertragsparteien, auf die umfangreichen Regelungen des BAT bzgl. der Angestellten in der Datenverarbeitung zurückzugreifen, so dass das auch nicht im Rahmen der Auslegung erfolgen kann (vgl. Auslegungsregeln Kapitel 3.3). Sie haben aber durch ihre Ausführungen in der Vorbemerkung Nr. 1 der Anlage 1 zu § 5 TV-V einen Minimalmaßstab gesetzt. In Vorbemerkung Nr. 1 Satz 2 heißt es:

> Die in den Beispielen zu den Entgeltgruppen umschriebenen Tätigkeiten entsprechen der Wertigkeit eines Oberbegriffs.

Da es hier um die Prüfung einer Fachkompetenz geht, kommt aus den möglichen Oberbegriffen der Entgeltgruppe 9:

> 9.1 Arbeitnehmer, deren Tätigkeiten sich dadurch aus der Entgeltgruppe 8.2 herausheben, dass sie besonders verantwortungsvoll sind

sowie

> 9.2 Arbeitnehmer mit abgeschlossener Fachhochschul- oder Bachelorausbildung und entsprechenden Tätigkeiten ...

nur die Fallgruppe 9.2 in Betracht.

Damit wird aus dem Text und der Systematik der Entgeltordnung des TV-V ausreichend deutlich, welche Programmierarbeiten den mittleren Schwierigkeitsgrad ausmachen: Es muss sich um Programmierarbeiten handeln, wie sie regelmäßig von einem einschlägig ausgebildeten Dipl.-FH-/Bachelor-Absolventen erwartet werden können.

Nach den berufskundlichen Informationen üben einschlägig ausgebildete Informatiker (FH) im Rahmen der Entwicklung und Implementierung von Software diese Tätigkeiten aus:

„Von der individuellen Logistiksoftware für das Versandhaus über das optimierte Kommunikationssystem für das Call-Center bis hin zum Intranet mit höchster Sicherheitsstufe für die Bankfiliale – in den unterschiedlichsten Unternehmen sind Diplom-Informatiker/innen für die Softwareentwicklung zuständig. IT-Infrastrukturen, Software- und Datenbanklösungen sowie Benutzerschnittstellen entwickeln sie in mehreren Phasen: Nach der Systemanalyse erstellen sie eine Leistungsbeschreibung über die neue Software und sprechen sich mit den künftigen Anwendern ab. Darauf folgen Programmierung und Implementierung, bei der sie die Software testen und etwaige Fehler eingrenzen." (http://berufenet.arbeitsagentur.de/berufe/docroot/r2/blobs/pdf/archiv/7814.pdf)

Trotz der Umstellung auf Bachelor- und Masterstudiengänge hat sich an diesen Anforderungen grundlegend nichts geändert (vgl. Berufsbild des Informatikers – allgemeine Informatik (BA) unter http://berufenet.arbeitsagentur.de/berufe/docroot/r2/blobs/pdf/archiv/58603.pdf).

Damit trifft auch die berufskundliche Beschreibung zum einen die Grundanforderung der Beispielstätigkeit

§ Selbständiges Anfertigen, Ändern und Pflegen von DV-Programmen und DV-Programmbausteinen

und gibt zum anderen ausreichend Beispiele, was alles an Programmierleistungen von einem einschlägig ausgebildeten Informatiker auf Bachelor-Level erwartet werden kann.

Praxis-Tipp:

Für eine stellenbezogene Detailprüfung finden sich weiterführende Hinweise und Links zu den Ausbildungsstellen unter: www.hochschulkompass.de

Selbstständiges Anfertigen, Ändern und Pflegen von DV-Programmen und DV-Programmbausteinen hohen Schwierigkeitsgrads (Beispiel 10.3.5 der Entgeltgruppe 10)

Auch hier baut die Beispielstätigkeit auf der Grundanforderung im Beispiel 8.4.4

> Selbständiges Anfertigen, Ändern und Pflegen von DV-Programmen und DV-Programmbausteinen

durch den Begriff

> hohen Schwierigkeitsgrades

auf. Insoweit kann hier auf die oben genannten Ausführungen zur Beispielstätigkeit 8.4.4 und 9.4.5 verwiesen werden.

Was unter einem **hohen Schwierigkeitsgrad** zu verstehen ist, haben die Tarifvertragsparteien selbst nicht erläutert. Offenkundig war es auch nicht deren Wille, auf die umfangreichen Regelungen des BAT bzgl. der Angestellten in der Datenverarbeitung zurückzugreifen, so dass dies auch nicht im Rahmen der Auslegung erfolgen kann (vgl. Auslegungsregeln Kapitel 3.3). Sie haben aber durch ihre Ausführungen in der Vorbemerkung Nr. 1 der Anlage 1 zu § 5 TV-V einen Minimalmaßstab gesetzt. In Vorbemerkung Nr. 1 Satz 2 heißt es:

> Die in den Beispielen zu den Entgeltgruppen umschriebenen Tätigkeiten entsprechen der Wertigkeit eines Oberbegriffs.

Da es auch hier um die Prüfung einer Fachkompetenz geht, ist also zu prüfen, ob die Obermerkmale eine entsprechend auf die Fachkompetenz bezogene Anforderung stellen. Das ist der Fall in Entgeltgruppe 10 Fallgruppe 10.1:

> 10.1 Arbeitnehmer, deren Tätigkeiten sich durch besondere Schwierigkeit und Bedeutung aus der Entgeltgruppe 9.1 oder 9.2 herausheben

Konkret steht hier das Tätigkeitsmerkmal der „besonderen Schwierigkeit" für die erhöhten Anforderungen an die Fachkompetenz. Bei der besonderen Schwierigkeit handelt es sich um ein aus der Vergütungsordnung zum BAT übernommenes Tätigkeitsmerkmal, das im

TV-V sowohl in seiner Wortfolge als auch in seiner Systematik übernommen wurde (vgl. auch Schlusen/Fellenberg/Hüsgen, Kapitel B, § 5, Rn. 1). Damit wird auch hier aus dem Wortlaut und der Systematik der Entgeltordnung des TV-V ausreichend deutlich, welche Programmierarbeiten den hohen Schwierigkeitsgrad ausmachen: Es muss sich um Programmierarbeiten handeln, wie sie regelmäßig **nicht** mehr von einem einschlägig ausgebildeten Dipl.-FH-/Bachelor-Absolventen erwartet werden können. Das folgt unmittelbar aus der Anwendung der Rechtsprechung zum Tätigkeitsmerkmal der besonderen Schwierigkeit (vgl. z. B. BAG 22.06.2022, 4 AZR 495/21, AP Nr. 8 zu § 12 TV-L).

Bei der tariflichen Anforderungskombination der „besonderen Schwierigkeit" handelt es sich um einen unbestimmten Rechtsbegriff. Er bezieht sich nach der ständigen Rechtsprechung des BAG auf die fachliche Qualifikation des Arbeitnehmers, das heißt auf sein fachliches Können und seine fachliche Erfahrung. Sie verlangt, dass sich die Tätigkeit des Arbeitnehmers hinsichtlich der fachlichen Anforderungen in beträchtlicher, gewichtiger Weise von denjenigen der niedrigeren Entgeltgruppe abhebt. Wird dort in dem einschlägigen Tätigkeitsmerkmal eine einem bestimmten Beruf entsprechende Tätigkeit („Normaltätigkeit") gefordert, sind die Ausbildungsinhalte dieses Berufs während des streitigen Anspruchszeitraums maßgebend. Die erhöhte Qualifizierung im Vergleich zur „Normaltätigkeit" dieses Berufs kann sich im Einzelfall aus der Breite und Tiefe des geforderten fachlichen Wissens und Könnens ergeben, aber auch aus außergewöhnlichen Erfahrungen oder einer sonstigen gleichwertigen Qualifikation, etwa Spezialkenntnissen (vgl. BAG 22.06.2022, 4 AZR 495/21, AP Nr. 8 zu § 12 TV-L m. w. N.).

Analysieren, Testen und Einführen von DV-Systemen und deren Wartung als DV-Organisator (Beispiel 11.4.2 der Entgeltgruppe 11)

Die Besonderheit dieser Beispielstätigkeit besteht in der Aufzählungsform:

> Analysieren, Testen **und** Einführen von DV-Systemen **und** deren Wartung als DV-Organisator
>
> *(Hervorhebungen durch die Verfasser)*

Was nichts anderes heißt, als dass diese Beispielstätigkeit nur dann erfüllt ist, wenn ein Mitarbeiter für **alle** der genannten Tätigkeiten zuständig ist.

Da die Tarifvertragsparteien die Begriffe selbst nicht näher erläutern, ist auf den allgemeinen Sprachgebrauch bzw. auf die verständigen Fachkreise zurückzugreifen.

Danach bedeutet **Analysieren** auf einzelne Merkmale hin untersuchen, zergliedern und dadurch klarlegen (vgl. Duden, S. 143).

Unter **Testen** im IT-spezifischen Sinne versteht man das Überprüfen des Ein- und Ausgabeverhaltens eines Programms anhand von Experimenten und gezielten Programmdurchläufen, um die Korrektheit des Programms nachzuweisen (vgl. Duden Informatik, S. 682).

Einführen im Sinne des allgemeinen Sprachgebrauchs umschreibt „als Neuerung bekannt machen und verbreiten, in Gebrauch nehmen" (vgl. Duden, S. 493).

DV steht für elektronische Datenverarbeitung und bezeichnet allgemein den Prozess, bei dem mithilfe entsprechender Anlagen vorgegebene gespeicherte Daten bearbeitet und ausgewertet werden (vgl. Duden, S. 477, 407). Der Begriff **System** steht in der IT-Technik sehr allgemein für die Zusammenfassung mehrerer Komponenten zu einer als Ganzes aufzufassenden Einheit. Die Komponenten können von gleicher Art (homogene Systeme, wie z. B. Programmsysteme) oder sehr unterschiedlicher Art sein (z. B. Zusammenfassung von Hard- und Softwaresystemen zu einem Computersystem; vgl. Duden Informatik, S. 677).

Wartung bedeutet, eine Maschine ständig auf ihre Funktionsfähigkeit zu überprüfen **und** Fehler zu beheben, sobald diese festgestellt werden (vgl. BAG 19.11.1997, 10 AZR 628/96, ZTR 1998, S. 277).

Der Tätigkeitsschwerpunkt von **DV-Organisatoren** oder IT-Organisationen besteht darin, den Einsatz elektronischer Datenverarbeitung zur effizienten Lösung betrieblicher Aufgaben zu planen (z. B. im Bereich ERP [Abkürzung für Enterprise Resource Planning; es handelt sich um eine Sammlung von Anwendungen, die in Unternehmen eingesetzt werden, um die anfallenden Aufgaben wie Bestellungsabwicklung und Produktionsplanung möglichst effizient zu erfüllen.]). Sie entwickeln und realisieren IT-Lösungen, binden diese in die Unternehmensprozesse ein und betreuen den laufenden Betrieb.

Dazu analysieren IT-Organisatoren Geschäftsprozesse, prüfen Möglichkeiten, Prozesse elektronisch zu unterstützen, und schlagen Verbesserungen in Prozessabläufen oder an Schnittstellen vor, beispielsweise durch die Einführung eines ERP-Systems. Bei Lösungsalternativen

wägen sie Vor- und Nachteile ab, z. B. Einsparungspotenziale, Anschaffungskosten, Programmieraufwände, Prozessanpassungen oder Änderungen an Arbeitsplätzen, und wählen in Absprache mit den Entscheidungsträgern eine Lösung aus. Für die Umsetzung fixieren sie Termine und Zwischenziele, erstellen Vorgaben und Handreichungen, organisieren Testläufe und Anwenderschulungen, überwachen die Einführungsphase und optimieren Anwendungssysteme bzw. Prozessabläufe. Ferner stellen sie im laufenden Betrieb die Funktionsfähigkeit der Programme sicher und unterstützen den Support.
(https://web.arbeitsagentur.de/berufenet/beruf/7729)

Analysieren, Planen, Implementieren und Kontrollieren von Betriebssystemen von Standardsoftware als Systemprogrammierer (Beispiel 11.4.3 der Entgeltgruppe 11)

Die Besonderheit dieser Beispielstätigkeit besteht auch hier in der Aufzählungsform:

> Analysieren, Planen, Implementieren **und** Kontrollieren von Betriebssystemen von Standardsoftware als Systemprogrammierer
>
> *(Hervorhebung durch die Verfasser)*

Diese Beispielstätigkeit ist nur dann erfüllt, wenn ein Mitarbeiter für **alle** der oben genannten Tätigkeiten zuständig ist.

Da die Tarifvertragsparteien die Begriffe selbst nicht näher erläutern, ist auf den allgemeinen Sprachgebrauch bzw. auf die verständigen Fachkreise zurückzugreifen.

Analysieren bedeutet auf einzelne Merkmale hin untersuchen, zergliedern und dadurch klarlegen (vgl. Duden, S. 143).

Planen steht für etwas Pläne ausarbeiten bzw. aufstellen, zum Beispiel ein Projekt. Unter einem Plan ist dabei zu verstehen: die Vorstellung von der Art und Weise, in der ein bestimmtes Ziel verfolgt bzw. ein bestimmtes Vorhaben verwirklicht werden soll (vgl. Duden, S. 1383).

Unter **Implementieren** wird in Bezug auf Hard- und Software verstanden, ein bestehendes Computersystem einzusetzen, einzubauen und so ein funktionsfähiges Programm bereitzustellen (vgl. Duden, S. 928).

Das Wort **Kontrollieren** umschreibt, jemanden oder etwas überwachen (vgl. Duden, S. 1063). Der Begriff „Überwachen" bedeutet bei einer technischen Anlage deren Beobachtung zur Kontrolle ihrer Funktionsfähigkeit (BAG 23.02.2022, 4 AZR 354/21, Rn. 49 m. w. N. AP Nr. 12 zu § 12 TVöD).

Das Wort **Betriebssystem** (oder auch Systemsoftware) steht in der IT-Fachsprache als zusammenfassende Bezeichnung für alle Programme, die die Ausführung, das Zusammenwirken und den Schutz der Benutzerprogramme, die Verteilung der Betriebsmittel (Hard- und Softwarekomponenten, die zur Ausführung von Programmen benötigt werden) auf die einzelnen Benutzerprogramme und die Aufrechterhaltung der Betriebsart (das ist die Art und Weise, in der eine Rechenanlage die Aufträge bearbeitet, z. B. Stapelbetrieb, Dialogbetrieb, Realzeitbetrieb) steuern und überwachen (vgl. Duden Informatik, S. 91 ff.).

Unter **Standardsoftware** wird eine Anwendungssoftware verstanden, die nicht an die speziellen Bedürfnisse einzelner Branchen o. Ä. angepasst ist, sondern eine Anwendungssoftware für Aufgaben, die überall auf gleiche oder sehr ähnliche Weise erledigt werden (vgl. Duden, S. 1712).

Der Begriff des **Systemprogrammierers** findet sich als feststehender Begriff nicht in den einschlägigen Lexika, aber der des Systemprogramms. Dabei handelt es sich um ein Programm, das bestimmte allgemeine Servicefunktionen für alle oder einige Anwendungsprogramme leistet. Dazu gehören z. B. Programme zur Dateiverwaltung, Steuerprogramme, Übersetzungsprogramme und Dienstprogramme. Sie sind Teil des Betriebssystems (vgl. Brockhaus, Stichwort: Systemprogramm). Der Programmierer als Berufsbezeichnung ist zuständig für das Erarbeiten und Aufstellen von Schaltungen und Programmen (vgl. Duden, S. 1418).

Ein vergleichbares Tätigkeitsbild zeichnen auch die berufskundlichen Informationen. Danach besetzen Systemprogrammierer die Schnittstelle zwischen der Entwicklung von Anwendungssoftware und dem Systemmanagement. Sie betreuen die Systemsoftware, insbesondere das Betriebssystem, das die rechner- und netzwerkinternen Prozesse, Benutzeraufträge, Daten, Dateien und Betriebsmittel wie Arbeitsspeicher, Rechenwerk, externe Speicher, Drucker und andere periphere Geräte verwaltet.

Zudem sind Systemprogrammierer zuständig für die Dienst- und Organisationsprogramme, die häufig auftretende rechnerinterne oder rechnernahe Anwendungen erledigen. Solche Programme übersetzen beispielsweise Programmiersprachen in Maschinensprache und steuern Zugriffsroutinen, Textverarbeitungssysteme, Datenbanksysteme, Produktionsroutinen sowie Hilfssysteme wie Editoren. Darüber hinaus entwickeln bzw. modifizieren Systemprogrammierer diese Systemkomponenten, implementieren sie in die jeweilige Systemumgebung, führen Testläufe durch und dokumentieren die neu erstellten oder veränderten Module (vgl. http://berufenet.arbeitsagentur.de/berufe/archiv7741.pdf).

9. Kaufmännische Tätigkeiten

EG	FG	Beispiele für kaufmännische Tätigkeiten
5	5.4.8	Tätigkeiten als kaufmännischer Sachbearbeiter
8	8.4.3	Erstellen von Kostenangeboten und Bearbeiten von Versorgungsanfragen in mehreren Energiesparten
9	9.4.3	Abschließende Bearbeitung und Zuordnung von aktivierungspflichtigen und nichtaktivierungspflichtigen Aufträgen und deren Weiterberechnung
	9.4.4	Abrechnung von schwierigen und speziellen Verträgen der Sonderabnehmer
10	10.3.2	Kostenrechnungen, Kostenanalysen, Kalkulationen und Wirtschaftlichkeitsberechnungen
	10.3.3	Bearbeiten von schwierigen Aufgaben in der Finanz-/Anlagenbuchhaltung mit Jahresabschlussarbeiten
	10.3.6	Asset-Manager
	10.3.7	Bilanzkreismanager
11	11.4.1	Ermittlung von bereichsübergreifenden Vergleichszahlen, Soll-Ist-Vergleich und Abweichungsanalysen als Controller

Tätigkeiten als kaufmännischer Sachbearbeiter (Beispiel 5.4.8 der Entgeltgruppe 5)

Zur Auslegung ist auch hier vom allgemeinen Sprachgebrauch auszugehen.

Unter einem Sachbearbeiter wird jemand verstanden, der beruflich einen bestimmten Sachbereich bearbeitet (vgl. Duden, S. 1524). Dabei wird der Begriff Sachbereich synonym zum Begriff des Sachgebiets verwandt. Unter einem Sachgebiet wird ein – einen bestimmten Wissensbereich bzw. Arbeitsbereich umfassendes – Gebiet verstanden (vgl. Duden, S. 1525).

Kaufmännisch bedeutet den Beruf des Kaufmanns betreffend, etwas nach Art des Kaufmanns erledigen (vgl. Duden, S. 1002).

Erstellen von Kostenangeboten und Bearbeiten von Versorgungsanfragen in mehreren Energiesparten (Beispiel 8.4.3 der Entgeltgruppe 8)

Erstellen bedeutet, etwas anfertigen, ausarbeiten (vgl. Duden, S. 560).

Der Begriff der **Kosten** ist ein durch die Wirtschaftswissenschaften geprägter Begriff. Er umschreibt den bewerteten Verzehr von Produktionsfaktoren und Dienstleistungen, der zur Erstellung und Verwertung der betrieblichen Leistungen sowie zur Aufrechterhaltung der Betriebsbereitschaft (betriebliche Kapazitäten) erforderlich ist (vgl. Olfert, Nr. 513).

Unter einem **Angebot** versteht man ein Kaufangebot, eine Offerte (vgl. Duden, S. 150).

Das **Bearbeiten** hat unterschiedliche Bedeutungen, z. B.:

- einerseits sich mit einem Gesuch, einem Fall als entsprechende Instanz prüfend oder erforschend beschäftigen und ggf. darüber befinden
- andererseits unter einem bestimmten Gesichtspunkt neu gestalten, überarbeiten, verändern (z. B. ein Manuskript, einen Text; vgl. Duden, S. 272)

Eine **Versorgungsanfrage** liegt vor bei einem Ersuchen, einer Bitte um Auskunft (vgl. Duden, S. 149), hier in Bezug auf die Energieversorgung.

Der Begriff der **Energiesparte** bezeichnet in der Versorgungswirtschaft die einzelnen Teilbereiche, für die eine Energieversorgung angeboten wird: Strom, Gas, Wasser, Fernwärme. Er wird damit im Sinne des allgemeinen Sprachgebrauchs verwandt (vgl. Duden, S. 1681).

Es geht also – anders als bei den Beispielen der Kundenberatung – um die physikalische Anbindung an das jeweilige Versorgungsnetz.

Abschließende Bearbeitung und Zuordnung von aktivierungspflichtigen und nicht aktivierungspflichtigen Aufträgen und deren Weiterberechnung (Beispiel 9.4.3 der Entgeltgruppe 9)

Abschließend wird im Sinne des allgemeinen Sprachgebrauchs als etwas beenden, zum Abschluss bringen, zu Ende führen verstanden (vgl. Duden, S. 100).

Das Wort **Bearbeitung** als das Bearbeiten von etwas hat unterschiedliche Bedeutungen, z. B.:

- sich mit einem Gesuch, einem Fall als entsprechende Instanz prüfend oder erforschend beschäftigen und ggf. darüber befinden
- etwas unter einem bestimmten Gesichtspunkt neu gestalten, überarbeiten, verändern (z. B. ein Manuskript, einen Text; vgl. Duden, S. 272).

Das Wort **Zuordnung** beschreibt das Zuordnen zu etwas, was als zugehörig oder mit etwas als zusammengehörig angesehen wird bzw. etwas einordnen (vgl. Duden, S. 2137).

Die **Aktivierungspflicht** fällt innerhalb der Betriebswirtschaftslehre in das Arbeitsgebiet der Bilanzierung. Diese sieht die Bildung von Aktivposten in der Bilanz vor. Die Aktivierung richtet sich im Wesentlichen nach den Grundsätzen ordnungsgemäßer Buchführung und Bilanzierung. Nach dem Grundsatz der Vollständigkeit sind auf der Aktivseite alle am Bilanzstichtag vorhandenen selbstständig verkehrsfähigen, das heißt einzeln veräußerbaren Vermögensgegenstände eines Unternehmens, auszuweisen. Vermögensgegenstände in diesem Sinne sind materielle und immaterielle, entgeltlich erworbene bzw. selbsterstellte Güter. Dabei können allerdings rechtliche Besonderheiten eine Aktivierung bestimmter Güter untersagen. Man spricht in diesem Fall von einem Aktivierungsverbot. Dieses besteht zum Beispiel für unentgeltlich erworbene immaterielle Anlagewerte. Auf der anderen Seite existieren Wahlrechte, die begrifflich als sogenannte Aktivierungswahlrechte zusammengefasst werden. Diese bestehen etwa für die Aktivierung derivater Firmenwerte. Die Bildung von Aktivposten in der Bilanz hat eine zentrale bilanzpolitische Bedeutung, da sich die Aktivierung im Vergleich zur Aufwandsverrechnung bei Aktivierungsverzicht in der Periode der Aktivierung gewinnerhöhend auswirkt (vgl. Wöhe/Döring, S. 692 ff.).

Fraglich ist, was daran so schwierig ist, dass allein diese eine Tätigkeit aus dem weiten Spektrum der Arbeiten im Rahmen der Erstellung eines Jahresabschlusses eine Eingruppierung nach Entgeltgruppe 9 Fallgruppe 9.4.3 rechtfertigt. Neben der bereits genannten bilanzpolitischen Bedeutung ist die Abgrenzung im Einzelfall sehr schwierig, da keine gesicherte Definition des Begriffs des Vermögensgegenstands existiert. Er muss bezogen auf den einzelnen Aktivierungsfall ausgelegt werden.

Praxis-Tipp:

Sollte ein Mitarbeiter im Rechnungswesen die Entgeltgruppe für sich beanspruchen, ist zu prüfen, ob diese Fragen nicht einem externen Steuerberater/Wirtschaftsprüfer zur Prüfung und Entscheidung übergeben werden.

Unter einem **Auftrag** versteht man in der Wirtschaftssprache einen Vertragsabschluss mit einem Kunden über die Lieferung von Gütern oder das Erbringen von Dienstleistungen. In der Betriebswirtschaftslehre wird darunter auch die Anweisung zur Abwicklung von Bestellungen verstanden (vgl. Duden, S. 215).

Praxis-Tipp:

Für diese Beispielstätigkeit ist demnach zu fordern, dass der Stelleninhaber ohne weiteres Einwirken Dritter die Aktivierungspflicht prüft und darüber entscheidet.

Abrechnung von schwierigen und speziellen Verträgen der Sonderabnehmer (Beispiel 9.4.4 der Entgeltgruppe 9)

Unter **Abrechnung** im kaufmännischen Sinne ist die Rechenschaftslegung über Einnahmen und Ausgaben und damit das Aufstellen einer Schlussrechnung zu verstehen (vgl. Duden, S. 97).

Das Wort **schwierig** bedeutet zum einen, in besonderem Maß mit der Gefahr verbunden, dass man etwas falsch macht und daher ein hohes Maß an Umsicht und Geschick erfordernd, aber zum anderen auch viel Kraft, Mühe, große Anstrengung und besondere Fähigkeiten erfordernd (vgl. Duden, S. 1618 f.).

Das Adjektiv **speziell** soll verdeutlichen, dass etwas von besonderer, eigener Art ist; in besonderem Maß auf einen bestimmten konkreten Zusammenhang o. Ä. ausgerichtet bzw. bezogen, das heißt nicht allgemein (vgl. Duden, S. 1687).

Ein **Vertrag** ist ein Rechtsgeschäft, das durch zwei übereinstimmende Willenserklärungen (Antrag, Angebot einerseits und Annahme andererseits) zwischen zwei oder mehreren sich gegenüberstehenden Beteiligten (Vertragsparteien) zum Abschluss gelangt (vgl. Schmidt in Weber: Stichwort Vertrag).

Der Begriff des Sonderabnehmers wird weder im TV-V noch in energiewirtschaftlichen Fachgesetzen näher bestimmt. Er kommt aus den verständigen Fachkreisen und bezeichnete Abnehmer, für die keine Allgemeinen Versorgungsbedingungen galten (vgl. z. B. BGH 09.06.1959, VIII ZR 61/58, Rn. 13). Mit ihnen wurden individuelle Versorgungsbedingungen und -preise ausgehandelt. Mit der Liberalisierung des Energieversorgungsmarktes wandelte sich der Begriff, aber vor allem die Zielgruppe hin zum Sondervertragskunden (vgl. dazu auch nähere Ausführungen in: OLG Düsseldorf 24.06.2009, VI-2 U (Kart) 14/08). Sondervertragskunden sind danach jene Kunden, die nicht Tarifkunden sind. Mit ihnen werden besondere Vertragsbedingungen und Preise in einem standardisierten oder individuellen Sondervertrag vereinbart. Dementsprechend unterscheiden sich auch die Preisregelungen von denen für die Tarifkunden. Die Versorgung der Sonderabnehmer erfolgt aus Hoch-, Mittel- oder Niederspannungsnetzen (vgl. Kraus, S. 172, 182).

Praxis-Tipp:

Da es sich beim Begriff des Sonderabnehmers um einen unbestimmten Rechtsbegriff handelt, ist bei der Auslegung ohnehin auf die Oberbegriffe der Entgeltgruppe 10 zurückzugreifen (zur Auslegung siehe Kapitel 3.3).

Aufgrund der tariflichen Anforderung schwieriger und spezieller Verträge ist davon auszugehen, dass unter dieses Tätigkeitsbeispiel nur Mitarbeiter fallen, die im Bereich der Sonderabnehmer nur für die Sonderabnehmer zuständig sind, mit denen ein individueller Sondervertrag abgeschlossen wurde. Da es sich zudem auch hier um unbestimmte Rechtsbegriffe handelt, sind die Obermerkmale ergänzend heranzuziehen (zur Auslegung siehe Kapitel 3.3; zu den Oberbegriffen siehe Kapitel 7.5 und 8.3).

Kostenrechnungen, Kostenanalysen, Kalkulationen und Wirtschaftlichkeitsberechnungen (Beispiel 10.3.2 der Entgeltgruppe 10)

Die Besonderheit dieser Beispielstätigkeit besteht auch hier in der Aufzählungsform:

> § Kostenrechnungen, Kostenanalysen, Kalkulationen **und** Wirtschaftlichkeitsberechnungen
>
> *(Hervorhebung durch die Verfasser)*

4

Was nichts anderes heißt, als dass diese Beispielstätigkeit nur erfüllt ist, wenn ein Mitarbeiter für alle oben genannten Tätigkeiten zuständig ist.

Die inhaltliche Bedeutung der Tätigkeiten selbst kann durch die Fachsprache näher und eindeutig bestimmt werden:

Die Aufgabe der **Kostenrechnung** besteht in der Erfassung, Verteilung und Zuordnung der im Rahmen der betrieblichen Leistungserstellung und -verwertung entstehenden Kosten. Sie besteht aus den Teilgebieten der Betriebsabrechnung (Kostenarten- und Kostenstellenrechnung) und der Selbstkostenrechnung (Kalkulation) (vgl. Wöhe/Döring, S. 867).

Im Gegensatz dazu handelt es sich beim Begriff der **Kostenanalyse** nicht um einen feststehenden Fachterminus, so dass bei seiner Auslegung auf den allgemeinen Sprachgebrauch zurückzugreifen ist. Danach sind (Kosten-)Analysen Untersuchungen, bei denen eine Zergliederung der Kosten in die einzelnen Kostenbestandteile erfolgt, um diese auf einzelne Merkmale hin zu untersuchen und darzulegen (vgl. Duden, S. 143).

Der Begriff **Kalkulation** wird in der Betriebswirtschaftslehre synonym zum Begriff der Selbstkostenrechnung und der Kostenträger-Stückrechnung verwandt. Sie ermittelt auf Basis der Kostenarten- und Kostenstellenrechnung die Zurechnung der Kosten auf die einzelne Leistung, somit die Selbstkosten je Leistung. Damit ermöglicht sie die Feststellung von Preisuntergrenzen und die Festlegung von Angebotspreisen (vgl. Wöhe/Döring, S. 916 ff.).

Mittels **Wirtschaftlichkeitsberechnungen** erfolgt im Rahmen der Kostenrechnung die Kontrolle der Wirtschaftlichkeit. Dabei werden auf Basis der Kostenstellenrechnung die Ist- und Sollkosten oder Erträge und Aufwendungen wertmäßig gegenübergestellt (vgl. Wöhe/Döring, S. 38).

Bearbeiten von schwierigen Aufgaben in der Finanz-/Anlagenbuchhaltung mit Jahresabschlussarbeiten (Beispiel 10.3.3 der Entgeltgruppe 10)

Was die Tarifvertragsparteien unter **schwierigen Aufgaben** in der Finanz-/Anlagenbuchhaltung verstehen, erläutern sie durch die Klammer

§ (Kontierungen, Wertberichtigungen und Abschreibungen)

selbst. Ebenso, dass der Begriff der Jahresabschlussarbeiten sowohl „Bilanz" als auch „GuV" beinhalten soll. Alle verwendeten Begriffe entstammen der Betriebswirtschaftslehre und können mithilfe der einschlägigen Literatur wie folgt eindeutig näher bestimmt werden:

Die **Finanzbuchhaltung** dokumentiert die Beziehungen des Unternehmens zur Außenwelt. Ihre Aufgabe ist es, die Geschäftsvorfälle belegmäßig zu erfassen und kontenmäßig zu verrechnen. Sie wird daher auch Geschäftsbuchhaltung genannt (vgl. Olfert, Nr. 297).

Aufgabe der **Anlagenbuchhaltung** ist hingegen, die Daten aller betrieblichen Anlagen zu speichern und zu verwalten sowie nach Art, Menge und Wert bereitzustellen. Zu diesen Daten zählen insbesondere der Tag des Zugangs der beschafften Anlage, die Höhe der Anschaffungskosten oder der Herstellungskosten, die Höhe des Bilanzwerts, der Tag des Abgangs der Anlage (vgl. Olfert, Nr. 043).

Kontierung bedeutet, das für die Verbuchung eines Betrags entsprechende Konto anzugeben (vgl. Duden, S. 1061).

Als **Wertberichtigung** wird die Abschreibung von Forderungen auf den niedrigeren Wert bezeichnet. Sie wird erforderlich, wenn der

Nennwert der Forderung (Anschaffungskosten) den Wert der Forderung am Abschlussstichtag übersteigt. Dann ist eine „Wertberichtigung" auf den zum Abschlussstichtag niedrigeren Wert vorzunehmen (vgl. Olfert, Nr. 156).

Die **Abschreibung** erfasst den Werteverzehr für materielle und immaterielle Gegenstände des Anlagevermögens, die nicht innerhalb einer Rechnungsperiode verbraucht werden. Mit ihrer Hilfe werden im Rechnungswesen die für die Güter anfallenden Anschaffungs- bzw. Herstellungskosten erfolgswirksam auf die einzelnen Rechnungsperioden ihrer Nutzung verteilt. Die Verteilung erfolgt in der Betriebsbuchhaltung bzw. Kostenrechnung als Kosten und in der Finanzbuchhaltung als Aufwand. Dabei ist zwischen unterschiedlichen Abschreibungsformen, -arten und -verfahren zu differenzieren.

Abschreibungsformen sind:

- außerplanmäßige Abschreibungen
- planmäßige Abschreibungen
- Abschreibungen auf niedrigeren Wert

Abschreibungsarten sind:

- kalkulatorische Abschreibung
- bilanzielle Abschreibung

Diese Abschreibungsverfahren gibt es:

- lineare Abschreibung
- degressive Abschreibung
- leistungsbezogene Abschreibung

Dabei können die Ursachen für Abschreibungen vielfältig sein. Sie werden regelmäßig unterschieden nach:

- technisch bedingten Ursachen (z. B. technischer, natürlicher, ruhender, katastrophenbedingter Verschleiß)
- wirtschaftlich bedingten Ursachen (z. B. Entwertung durch technischen Fortschritt, Bedarfsverschiebung, Fristablauf, Preisänderungen)
- zeitlich bedingten Ursachen (z. B. Fristablauf bei Lizenzen, Konzessionen, sonstige gewerbliche Schutzrechte)

(vgl. Olfert, Nr. 015).

Die **Bilanz** stellt aus betriebswirtschaftlicher Sicht das Vermögen auf der Aktivseite und das Kapital auf der Passivseite zu einem bestimmten Zeitpunkt gegenüber. Dabei zeigt die Aktivseite (Vermögen) die konkrete Verwendung der Finanzmittel in Form des Anlage- bzw. Umlaufvermögens. Die Passivseite (Kapital) weist die Herkunft der Finanzmittel aus (Eigenkapital, Fremdkapital). Sie ist Teil des Jahresabschlusses (vgl. Olfert, Nr. 166).

Die Abkürzung **GuV** steht für Gewinn- und Verlustrechnung. Sie ist wie die Bilanz Teil des Jahresabschlusses und ergänzt die Bilanz, indem sie nicht nur den Erfolg als solchen aufweist, sondern auch seine Zusammensetzung offenlegt (vgl. Olfert, Nr. 380).

Asset-Manager (Beispiel 10.3.6 der Entgeltgruppe 10)

Im Bereich der Energiewirtschaft obliegt einem Asset-Manager regelmäßig die Planung, Steuerung und Organisation des Anlagevermögens zur Optimierung der Rentabilität (vgl. Kraus, S. 19).

Bilanzkreismanager (Beispiel 10.3.7 der Entgeltgruppe 10)

Die Tätigkeiten des Bilanzkreismanagers bzw. Bilanzkreisverantwortlichen sind in der Regel das Verwalten und Bewirtschaften des Bilanzkreises eines Energieversorgers. Dabei fallen vor allem folgende Tätigkeiten an:

- Lastprognose und Ausgleichsplanung durch Einspeisung bzw. Handel (Fahrplanerstellung)
- Ermittlung der tatsächlichen Verbräuche
- Abrechnung des Bilanzkreises mit dem Übertragungsnetzbetreiber
- Abschluss und Verwaltung der Bilanzkreisverträge mit dem Übertragungsnetzbetreiber

Ein Bilanzkreis umfasst – grob verallgemeinert – die Einspeise- und Entnahmestellen des Versorgers. Er dient der Überwachung und Sicherstellung, dass Einspeisung und Entnahme ausgeglichen sind (vgl. Kraus, S. 30 f.).

Ermittlung von bereichsübergreifenden Vergleichszahlen, Soll-Ist-Vergleich und Abweichungsanalysen als Controller (Beispiel 11.4.1 der Entgeltgruppe 11)

Diese Beispielstätigkeit lässt sich nach dem allgemeinen Sprachgebrauch wie folgt näher bestimmen:

Das Wort **Ermittlung** als das Ermitteln von etwas hat zwei Bedeutungen: etwas feststellen bzw. herausfinden. Zum einen geschieht dies durch geschicktes Nachforschen, zum anderen durch Errechnen (vgl. Duden, S. 554).

Bereichsübergreifend bedeutet mehrere Bereiche/Sachgebiete/Arbeitsgruppen einbeziehend (vgl. Duden, S. 296).

4

Vergleichszahlen ermöglichen eine vergleichende Messung von etwas (vgl. Duden, S. 1933).

Bei einem **Soll-Ist-Vergleich** wird das geplante Ergebnis (SOLL) dem tatsächlichen Ergebnis (IST) gegenübergestellt. Differenzen zwischen SOLL und IST werden dann im Rahmen einer Abweichungsanalyse näher untersucht (vgl. Wöhe/Döring, S. 153).

Die **Abweichungsanalyse** ist demnach die Interpretation der im Soll-Ist-Vergleich erkannten Abweichungen. Sie dient der Feststellung der Ursachen für die Abweichungen von der Planung (vgl. Wöhe/Döring, S. 153).

Das Tätigkeitsbild des Controllers war lange Zeit umstritten. In der Fachliteratur hat sich mittlerweile – von kleineren Abweichungen abgesehen – dieses klassische Tätigkeitsspektrum durchgesetzt:

Der **Controller** befasst sich mit folgenden Aufgaben:

- Planung
- Kontrolle
- Information
- Steuerung

Im Rahmen der Planung wird überlegt, wie die Zielsetzungen der Unternehmensleitung (Soll-Werte) umzusetzen sind. Dazu gehört auch die Budgeterstellung, die nach Genehmigung durch die Unternehmensleitung den Führungskräften der Fachabteilungen als zielbezogene Plandaten vorgegeben werden.

Die Kontrolle umfasst die Überwachung und Auswertung der Unternehmensdaten. Dazu werden alle relevanten Ist-Werte erfasst und mit den Soll-Werten verglichen (z. B. in Form der Budgetkontrolle). Bei der Auswertung der Daten erfolgen Abweichungsanalysen, um die Ursachen abweichender Entwicklungen herauszufinden.

Information bedeutet, die gewonnenen Daten und Erkenntnisse an die zuständigen Fachstellen frühzeitig weiterzumelden. Das geschieht regelmäßig durch Controllingberichte, das sogenannte Berichtswesen.

Die Steuerung umfasst Maßnahmen, die dazu dienen, eine oder mehrere Größen, die für die Unternehmensentwicklung verantwortlich sind, zu beeinflussen. Bei diesen Größen kann es sich sowohl um Eingangsdaten (Lieferantenpreis, -bedingungen) als auch um Ausgangsdaten handeln (vgl. Olfert, Nrn. 203, 208).

Die Auslegung der Oberbegriffe der EG 1 bis 4: Ungelernte

1. Der Ausschließlichkeitskatalog der Entgeltgruppe 1

Mit der Entgeltgruppe 1 stellt der TV-V die Rechtsgrundlage für eine sogenannte Leichtlohngruppe zur Verfügung, die Outsourcing (Fremdvergabe) verhindern und Insourcing (Wiederaufnehmen einer Leistung) ermöglichen soll.

Der TV-V sieht aber, anders als der TVöD und TV-L, keinen allgemein gültigen Katalog vor. Dieser muss erst durch landesbezirkliche Tarifverträge vereinbart werden (siehe Vorbemerkung Nr. 3 der Anlage 1 zum TV-V). Ein solches Beispiel ist der Landesbezirkliche Tarifvertrag NRW vom 06.10.2003 zur Ergänzung der Anlage 1 Entgeltgruppen zum TV-V (Abdruck bei Reidelbach/Wieland/Fattler, A 270).

Wichtig: Ohne einen solchen Tarifvertrag darf in Entgeltgruppe 1 TV-V nicht eingruppiert werden.

(zur Entgeltgruppe 1 vgl. auch Gamisch/Mohr, gEG, IV D.1.2; IV D.2.2; IV D.3.2)

2. Einfache Tätigkeiten (Entgeltgruppe 2)

Einfache Tätigkeiten werden im Klammerzusatz zu Entgeltgruppe 2 wie folgt definiert:

> (...) vorwiegend mechanische Tätigkeiten, die eine Einarbeitung erfordern. Einarbeitung setzt die Vermittlung und Aneignung von Kenntnissen und Fertigkeiten voraus, um die Tätigkeiten sach- und fachgerecht ausüben zu können.

Mechanische Tätigkeiten sind im Sinne des allgemeinen Sprachgebrauchs Tätigkeiten, die gleichförmig und ohne Nachdenken, Mitdenken, Überlegen vor sich gehen (vgl. Duden, S. 1201). In diesem Sinne wird der Begriff auch im Eingruppierungsrecht verstanden, hier allerdings zur Abgrenzung der Anforderungen, was ausreichend ist für einfachste Tätigkeiten im Sinne der Entgeltgruppe 1 (TVöD) und eben nicht zur Klarstellung der Anforderungen an einfache Tätigkeiten im Sinne der Entgeltgruppe 2 (siehe z. B. BAG 28.01.2009, 4 ABR 92/07, AP Nr. 37 zu § 99 BetrVG 1972 Eingruppierung).

Dementsprechend nennt der TV-V eigene Beispiele, die verdeutlichen sollen, worin „Einarbeitungsanforderungen" im Sinne der Entgeltgruppe 2 im TV-V bestehen können:

> 2.1 Reinigen von Werkstätten und Labors
>
> 2.2 Einfache Bürotätigkeiten (wie Führen von einfachen Listen, Mithilfe bei der Postabfertigung, Registratur, Fotokopieren)
>
> 2.3 Tätigkeiten als Bote

Dabei dient die Einarbeitung der Erlernung von Arbeitsabläufen und der dazu erforderlichen Kenntnisse (theoretisches Wissen) und Fertigkeiten (praktische Handhabung des Erlernten) (vgl. BAG 08.08.2002, 8 AZR 647/00, AP Nr. 23 zu §§ 22, 23 BAT-O).

In diesem Sinne bedeutet im Tarifrecht Einarbeitung, jemanden praktisch mit einer Arbeit vertraut machen, sich hineinfinden, in der Arbeit Übung finden. Im Gegensatz zum „Einweisen" ist Einarbeitung kein einmaliger Vorgang vor Aufnahme der Tätigkeit mehr, sondern ein Prozess, der die erste Zeit nach Aufnahme der Tätigkeit umfasst und der in einem Beobachten und Anleiten z. B. seitens eines Vorgesetzten oder Kollegen besteht (vgl. LAG MV 10.01.2017, 2 Sa 115/16 m. w. N. auf die Rechtsprechung des BAG, zit. nach WKRS 2017, 16372; vgl. LAG Hessen 15.07.2022, 8 Sa 894/21, zit. nach WKRS 2022, 65746).

Im Rahmen der Einarbeitung arbeitet der Beschäftigte also bereits produktiv mit (vgl. LAG Nürnberg 05.08.2015, 2 Sa 21/15, zit. nach WKRS 2015, 24989).

Zur ordnungsgemäßen Erledigung der Aufgaben muss jedenfalls ein bestimmtes fachbezogenes Wissen nötig sein. Wer diese Kenntnisse und Fertigkeiten vermittelt, ist dabei nicht ausschlaggebend. Das können der Arbeitgeber, eine externe Bildungseinrichtung, beide zusammen oder sonstige Dritte sein (vgl. LAG M-V 23.11.2021, 5 Sa 89/21, zit. nach WKRS 2021, 52577).

Für Entgeltgruppe 2 TV-V muss also – anders als im TVöD/TV-L – kein eigener, nicht gänzlich unbedeutender Entscheidungs- oder Verantwortungsbereich bestehen (vgl. z.B. BAG 28.01.2009, 4 ABR 92/07, AP Nr. 37 zu § 99 BetrVG 1972 Eingruppierung), da im TV-V mechanische Tätigkeiten noch ausreichend sind für Entgeltgruppe 2. Es kommt allein auf Einarbeitung an.

Beispiele aus der Rechtsprechung:

1. Die Tätigkeit in einer Wäscherei

umfasste die Bedienung einer Groß- und einer Kleinmangelmaschine und einer Maschine zum maschinellen Bedampfen. Die Tätigkeit erforderte eine zweiwöchige Einarbeitungszeit in jede Maschine, um die Arbeitsabläufe an den Maschinen zu beherrschen und den Ablauf zu verinnerlichen. Für „einfach" reichte die Einarbeitung und Tätigkeit an einer Maschine.

(vgl. BAG 01.07.2009, 4 ABR 18/08, AP Nr. 39 zu § 99 BetrVG Eingruppierung)

2. Städtischer Reiniger

Als städtischem Reiniger oblagen dem Beschäftigten folgende Aufgaben:

Er fährt als Bezirksreiniger bzw. Reinigungsfahrer mit einem Arbeitskollegen in einem bestimmten, ihm zugewiesenen Bereich der Stadt mit einem Pritschenwagen von Bushaltestelle zu Bushaltestelle und leert die dort angebrachten Papierkörbe auf seine Ladefläche aus, wobei der Beschäftigte sich weit überwiegend auf das Fahren des Fahrzeugs beschränkt. Soweit im Bereich der Haltestelle Verunreinigungen sind, beseitigt er diese. Um diese Tätigkeit ausüben zu können, benötigt der Beschäftigte neben einer Fahrerlaubnis vor allem Kenntnisse über die abzufahrende Route. Diese Kenntnisse reichen für die Anerkennung einer eingehenden Einarbeitung nicht aus.

Zur Fahrerlaubnis:

Der Erwerb einer solchen und die damit erlangte Qualifikation beruhen nicht auf einer eingehenden Einarbeitung im Tarifsinne. Bei der Wahl dieses Begriffs sind die Tarifparteien ersichtlich davon ausgegangen, dass es sich um (ggf. zusätzliche) Kenntnisse handelt, die durch Einarbeitung erlangt werden, die vom Arbeitgeber durchgeführt werden kann. Bei einer Fahrerlaubnis handelt es sich dagegen um eine Qualifikation, die im Regelfall außerhalb des Arbeitsverhältnisses erworben wird und im Streitfall Bestandteil des Anforderungsprofils für die konkrete Tätigkeit ist.

Zur Kenntnis der abzufahrenden Route:

Die erforderlichen Kenntnisse über Lage, Ort und Reihenfolge der anzufahrenden Stellen erfordern notwendigerweise keine eingehende Einarbeitung. Soweit beim Beschäftigten keine Ortskenntnisse vorliegen, reicht für die sachgerechte Aufgabenerledigung die Aushändigung eines Stadtplans mit den darin vermerkten Anlaufpunkten aus.

(vgl. BAG 11.10.2006, 4 AZR 534/05, AP Nr. 9 zu § 20 BMT-G II)

3. Servicekraft in der Cafeteria

Die Aufgaben als Servicekraft in der Cafeteria sind mit Alltagswissen allein nicht zu bewältigen. Es sind u. a. Kenntnisse zu den konkreten innerbetrieblichen Abläufen, den internen wie externen Ansprechpartnern und den zu beachtenden Hygienebestimmungen nötig. Die Servicekraft muss sich darüber hinaus mit den zu bedienenden Geräten und der Kasse vertraut machen. Diese Kenntnisse sind nötig, um die Arbeitsabläufe beherrschen zu können, und erfüllen damit die Anforderungen der Entgeltgruppe 2.

(vgl. LAG M-V 31.05.2022, 5 Sa 258/21, m. w. N. auf die Rechtsprechung, zit. nach WKRS 2022, 25216)

3. Die eingehende fachliche Einarbeitung (Entgeltgruppe 3)

Die Tätigkeiten der Entgeltgruppen 1 bis 3 erfordern keine (Fach-)Kenntnisse, sondern allenfalls eine Einarbeitung. In der Entgeltgruppe 3 muss dabei in Abgrenzung zur Entgeltgruppe 2 eine „eingehende fachliche" Einarbeitung erforderlich sein. Der Tarifvertrag verzichtet auf eine begriffliche und zeitliche Eingrenzung dieses Begriffs (vgl. Schlusen/Fellenberg/Hüsgen, Kapitel B, § 5, Rn. 28). Deshalb erfolgt die Begriffsbestimmung anhand des allgemeinen Sprachgebrauchs und zur Abgrenzung innerhalb der Tarifsystematik des TV-V zu den „einfachen" Tätigkeiten der Entgeltgruppe 2 einerseits und den Tätigkeiten mit gründlichen Fachkenntnissen nach Entgeltgruppe 4 andererseits.

Die Aneignung von Kenntnissen und Fertigkeiten muss für Entgeltgruppe 3 eingehend unter fachlichen Gesichtspunkten erfolgen. Unter **eingehend** versteht der allgemeine Sprachgebrauch in allen Einzelheiten, sorgfältig und ins Einzelne gehend, ausführlich (vgl. Duden, S. 494). Als **fachlich** wird ein bestimmtes Fach, Fachgebiet betreffend, dazu gehörend bezeichnet (vgl. Duden, S. 582).

Fraglich ist, welchen Zeitraum diese eingehende fachliche Einarbeitung umfassen muss:

Nach oben ist die Einarbeitungszeit abzugrenzen von der Entgeltgruppe 5, da die nächstniedrigere Entgeltgruppe 4 kein vergleichbares Eingruppierungskriterium kennt. Die Entgeltgruppe 5 hat in Fallgruppe 5.1 als vergleichbare Anforderung die Ausbildungszeit nach

Berufsbildungsgesetz. Gemäß § 5 Abs. 1 Nr. 2 BBiG soll die Ausbildungsdauer nicht mehr als drei und nicht weniger als zwei Jahre betragen.

Die eingehende fachliche Einarbeitung muss somit deutlich unter zwei Jahren liegen.

Bei der Abgrenzung gegenüber der Entgeltgruppe 2 ist zu berücksichtigen, dass gesteigerte Anforderungen an die Qualität der Einarbeitung gestellt werden müssen. Denn die Formulierung „eingehend" verdeutlicht, dass eine „einfache" Einarbeitung nicht ausreichend ist. Vielmehr bedeutet eingehende Einarbeitung eine Steigerung der Anforderungen unterhalb des Niveaus einer Berufsausbildung.

In Anlehnung an die Rechtsprechung zum sogenannten Routinevorsprung (vgl. Berkowsky, § 6 Rn. 101 m. w. N. auf die Rechtsprechung des BAG) in Zusammenhang mit der Sozialauswahl bei betriebsbedingten Kündigungen dürfte der Zeitraum bis zu ca. sechs Monate betragen.

Einen zusätzlichen Anker bietet die Rechtsprechung zum BMT-G II:

§

BAG vom 11.10.2006

Ein möglicher Anhaltspunkt für die regelmäßige Dauer einer solchen Einarbeitung ergibt sich – ohne dass dies für den hier anzuwendenden BezTV unmittelbar maßgeblich wäre – aus der Protokollerklärung Nr. 4 Teil I der Anlage 1 zum Bezirkstarifvertrag Nr. 2 zum BMT-G II zwischen dem Kommunalen Arbeitgeberverband Bayern und der Gewerkschaft ÖTV in der aktuell geltenden Fassung. Danach gehen die dortigen Tarifvertragsparteien bei einer wortgleichen Bestimmung (...) davon aus, dass sich die **Einarbeitungszeit „in der Regel (...) auf etwa sechs Wochen erstrecken"** werde.

(BAG 11.10.2006, 4 AZR 534/05, AP Nr. 9 zu § 20 BMT-G II; *Hervorhebung durch die Verfasser*)

Zum Einarbeitungszeitraum hat die Rechtsprechung zum TVöD und TV-L in diesem Sinne in den letzten Jahren weiter konkretisiert und klargestellt, dass eine Einarbeitungsphase jedenfalls dann als sorgfältig und bis ins Einzelne gehend zu bezeichnen ist, wenn diese in der Summe die **Dauer eines Monats deutlich überschreitet** und in diesem Zeitraum nicht nur oberflächliche fachbezogene Kenntnisse vermittelt werden. Die Einarbeitung muss einen längeren Zeitraum als wenige Wochen in Anspruch nehmen (vgl. LAG M-V 23.11.2021, 5 Sa 89/21 zit. nach WKRS 2021, 52577; ähnlich auch LAG Hessen 15.07.2022, 8 Sa 894/21 – Rev. zugelassen –, zit. nach WKRS 2022, 65746 und LAG M-V 31.05.2022, 5 Sa 258/21, m. w. N. auf die Rechtsprechung, zit. nach WKRS 2022, 25216).

Beispiele aus der Rechtsprechung:

1. Servicekraft in der Cafeteria (Fortführung des Beispiels zu Entgeltgruppe 2)

Um die Aufgaben der Cafeteria-Mitarbeiterin ordnungsgemäß erledigen zu können, bedarf es keiner Einarbeitungsphase, die deutlich die Dauer eines Monats überschreitet. Vielmehr genügen Kenntnisse und Fertigkeiten, wie sie regelmäßig innerhalb von vier Wochen zu erwerben sind. Eine eingehende Einarbeitung im Sinne des Tarifvertrages ist daher nicht erforderlich.

(vgl. LAG M-V 31.05.2022, 5 Sa 258/21, m. w. N. auf die Rechtsprechung, zit. nach WKRS 2022, 25216)

2. Alltagsbegleiterin/zusätzliche Betreuungskraft

Die Tätigkeit einer zusätzlichen Betreuungskraft erfordert nicht nur eine fachliche, sondern eine eingehende fachliche Einarbeitung und hebt sich dadurch aus der Entgeltgruppe 2 TVöD-B heraus. Die zur Bewältigung der Aufgaben benötigten fachlichen Kenntnisse haben eine Bandbreite und eine Intensität, dass sie nicht innerhalb weniger Wochen zu vermitteln sind. Die gesetzlich geforderte Qualifizierungsmaßnahme für die zusätzlichen Betreuungskräfte erstreckt sich, nachdem zuvor schon ein 40-stündiges Orientierungspraktikum zu absolvieren ist, über einen Gesamtzeitraum von mindestens 6 Wochen, unterteilt in verschiedene Module (§ 4 Abs. 2 und 3 Betreuungskräfte-Richtlinie). Der 100-stündige Basiskurs vermittelt zunächst Grundkenntnisse zu den zahlreichen Krankheitsbildern und Behinderungen. Die Betreuungskräfte müssen zudem die besonderen Anforderungen an die Kommunikation und den Umgang mit den an verschiedenen Krankheiten und Einschränkungen leidenden Menschen beherrschen. Hinzu kommen Grundkenntnisse zur Hilfe bei der Nahrungsaufnahme, dem Umgang mit Inkontinenz, Schmerzen und Wunden usw. Im 60-stündigen Aufbaukurs werden diese Kenntnisse sodann vertieft und Methoden bzw. Techniken über das Verhalten, die Kommunikation und die Umgangsformen vermittelt. Die beiden Kurse werden ergänzt durch ein 2-wöchiges Betreuungspraktikum. Die aus 3 Modulen bestehende Qualifizierungsmaßnahme erstreckt sich also auf zahlreiche verschiedene Wissensgebiete. Der zu vermittelnde Unterrichtsstoff hat einen erheblichen Umfang und berührt eine Vielzahl von Themen. Der umfangreiche Unterrichtsstoff lässt auf eine intensive

> und konzentrierte Wissensvermittlung in dem vorgegebenen Mindestqualifizierungszeitraum schließen. Um dem gesetzlichen Anspruch der Pflegebedürftigen aus § 43b SGB XI auf zusätzliche Betreuung und Aktivierung gerecht werden zu können, bedarf es nicht nur oberflächlicher Kenntnisse im Umgang mit dieser Personengruppe, ihren Bedürfnissen und Wünschen und ihren verschiedenen Erkrankungen und Einschränkungen.
>
> (vgl. LAG M-V 23.11.2021, 5 Sa 89/21 zit. nach WKRS 2021, 52577)

4. Gründliche Fachkenntnisse (Entgeltgruppe 4)

Gründliche Fachkenntnisse erfordern gemäß dem Klammerzusatz zu Entgeltgruppe 4 Fallgruppe 4.1 nähere Kenntnisse von Gesetzen, Tarifbestimmungen usw. Die Regelung knüpft an den BAT an. Dementsprechend müssen gründliche Fachkenntnisse von allgemeinen Fähigkeiten bzw. sogenannten Schlüsselqualifikationen ohne konkreten Bezug zur auszuübenden Tätigkeit abgegrenzt werden (vgl. Reidelbach/Wieland/Fattler, Kap. 1, Rn. 228).

Gründliche Fachkenntnisse	Allgemeine Fähigkeiten, Schlüsselqualifikationen
Nähere Kenntnisse von Gesetzen, Tarifbestimmungen usw. im Rahmen der auszuübenden Tätigkeit	Organisations- und Verhandlungsgeschick, Geschäftsgewandtheit, besondere Zuverlässigkeit und Vertrauenswürdigkeit (vgl. Reidelbach/Wieland/Fattler, Kap. 1, Rn. 228), sog. Schlüsselqualifikationen, wie Innovations- und Umstellungsfähigkeit, Lernbereitschaft und -fähigkeit, soziale Kompetenz, Kooperationsfähigkeit, Kreativität (vgl. Mentzel, S. 170)

Zur Verdeutlichung des Oberbegriffs der gründlichen Fachkenntnisse werden in Entgeltgruppe 4 folgende Beispielstätigkeiten genannt:

4.3.1 Verwaltung von Lagern und Magazinen

4.3.2 Tätigkeiten als Fahrer von Kraftfahrzeugen

4.3.3 Tätigkeiten als Schreibkraft

4.3.4 Montagearbeiten in Netzen (Gas, Wasser, Fernheizung, Kabel, Freileitung)

Sofern eine Beispielstätigkeit vorliegt und anwendbar ist (zu den Auslegungsregeln siehe auch Kapitel 1.3), müssen die gründlichen Fachkenntnisse nicht gesondert geprüft werden. Anderenfalls kann grundsätzlich an die Rechtsprechung zum BAT angeknüpft werden.

Praxis-Tipp:

Bei der Anwendung der Beispiele sind aber die Besonderheiten der Systematik des TV-V zu beachten, die zum Teil nicht in Einklang mit der bisherigen Rechtsprechung zum Tätigkeitsmerkmal der gründlichen Fachkenntnisse im Sinne des BAT/TVöD gebracht werden können (siehe nähere Ausführungen am Ende des Unterkapitels).

Bei der Auslegung und Anwendung des Oberbegriffs der gründlichen Fachkenntnisse kann aber weitgehend auf die Rechtsprechung zum BAT/TVöD zurückgegriffen werden, da der TV-V mit seinem Klammersatz die Definition des BAT im Wesentlichen übernimmt, die durch TVöD, aber auch durch den TV-L fortgeführt werden. In diesem Sinne ist zu beachten, dass die Rechtsprechung für gründliche Fachkenntnisse ein qualitatives und ein quantitatives Element fordert: Nähere Kenntnisse im ganz geringen Umfang sind nicht ausreichend, vielmehr werden Fachkenntnisse von nicht unerheblichem Ausmaß und nicht nur oberflächlicher Art gefordert (vgl. BAG 21.03.2012, 4 AZR 266/10, AP Nr. 317 zu §§ 22, 23 BAT 1975; BAG 30.11.2022, 4 AZR 195/22, AP Nr. 48 zu §§ 22, 23 BAT-O).

Nicht nur unerhebliches Ausmaß betrifft die Quantität, nicht nur oberflächlicher Art die Qualität der Kenntnisse. Beide Elemente – Qualität und Quantität – sind im Rahmen der Eingruppierungsfeststellung zu prüfen und zu begründen. Die Qualität der Fachkenntnisse betrifft insoweit die Tiefe der erforderlichen Kenntnisse, die Quantität das Ausmaß (vgl. BAG 22.11.2017, 4 AZR 629/16, AP Nr. 339 zu §§ 22, 23 BAT 1975, ZTR 2018, 259 ff.; vgl. BAG 27.02.2019, 4 AZR 562/17, AP Nr. 340 zu §§ 22, 23 BAT 1975; vgl. auch LAG Düsseldorf 15.05.2019, 12 Sa 465/18, ZTR 2019, 430 ff.; vgl. BAG 16.10.2019, 4 AZR 284/18, AP Nr. 341 zu §§ 22, 23 BAT 1975, zit. nach www.bundesarbeitsgericht.de/entscheidungen).

Diese Kenntnisse müssen erforderlich sein, das heißt, sie müssen zur ordnungsgemäßen Erledigung der auszuübenden Tätigkeiten benötigt werden (vgl. BAG 31.07.2002, 4 AZR 129/01, AP Nr. 291 zu

§§ 22, 23 BAT 1975; vgl. BAG 27.02.2019, 4 AZR 562/17, AP Nr. 340 zu §§ 22, 23 BAT 1975).

Die Qualität/Tiefe der Kenntnisse muss zur Anerkennung gründlicher Fachkenntnisse erfordern, dass der Mitarbeiter für seine Tätigkeiten mehr als nur einen allgemeinen Überblick und groben Einblick in die erforderlichen Vorschriften benötigt (vgl. BAG 30.11.2022, 4 AZR 195/22, AP Nr. 48 zu §§ 22, 23 BAT-O). Ein Indiz für die erforderliche Tiefe der Fachkenntnisse kann Lehrgangs-/Unterrichtsmaterial sein, wenn dieser Lehrgang gezielt der Qualifizierung für eine konkrete auszuübende Tätigkeit dient (vgl. BAG 27.02.2019, 4 AZR 562/17, AP Nr. 340 zu §§ 22, 23 BAT 1975).

Bezüglich der Quantität/Ausmaß der Kenntnisse ist zunächst zu beachten, dass nähere Kenntnisse in ganz geringem Umfang nicht ausreichen. Es ist aber ist nicht erforderlich, dass der Arbeitnehmer alle Normen voll beherrschen muss. Vielmehr reicht es aus, wenn er den Normalfall richtig bearbeiten kann. Es muss sich somit zumindest um Routinesachbearbeitung (Bearbeitung regelmäßig gleichgelagerter Fälle) handeln (vgl. BAG 16.10.2019, 4 AZR 284/18, AP Nr. 341 zu §§ 22, 23 BAT 1975; LAG Düsseldorf 15.05.2019, 12 Sa 465/18, ZTR 2019, S. 430 ff.).

Fachkenntnisse sind dabei all diejenigen Kenntnisse, die unerlässlich sind, um die übertragenen Aufgaben ordnungsgemäß erfüllen zu können (vgl. BAG 30.11.2022, 4 AZR 195/22, AP Nr. 48 zu §§ 22, 23 BAT-O; BAG 22.01.2003, 4 ABR 12/02, ZTR 2003, S. 454–457). Die Fachkenntnisse müssen sich dabei nicht auf Gesetze und Tarifverträge beschränken, die lediglich als Beispiele dienen (vgl. BAG 21.03.2012, 4 AZR 266/10, AP Nr. 317 zu §§ 22, 23 BAT 1975).

Fachkenntnisse liegen beispielsweise auch in folgenden Fällen vor:

- bautechnische Kenntnisse

  (vgl. BAG 20.10.1993, 4 AZR 45/93, AP Nr. 172 zu §§ 22, 23 BAT 1975)

- Kenntnisse der Betriebsorganisation, Beachtung umfangreicher (hausinterner) Arbeits-/Dienstanweisungen

  (vgl. BAG 30.11.2022, 4 AZR 195/22, AP Nr. 48 zu §§ 22, 23 BAT-O; vgl. BAG 16.10.2019, 4 AZR 284/18, AP Nr. 341 zu §§ 22, 23 BAT 1975),

  wie sie z. B. im Netzbereich durch die verständigen Fachkreise typisch sind

- Kenntnisse in den Bereichen Datenbeschaffung, Statistik, Kartographie

  (vgl. BAG 19.03.1986, 4 AZR 642/84, AP Nr. 116 zu §§ 22, 23 BAT 1975)
- graphisch-künstlerische Kenntnisse (z. B. Fotografie und Drucktechnik)

  (vgl. BAG 07.10.1981, 4 AZR 225/79, AP Nr. 49 zu §§ 22, 23 BAT 1975)
- handwerkliche, technische und warenkundliche Kenntnisse

  (vgl. BAG 03.06.1981, 4 AZR 118/78, AP Nr. 45; BAG 29.09.1982, 4 AZR 1172/79, AP Nr. 67, beide zu §§ 22, 23 BAT 1975)
- naturwissenschaftliche Kenntnisse

  (vgl. BAG 28.04.1982, 4 AZR 707/79, AP Nr. 62 zu §§ 22, 23 BAT 1975)
- Kenntnisse der englischen Sprache

  (vgl. LAG Hamm 06.03.2007, 12 Sa 1317/06)
- pädagogische Kenntnisse

  (vgl. BAG 31.03.1982, 4 AZR 1099/79, AP Nr. 64 zu §§ 22, 23 BAT 1975)
- physikalisch-chemisch-technische Kenntnisse

  (vgl. BAG 28.05.1980, 4 AZR 461/78, AP Nr. 33 zu §§ 22, 23 BAT 1975)
- Kenntnisse auf dem Gebiet der Unfallverhütungsvorschriften und des Betriebs (einer Tankstelle)

  (vgl. BAG 22.10.1986, 4 AZR 568/85, AP Nr. 126 zu §§ 22, 23 BAT 1975)
- wirtschaftlich-kaufmännische sowie technische Kenntnisse

  (vgl. BAG 11.09.1985, 4 AZR 271/84, AP Nr. 107; BAG 16.04.1986, 4 AZR 595/84, AP Nr. 120, beide zu §§ 22, 23 BAT 1975)
- fachspezifische und entsprechende EDV-Anwender-Kenntnisse

  (vgl. BAG 10.12.1997, 4 AZR 221/96, AP Nr. 237 zu §§ 22, 23 BAT 1975; LAG M-V 20.03.2018, 5 Sa 53/17, zit. nach www.landesrecht-mv.de)
- Erfahrungswissen

  (vgl. BAG 30.11.2022, 4 AZR 195/22, AP Nr. 48 zu §§ 22, 23 BAT-O; vgl. BAG 22.01.2003, 4 ABR 12/02, ZTR 2003, S. 454 ff.)

Vor diesem Hintergrund ist es fraglich, welche Fachkenntnisse der Schreibkraft in Entgeltgruppe 4 Fallgruppe 4.3.3 zugeordnet werden können. Mit diesem Tätigkeitsbeispiel widerspricht der TV-V seinem Klammerzusatz, denn bei Schreibkräften sind gründliche Fachkenntnisse regelmäßig nicht erforderlich. Vielmehr können Schreib- und Sekretariatsaufgaben mit den Kenntnissen der Allgemeinbildung und nach kurzer Anleitung erledigt werden (vgl. BAG 25.09.2002, 4 AZR 339/01, AP Nr. 1 zu §§ 22, 23 BAT Rückgruppierung). Aus der Systematik heraus wäre folglich eine Zuordnung in Entgeltgruppe 3 richtig gewesen.

Da den Tarifvertragsparteien diese Rechtsprechung bekannt war, müssen – anders als im BAT – Schreibtätigkeiten den gründlichen Fachkenntnissen gleichgesetzt werden. Das gilt entsprechend für die Tätigkeitsbeispiele Verwaltung von Lagern und Magazinen sowie für Fahrer von Kraftfahrzeugen.

Die Auslegung der Oberbegriffe der EG 5 bis 8: Abgeschlossene Berufsausbildung

1. Die abgeschlossene Ausbildung und die entsprechenden Tätigkeiten

Die Entgeltgruppe 5 Fallgruppe 5.1 fordert eine abgeschlossene Ausbildung in einem anerkannten Ausbildungsberuf und entsprechende Tätigkeiten. Bei der anerkannten (Berufs-)Ausbildung handelt es sich um ein subjektiv zu erfüllendes Tätigkeitsmerkmal. Ein anerkannter Ausbildungsberuf liegt vor, wenn er als solcher gesetzlich geregelt ist.

Rechtsgrundlagen für die Berufsausbildung sind vor allem:

- Berufsbildungsgesetz
- Handwerksordnung (i. V. m. Berufsbildungsgesetz)

Die Ausbildung muss nach der dazu ergangenen Ausbildungsordnung erfolgen (vgl. § 4 BBiG, § 25 HwO). Als abgeschlossen im berufsbildungsrechtlichen Sinne gilt eine solche Ausbildung, wenn der Auszubildende die Prüfung vor der zuständigen Stelle erfolgreich bestanden hat (vgl. § 37 BBiG, § 31 HwO).

6

Nach der Rechtsprechung des BAG ist eine „entsprechende Tätigkeit" im tariflichen Sinne anzunehmen, wenn sich die auszuübende Tätigkeit auf die konkrete Fachrichtung der jeweils erforderlichen Ausbildung bezieht und sie die durch die Ausbildung erworbenen Fähigkeiten gerade erfordert. Nicht ausreichend ist es, wenn die entsprechenden Kenntnisse des Beschäftigten für den übertragenen Aufgabenbereich lediglich nützlich oder erwünscht sind. Sie müssen vielmehr im tariflichen Sinne zur Ausübung der Tätigkeit erforderlich, d. h. notwendig sein.

(BAG 27.09.2017, 4 AZR 666/14, AP Nr. 5 zu § 16 TVöD m. w. N.)

Die entsprechenden Tätigkeiten als kumulativ (gleichzeitig) zu erfüllendes Tätigkeitsmerkmal sind objektiver Natur. Während das Vorliegen oder Nichtvorliegen einer abgeschlossenen Berufsausbildung in einem anerkannten Ausbildungsberuf regelmäßig nur in der Person des Mitarbeiters begründet liegen kann, hängt das Erfordernis der entsprechenden Tätigkeiten von der Art der übertragenen Aufgaben ab. Es kann also objektiv geprüft werden, ob der übertragene Aufgabenbereich auch die Anwendung der durch die Ausbildung erworbenen Kenntnisse, Fähigkeiten und Erfahrungen erfordert. Nicht ausreichend ist es, wenn das in der Ausbildung erworbene Wissen und Können lediglich nützlich oder wünschenswert ist. Es muss vielmehr notwendig sein. Erst wenn diese Bedingung erfüllt ist, handelt es sich um entsprechende Tätigkeiten im Tarifsinn (vgl. BAG 24.11.1999, 4 AZR 772/98, AP Nr. 11 zu § 51 TV AL II).

So belegen die Tätigkeiten eines Arbeiters auf einem eng begrenzten Teilgebiet eines Ausbildungsberufs (hier: des Kraftfahrzeugmechanikers) regelmäßig nicht, dass die auszuübenden Tätigkeiten die abgeschlossene einschlägige Berufsausbildung erfordern (vgl. BAG 24.11.1999, 4 AZR 772/98, AP Nr. 11 zu § 51 TV AL II).

Eine entsprechende Tätigkeit liegt nur vor, wenn Ausbildung und auszuübende Tätigkeit in den – den Beruf prägenden – wesentlichen Einzelheiten übereinstimmen. Auszuübende Tätigkeit und Inhalt der Ausbildung müssen sich somit zu einem großen Teil überschneiden (vgl. BAG 24.01.2007, 4 AZR 28/06, AP Nr. 10 zu § 20 BMT-G II).

Praxis-Tipp:

Ob „entsprechende Tätigkeiten" vorliegen, kann anhand der jeweiligen Berufsbilder (Ausbildungs- und Prüfungsanforderungen) geprüft werden (vgl. BAG 27.08.2008, 4 AZR 484/07, AP Nr. 210 zu § 1 TVG Auslegung; BAG 28.09.1994, 4 AZR 830/93, AP Nr. 192; BAG 22.03.2000, 4 AZR 116/99, AP Nr. 275, beide zu §§ 22, 23 BAT 1975).

Beispiel:

Reparaturarbeiten an Motoren von Kraftfahrzeugen

Der Mitarbeiter war im Rahmen von Reparaturarbeiten an Motoren von Kraftfahrzeugen regelmäßig nicht nur an kleineren Motoren, sondern gerade an dem hinsichtlich Hubraum und Abmessung größten Motor des gesamten Reparaturprogramms eingesetzt. Zu den eigenverantwortlich und selbstständig ausgeführten Tätigkeiten zählten insbesondere:

- Öffnen und erforderlichenfalls Zerlegen des Motors
- Austausch von Motorenteilen
- erforderlichenfalls vollkommener Neuaufbau des Motors (neue Kurbelwelle, neue Nockenwelle, neue Lager, neue Zylinder, etc.)
- Montage der äußeren Motorenteile

Insoweit gibt es keinerlei Einschränkungen in der Einsatzfähigkeit des Mitarbeiters im Vergleich zu anderen in der Werkstatt tätigen Schwergeräte-Mechanikern.

Diese Reparaturarbeiten an Motoren von Kraftfahrzeugen lassen nicht den Schluss zu, dass diese Tätigkeiten eine abgeschlossene Berufsausbildung zum Kraftfahrzeugmechaniker erforderten. Die Ausbildung zum Kraftfahrzeugmechaniker befähigt nicht nur zur Wartung und Reparatur von Motoren, gewiss ein wichtiges Tätigkeitsfeld dieses Berufs, sondern zu einer sehr viel breiteren Einsetzbarkeit im Kraftfahrzeughandwerk. Die Blätter zur Berufskunde Kraftfahrzeugmechaniker/Kraftfahrzeugmechanikerin (1-II A 402 6. Aufl. 1989, unter 1.1) führen insgesamt 40 zum Arbeitsgebiet von Kraftfahrzeugmechanikern gehörende Baugruppen/Systeme auf, von denen lediglich vier „Motoren und Kühlung" betreffen. Damit hat der Mitarbeiter nur auf einem eng begrenzten Teilgebiet des Berufs gearbeitet, auf dem die dort geforderten Tätigkeiten möglicherweise ohne die Qualifikation zum Kraftfahrzeugmechaniker ordnungsgemäß ausgeübt werden können.

(vgl. BAG 24.11.1999, 4 AZR 772/98, AP Nr. 11 zu § 51 TV AL II)

6

§

Entscheidungen zum TV-V

1. Fordert ein Mitarbeiter die Eingruppierung nach Entgeltgruppe 5, hat er vorzutragen, aus welchen konkreten Tätigkeiten sich die Wertigkeit der Tätigkeit nach Entgeltgruppe 5 ergibt. Allein der Verweis darauf, dass der Mitarbeiter beim Arbeitgeber gelernt und damit über eine abgeschlossene Ausbildung verfügt sowie nach seiner Ausbildung als kaufmännischer Sachbearbeiter in einem Info-Center eingesetzt ist, reicht nicht aus. Es fehlt an der Darstellung, dass es sich bei der übertragenen Tätigkeit um eine „entsprechende Tätigkeit" handelt.

   (vgl. ArbG Kaiserslautern – auswärtige Kammer Pirmasens 27.09.2006, 4 Ca 202/06)

2. Die Tätigkeit der Sekretärin/Assistentin des Betriebsrats erfüllt die Merkmale der Untergruppe 5.1 der EG 5. Die Tätigkeit umfasste im Wesentlichen das selbstständige Abwickeln aller Sekretariats- und Organisationsaufgaben wie Terminabsprachen im In- und Externen, selbstständige Pflege eines Büroorganisationssystems unter Beachtung der DSGVO, eigenständiges Vor- und Nachbereiten von Sitzungen, Führen und Erstellen von Protokollen, Vorbereiten von Versammlungen, Statistiken und Präsentationen, Öffentlichkeitsarbeit und Pflege des Internetauftritts, Reiseplanung, Seminarbuchungen und Reisekostenabrechnungen.

   Die Arbeitnehmerin hat mit der Ausbildung als Rechtsanwaltsfachangestellte eine abgeschlossene Berufsausbildung in einem anerkannten

Ausbildungs-beruf aufzuweisen; diese ist für die Stelle auch als Voraussetzung aufgeführt. Die Organisation der Betriebsratsarbeit stellt eine einer Rechtsanwaltsfachangestellten entsprechende Tätigkeit dar.

(LAG Nürnberg 14.02.2022, 1 TaBV 26/21, abrufbar unter: https://www.lag.bayern.de/nuernberg/entscheidungen/)

2. Besonders hochwertige Tätigkeiten

Erläuterung durch den Tarifvertrag

Besonders hochwertige Tätigkeiten erfordern hochwertiges fachliches Können sowie besondere Umsicht und Zuverlässigkeit.

(Klammersatz zu Entgeltgruppe 6 Fallgruppe 6.1 der Anlage 1 zu § 5 TV-V)

Auslegung durch die Rechtsprechung

Diese Tätigkeitsmerkmale sind den Regelungen zur Einreihung von Arbeitern entnommen (vgl. BAG 03.02.1988, 4 AZR 493/97, AP Nr. 4 zu § 22 MTB II SV 2a). Es fehlen aber nähere Begriffsbestimmungen, wie sie zum Teil die Vorgängertarifverträge noch aufwiesen.

Bei der Auslegung ist somit für beide Klammererläuterungen vorrangig auf den allgemeinen Sprachgebrauch zurückzugreifen:

- hochwertiges fachliches Können
- besondere Umsicht und Zuverlässigkeit

Das Adjektiv **hochwertig** steht für hohe Qualität aufweisend (vgl. Duden, S. 895). Unter fachlich versteht man ein bestimmtes Fach, Fachgebiet betreffend, dazu gehörend (vgl. Duden, S. 582). Als Können bezeichnet der allgemeine Sprachgebrauch ein erworbenes Vermögen bzw. auf einem bestimmten Gebiet mit Sachverstand etwas zu leisten (vgl. Duden, S. 1057).

Wichtig: Hochwertiges fachliches Können setzt im Vergleich zu den Anforderungen der Entgeltgruppe 5 Fallgruppe 5.1 voraus, dass der Arbeitnehmer ein qualitativ höheres Fachwissen und qualitativ höhere Fertigkeiten – aufbauend auf dem erforderlichen Berufsabschluss und dabei erworbenen Kenntnissen und Fertigkeiten – einsetzen muss (vgl. BAG 27.08.2008, 4 AZR 484/07, AP Nr. 210 zu § 1 TVG Auslegung).

Es handelt sich also um zusätzliche, erweiterte Fachkenntnisse, die durch Zusatzausbildungen oder langjährige Berufserfahrung in einem speziellen Bereich erworben werden (vgl. LAG M-V 19.01.2022, 5 TaBV 8/21, ZTR 2022, S. 233 ff.).

Umsichtig handelt, wer bedacht, überlegt alle Umstände bedenkend vorgeht. Es handelt sich um gesteigerte Anforderungen an das Überlegungsvermögen des Mitarbeiters, auch hier im Vergleich zum Durchschnitts-Arbeitnehmer mit entsprechend einschlägiger Ausbildung (vgl. BAG 03.02.1988, 4 AZR 493/87, AP Nr. 4 zu § 22 MTB II SV 2a; BAG 27.08.2008, 4 AZR 484/07, AP Nr. 210 zu § 1 TVG Auslegung).

Nach dem allgemeinen Sprachgebrauch bedeutet **zuverlässig** „so beschaffen, dass man sich auf ihn verlassen kann, vertrauenswürdig, verlässlich". Auf eine Tätigkeit bezogen bedeutet das, dass der Arbeitnehmer keiner besonderen Kontrolle bedarf, weil man sich auf ihn verlassen kann. Fordert man hingegen, dass die fachliche Aufsicht auf ein Mindestmaß beschränkt werden kann, sind diese Anforderungen zu hoch (vgl. BAG 03.02.1988, 4 AZR 493/97, AP Nr. 4 zu § 22 MTB II SV 2a).

§

Entscheidung zum TV-V

Die Tätigkeit der Sekretärin/Assistentin des Betriebsrats erfüllt nicht die Anforderungen an besonders hochwertige Tätigkeiten im Sinne der Entgeltgruppe 6 Fallgruppe 6.1:

Dabei geht die Beschwerdekammer davon aus, dass angesichts der Tätigkeit im Betriebsratsbüro mit der Funktion als „Erstansprechpartnerin für Betriebsrat und Belegschaft", die häufig auch mit vertraulichen Informationen und der Mitteilung sensibler persönlicher Daten verbunden sein kann, und mit der Verantwortung für die Bürokommunikation an der Notwendigkeit des Merkmals „besondere Umsicht und Zuverlässigkeit" nicht gezweifelt werden kann.

„Hochwertiges fachliches Können", das über das durch den anerkannten Ausbildungsberuf im kaufmännischen Bereich erworbene Können hinausgehen würde, ist für die Stelle und die dort zu verrichtenden Tätigkeiten nicht erforderlich. Sekretariats- und Organisationsaufgaben erfordern Geschick, ebenso wie der Aufbau und die Pflege eines Büroorganisationssystems, aber keine besonderen, über die normale kaufmännische Ausbildung hinausgehenden Fachkenntnisse. Dasselbe gilt für die wichtige Tätigkeit als „Erstansprechpartner für Betriebsrat und Belegschaft" sowie die Vor- und Nachbereitung von Sitzungen. Führen und Erstellen von Protokollen, Vorbereitung von Versammlungen und die Erstellung von Präsentationen stellen übliche Sekretariatsaufgaben dar. Kenntnisse sind hierbei ebenso wie bei der Pflege des Internetauftritts vor allem im EDV-Bereich nötig. Auch Reiseplanung, Seminarbuchung, Abrechnungserstellung sind typische Tätigkeiten von Bürokräften, die besondere Kenntnisse nicht erfordern. Dem entspricht, dass in den für die Stelle definierten Anforderungen „Expertenwissen" nur in MS Office und in „Ausdruck in Wort und Schrift" gefordert ist.

Soweit sich der Betriebsrat auf die Notwendigkeit der Kenntnis der DSGVO bezieht, kann die Beschwerdekammer dem nicht folgen. Zutreffend führt der Betriebsrat aus, dass der Betriebsrat die jeweiligen Bestimmungen zu beachten hat. Diese Pflicht trifft aber den Betriebsrat als Organ, der die datenschutzrechtlichen Verpflichtungen zu beachten und für seinen Zuständigkeitsbereich sicherzustellen hat. Diese Pflicht zu delegieren ist er nicht befugt. Seine Sekretärin ist keine Sachbearbeiterin für datenschutzrechtliche Belange, jedenfalls ist die vorliegende Stelle, wie aus der Stellenbeschreibung erkennbar, hierauf nicht angelegt. Selbstverständlich müssen alle mit personenbezogenen Daten befassten Angestellten entsprechende Datenschutzvorgaben beachten, so auch die Sekretärin des Betriebsrats. Diese müssen Vorgaben, die die Verantwortlichen – entweder der Arbeitgeber als Datenschutzverantwortlicher nach § 79a BetrVG oder der Betriebsrat als Verantwortlicher für die Nutzung der ihm bekannten und von ihm verarbeiteten Daten – machen und verantworten, umsetzen. Besondere Kenntnisse dieser Arbeitnehmer sind hierfür nicht erforderlich. Auch die Stellenbeschreibung enthält keine – insoweit ohnehin kaum zulässige – Übertragung der Verantwortung solcher datenschutzrechtlichen Vorgaben an die Sekretärin des Betriebsrats. Auch diesbezüglich sind nur Grundkenntnisse vorausgesetzt, kein Expertenwissen.

Soweit sich der Betriebsrat auf die Kenntnis betriebsverfassungsrechtlicher Bestimmungen bezieht, kann die Beschwerdekammer dies nicht nachvollziehen. Die Frage, wann welche Mitbestimmungsrechte bestehen, muss der Betriebsrat als Organ beantworten. Wann wer zur Sitzung einzuladen ist, unterfällt allein dem Verantwortungsbereich des Betriebsratsvorsitzenden. Dieser ist nicht befugt, dies zu delegieren. Wenn Schulungsanbieter Betriebsratssekretärinnen in Protokollführung schulen, mag dies für mit solchen Aufgaben befassten Personen hilfreich sein. Ein Erfordernis hierfür kann die Beschwerdekammer, gerade für eine Person mit vorhandener kaufmännischer Ausbildung, nicht erkennen.

(LAG Nürnberg 14.02.2022, 1 TaBV 26/21, abrufbar unter: https://www.lag.bayern.de/nuernberg/entscheidungen/)

3. Besonders vielseitige Tätigkeiten

Erläuterung durch den Tarifvertrag

Besonders vielseitige Tätigkeiten erfordern vielseitiges fachliches Können und breitere Einsetzbarkeit.

(Klammersatz zu Entgeltgruppe 6 Fallgruppe 6.1 der Anlage 1 zu § 5 TV-V)

Auslegung durch die Rechtsprechung

Bei der Erläuterung im Klammersatz „vielseitiges fachliches Können" handelt es sich um ein aus dem Arbeiterbereich entnommenes Tätigkeitsmerkmal (vgl. z. B. Lohngruppe 6 TV BZT-G/NRW zu § 20 BMT-G, zit. nach BAG 11.06.1997, 10 AZR 724/95, AP Nr. 6 zu § 20 BMT-G II). Demnach erfordert „vielseitiges fachliches Können" über die Erfordernisse beim Durchschnittshandwerker hinaus breitere fachliche Kenntnisse und Erfahrungen in dem jeweils maßgeblichen handwerklichen Beruf. Nicht notwendig sind jedoch Kenntnisse und

Erfahrungen außerhalb des eigenen handwerklichen Berufsbildes (vgl. BAG 07.04.1976, 4 AZR 158/75, AP Nr. 1 zu § 21 MTR).

Die aktuelle Rechtsprechung zu den vergleichbaren Arbeiterregelungen im TVöD stellt klar, dass Vielseitigkeit bedeutet, dass die fachlichen Kenntnisse und Erfahrungen in der Breite über die Ausbildungsinhalte hinausgehen. Es handelt sich also um erweiterte Fachkenntnisse, die durch Zusatzausbildungen oder langjährige Berufserfahrung erworben werden (vgl. LAG M-V 19.01.2022, 5 TaBV 8/21, ZTR 2022, 233 ff.).

Die breitere Einsetzbarkeit ergibt sich hingegen nicht unmittelbar aus den Vorgängertarifverträgen. Für ihre Auslegung ist entsprechend der Grundsätze gemäß Kapitel 1.3 auf den allgemeinen Sprachgebrauch zurückzugreifen.

Das Adjektiv „breit“ steht dabei für etwas von größerer Ausdehnung, ausführlich, weitschweifig (vgl. Duden, S. 356).

Unter einsetzbar ist „sich als Teil in etwas einsetzen lassend“ zu verstehen. Einsetzen bedeutet im Sinne von Aufgaben planmäßig bestimmte Aufgaben auszuführen (vgl. Duden, S. 506).

Wichtig: Einsetzbarkeit bedeutet demnach, dass der Mitarbeiter aufgrund seiner Kenntnisse und Erfahrungen in einem (umfänglich) größeren Arbeitsgebiet eingesetzt werden kann als es die reguläre Ausbildungsbreite ermöglicht.

§

Entscheidung zum TV-V

Fortführung des Falls Sekretärin des Betriebsrats

Die Beschwerdekammer kann auch „besonders vielseitige“ Tätigkeiten nicht erkennen. Abwicklung der Sekretariats- und Organisationsaufgaben im Büro, Vor- und Nachbereitung von Sitzungen, Protokollführung, Vorbereitung von Versammlungen, Präsentationserstellung, Pflege des Internetauftritts, Reiseplanung und -abrechnungen sind alles typische Sekretariatstätigkeiten, die weder für sich noch insgesamt als vielseitig angesehen werden können. Was dazu kommt, ist die Übernahme als „Erstansprechpartner“. Diese Tätigkeit hat mit „vielseitigem fachlichen Können“, wie im Klammerzusatz zur Entgeltgruppe 6.1 als Voraussetzung zur Erfüllung des Merkmals „besonders vielseitige Tätigkeiten“ ausdrücklich gefordert, jedoch nichts zu tun.

(LAG Nürnberg 14.02.2022, 1 TaBV 26/21, abrufbar unter: https://www.lag.bayern.de/nuernberg/entscheidungen/)

4. Besondere Spezialkenntnisse

Die besonderen Spezialkenntnisse im Sinne der Entgeltgruppe 7 Fallgruppe 7.1 werden durch die Tarifvertragsparteien nicht definiert, so dass auf den allgemeinen Sprachgebrauch abzustellen ist.

Das Adjektiv „besondere" umschreibt etwas Außergewöhnliches, nicht Alltägliches; etwas über das Normale, das Übliche weit Hinausgehendes, Hervorragendes (vgl. Duden, S. 305).

Spezial steht im allgemeinen Sprachgebrauch veraltet für speziell. Spezielle Kenntnisse liegen nach dem allgemeinen Sprachgebrauch vor, wenn die Kenntnisse im Sinne des Adjektivs „speziell" von besonderer, eigener Art sind bzw. in besonderem Maße auf einen bestimmten konkreten Zusammenhang o. Ä. ausgerichtet, bezogen, das heißt nicht allgemein sind (vgl. Duden, S. 1686 f.).

Somit ist ein besonderes Arbeitsgebiet abzudecken, das nicht bereits Gegenstand der grundständigen Ausbildung (hier die einschlägige Berufsausbildung) war. Die bloße Einarbeitung in die konkrete berufliche Tätigkeit stellt ebensowenig Spezialkenntnisse dar, wie die Aktualisierung der beruflichen Kenntnisse und Fähigkeiten bzw. eine berufliche Weiterbildung im Hinblick auf veränderte technische Entwicklungen. Für den Vergleich sind dementsprechend die aktuellen Ausbildungsinhalte maßgeblich (vgl. BAG zum vergleichbaren Begriff der Spezialausbildung BAG 20.05.2009, 4 AZR 184/08 m. w. N., AP Nr. 12 zu § 1 TVG Tarifverträge: Arbeiterwohlfahrt; ZTR 2009, S. 636 ff.; BAG 31.07.2002, 4 AZR 146/01, ZTR 2003, S. 182 ff.).

6

Praxis-Tipp:

Die Tätigkeiten erfordern Kenntnisse, die erheblich über das im Rahmen der einschlägigen Berufsausbildung vermittelte Wissen hinausgehen, was auch durch die Beispielstätigkeiten deutlich wird.

Beispiele der Entgeltgruppe 7:

7.4.1 Handwerks- und Industriemeister mit fachlicher Aufsicht über Handwerker oder Facharbeiter

7.4.2 Handwerks- und Industriemeister, die die Voraussetzungen der Ausbildereignungs-Verordnung erfüllen und in der Berufsausbildung entsprechend tätig sind

7.4.3 Komplizierte Instandhaltungs-, Reparatur- und Überholungsarbeiten an Hochspannungs- und Hochleistungsschaltgeräten oder leittechnischen Anlagen von mindestens 110 kV

7.4.4 Versorgungstechnische, vertragsrechtliche und energiewirtschaftliche Kundenberatung, An- und Abfahren aller Kraftwerksanlagen und Eingreifen bei Störungen als Kraftwerker mit Kraftwerkerprüfung

Vor allem aus den Beispielen 7.4.1, 7.4.2 und 7.4.4 wird deutlich, dass es sich um Kenntnisse auf entsprechenden Fortbildungsniveaus handeln muss.

Wichtig: Die rechtliche Prüfung, ob die zugewiesene Tätigkeit „Spezialkenntnisse" erfordert, setzt also eine Gegenüberstellung der „normalen", durch die berufliche Ausbildung und Erfahrung erworbenen Kenntnisse einerseits und „speziellen" Fachkenntnissen voraus (vgl. LAG Hamm 31.05.2012, 8 Sa 1908/11, zit. nach WKRS 2012, 26982).

6

§

Entscheidungen zum TV-V

1. Kundendiensttechniker

Der Kläger war als Kundendiensttechniker im Organisationsbereich Betriebsmanagement der städtischen Energie- und Wasserversorgungsgesellschaft beschäftigt. Ausweislich des Organigramms sind im Organisationsbereich VCSB Betriebsmanagement ein Meister als Leiter, zwei Techniker und einschließlich des Klägers 12 Kundendiensttechniker tätig. Die Beklagte unterhält u. a. versorgungs- und energietechnische Anlagen in Krankenhäusern, Senioren- und Pflegeheimen, Veranstaltungszentren, Büro- und Geschäftshäusern, öffentlichen Gebäuden und im Dortmunder Flughafen. Zum Aufgabenbereich des Klägers waren in der Stellenbeschreibung folgende Informationen enthalten:

Ziel:

„Durch Wartung, Instandhaltung und Entstörung die dem Fachbereich VC zugeordneten Anlagen ... unter Berücksichtigung ihrer Kosten-Nutzen-Relation so zu erhalten, dass die Versorgungssicherheit jederzeit gewährleistet ist".

Aufgaben im Einzelnen:

1.1.1 Wartungsarbeiten (30 %)

- Wartung und Instandhaltung von Erdgas- und Ölfeuerungsanlagen
- Wartung und Instandhaltung von Fernwärmeübergabestationen
- Wartung und Instandhaltung von Lüftungsanlagen
- Wartung und Instandhaltung von Warmwasserspeichern
- Wartung und Instandhaltung von Tafelwasseranlagen
- Wartung und Instandhaltung von anderen haustechnischen Anlagen

1.1.2 Störungsbeseitigung (50 %)

- Störungsbeseitigung an Erdgas- und Ölfeuerungsanlagen
- Störungsbeseitigung an Fernwärmeübergabestationen
- Störungsbeseitigung an Lüftungsanlagen
- Störungsbeseitigung an Warmwasserspeichern
- Störungsbeseitigung an Tafelwasseranlagen
- Störungsbeseitigung an anderen haustechnischen Anlagen

1.1.3 MSR-Arbeiten (10 %)

- Parametrierung von witterungsgeführten Reglern unter Berücksichtigung bauphysikalischer, bauökologischer und wirtschaftlicher Aspekte
- Einweisung der Kunden in die Bedienung der Anlagen

1.1.4 Sonstiges (10 %)

- Überprüfung von Wärmemengenzählern
- Turnuswechsel von Wärmemengenzählern
- Ablesen von Zählern und Tarifgeräten nach Vorgabe VPAA/DNF
- Teilnahme an der Rufbereitschaft VCSB

Ablehnung der besonderen Spezialkenntnisse durch das LAG Hamm:

Allein der Umstand, dass die vom Arbeitnehmer zu wartenden und zu entstörenden Anlagen unterschiedlich konzipiert sind und aus diesem Grunde jeweils unterschiedliche Fachkenntnisse erfordern, belegt allein das Erfordernis der vielseitigen Fachkenntnisse, ohne dass hiermit zugleich „besondere Spezialkenntnisse" einhergehen, welche außerhalb der üblichen Aufgaben eines einschlägig ausgebildeten und praxisgeschulten Arbeitnehmers liegen.

(vgl. LAG Hamm 31.05.2012, 8 Sa 1908/11, zit. nach WKRS 2012, 26982)

2. Schaltwart Verbundleitwarte im 1-Mann-Schichtbetrieb

Der Kläger überwacht die Versorgung eines Teils der Einwohner der Stadt X. (ca. 19.600 Stromkunden, ca. 3.900 Gaskunden und ca. 570 Fernwärmekunden, ca. 4.700 Trinkwasserkunden). Das Heizwerk Y, in dem sich auch die Verbundleitwarte befindet, hat zwei Heißwasserkessel mit je 19,6 MW, das Heizhaus E-straße einen Heißwasserkessel mit 19,1 MW und einen mit 3,5 MW. Es gibt ein Lastenmanagement für die Bereiche Strom, Gas, Fernwärme und Wasser. Der Kläger nimmt Störmeldungen aus dem Versorgungsgebiet und für die Bereiche Strom, Gas, Fernwärme und Trinkwasser an und informiert die zuständigen Stellen.

Die Kammer geht davon aus, dass es sich dabei um besondere Spezialkenntnisse nach Entgeltgruppe 7.1 handelt. Die Grundausbildung Schaltberechtigung bis 30 kV für kleine Industrienetze dauert mindestens zwei Tage. Zum Beispiel bei der BSD Bildungs- und Servicezentrum GmbH (https://www.bsd-dresden.de/). Die darüber hinaus erforderliche Ausbildung zum Kesselwärter setzt üblicherweise eine vorausgegangene metall- oder elektrotechnische Aus- oder Weiterbildung voraus. Diese hat der Kläger als Energieelektroniker.

(ArbG Dresden 21.02.2014, 3 Ca 792/13)

5. Maß der Verantwortung

Die Entgeltgruppe 8 Fallgruppe 8.1 fordert eine erhebliche Heraushebung aus der Entgeltgruppe 7 Fallgruppe 7.1 durch das Maß der Verantwortung. Für die Auslegung und Anwendung dieses Tätigkeitsmerkmals sind demnach zwei Aspekte zu beachten:

- Die Tätigkeiten müssen sich **erheblich** aus der Entgeltgruppe 7 Fallgruppe 7.1 **herausheben**.
- Die Art der Heraushebung bezieht sich auf das bereits aus dem BAT bekannte Tätigkeitsmerkmal Maß der Verantwortung.

„Erheblich herausheben" bedeutet nach der ständigen Rechtsprechung des BAG, dass eine beträchtliche, gewichtige Heraushebung und damit besonders weitreichende hohe Verantwortung zu fordern ist (vgl. BAG 07.05.2008, 4 AZR 303/07, AP Nr. 37 zu §§ 22, 23 BAT-O).

Sofern ein solches Heraushebungsmerkmal vorliegt, ist ein wertender Vergleich mit den nicht herausgehobenen Tätigkeiten erforderlich (vgl. BAG 07.05.2008, 4 AZR 303/07, AP Nr. 37 zu §§ 22, 23 BAT-O; BAG 26.01.2005, 4 AZR 6/04, AP Nr. 302 zu §§ 22, 23 BAT 1975 m. w. N.). Das ist nach strenger Auslegung dieses Urteils zunächst die Entgeltgruppe 7 Fallgruppe 7.1. Da diese aber inhaltlich auf die Entgeltgruppe 6 Fallgruppe 6.1 und Entgeltgruppe 5 Fallgruppe 5.1 aufbaut, muss vor einer Prüfung der Anforderungen der Entgeltgruppe 8 Fallgruppe 8.1 diese abgestufte Prüfung erfolgen:

Reihenfolge der Prüfung für das Tätigkeitsmerkmal der Entgeltgruppe 8 Fallgruppe 8.1

1. Prüfung und Begründung der Anforderungen der Entgeltgruppe 5 Fallgruppe 5.1
2. Prüfung und Begründung der Anforderungen der Entgeltgruppe 6 Fallgruppe 6.1
3. Prüfung und Begründung der Anforderungen der Entgeltgruppe 7 Fallgruppe 7.1
4. Prüfung und Begründung der Anforderungen der Entgeltgruppe 8 Fallgruppe 8.1

(in Anlehnung an BAG 15.02.2006, 4 AZR 634/04, AP Nr. 3 zu §§ 22, 23 BAT Rückgruppierung; BAG 07.05.2008, 4 AZR 303/07, AP Nr. 37 zu §§ 22, 23 BAT-O)

Diese abgestufte Prüfung wird erforderlich, da die Entgeltgruppe 6 Fallgruppe 6.1, die Entgeltgruppe 7 Fallgruppe 7.1 und die Entgeltgruppe 8 Fallgruppe 8.1 in ihren Tätigkeitsmerkmalen durch die Formulierung aufeinander aufbauen:

Arbeitnehmer der Entgeltgruppe 5.1, die ... (Entgeltgruppe 6 Fallgruppe 6.1)

Arbeitnehmer der Entgeltgruppe 6.1, die ... (Entgeltgruppe 7 Fallgruppe 7.1)

Arbeitnehmer der Entgeltgruppe 7.1, die ... (Entgeltgruppe 8 Fallgruppe 8.1)

Das zu prüfende Tätigkeitsmerkmal „Maß der Verantwortung" kennt auch der BAT bzw. TVöD in dieser Form, allerdings erstmals in Vergütungsgruppe III BAT bzw. Entgeltgruppe 12/13 (für Ingenieure) TVöD und dann wieder in Vergütungsgruppe Ia BAT bzw. Entgeltgruppe 15 TVöD. Das sind im TV-V die Entgeltgruppe 10 und Entgeltgruppe 14. Bei seiner Rechtsprechung geht das BAG zunächst vom Begriff der „Normalverantwortung" aus, die es wie folgt näher bestimmt:

BAG 21.01.2015

Verpflichtung des Angestellten, dafür einstehen zu müssen, dass in dem ihm übertragenen Dienst- oder Arbeitsbereich die dort auch von anderen Bediensteten erledigten Aufgaben sachgerecht, pünktlich und vorschriftsmäßig ausgeführt werden.

(BAG 21.01.2015, 4 AZR 253/13, AP Nr. 44 zu §§ 22, 23 BAT-O m. w. N. auf die ständige Rechtsprechung des BAG)

6

Ähnlich wie für die Arbeitnehmer mit abgeschlossener Dipl.-FH- bzw. wissenschaftlicher Hochschulbildung, ist also auch hier eine Spitzenstellung im Vergleich zu anderen Stellen unterhalb der einschlägigen Tätigkeiten von Arbeitnehmern mit abgeschlossener Dipl.-FH-/Bachelorausbildung bzw. Dipl.-FH-/Bachelor-Niveau im Sinne der Entgeltgruppe 9 zu fordern. Da sich die Entgeltgruppe 8 aber insgesamt in der unteren Hälfte der Entgeltordnung befindet, sind die Maßstäbe entsprechend zu relativieren.

Wichtig: Dabei können die Beispielstätigkeiten gute Anhaltspunkte liefern. Zum einen umfassen sie die in Versorgungsbetrieben klassische Grenzposition zwischen unterer und mittlerer Führungsebene (Beispielstätigkeit 8.4.1), zum anderen geben sie für den sachbearbeitenden Bereich durch die Beispielstätigkeiten 8.4.2 bis 8.4.4 einen überprüfbaren Maßstab an die Hand.

Entscheidung zum TV-V

Der Mitarbeiter arbeitet als Schaltwart/Mitarbeiter Verbundleitwarte im 1-Mann-Schichtbetrieb. Die Anforderungen der Entgeltgruppen 6.1 und 7.1 sind erfüllt. Nicht ersichtlich ist, dass sich die Tätigkeit durch das Maß der Verantwortung erheblich aus Entgeltgruppe 7.1 heraushebt. Als Tätigkeitsbeispiel kann Entgeltgruppe 8.4.2 zum Vergleich herangezogen werden. Dort wird als erhebliche Verantwortung das An- und Abfahren von Kraftwerksblöcken mit einer Leistung von mehr als 100 MW und das Eingreifen bei Störungen der Kraftwerke mit Kraftwerksprüfung genannt. Davon ausgehend ist die Verantwortung des Mitarbeiters gegenüber Entgeltgruppe 7.1 nicht erheblich höher, denn er überwacht nur zwei kleine Heizkraftwerke mit bis zu 30 kV. Auch arbeitet er nicht als Kraftwerker.

(vgl. ArbG Dresden 21.02.2014, 3 Ca 792/13)

Die Auslegung der Oberbegriffe der EG 5 bis 9: Alternative zur abgeschlossenen Berufsausbildung

1. Überblick über die alternativen Oberbegriffe

Die alternativen Oberbegriffe der Entgeltgruppen 5 bis 9		
EG	**FG**	**Tätigkeitsmerkmale**
5	5.2	▪ gründliche und vielseitige Fachkenntnisse
6	6.2	▪ gründliche und vielseitige Fachkenntnisse ▪ selbstständige Leistungen zu 1/5
7	7.2	▪ gründliche und vielseitige Fachkenntnisse ▪ selbstständige Leistungen
8	8.2	▪ gründliche, umfassende Fachkenntnisse ▪ selbstständige Leistungen
9	9.1	▪ *Erhebliches Herausheben* aus 8.2 durch besonders verantwortungsvolle Tätigkeiten

2. Gründliche und vielseitige Fachkenntnisse

Erläuterung durch den Tarifvertrag

§ Gründliche und vielseitige Fachkenntnisse erfordern gegenüber den gründlichen Fachkenntnissen eine Erweiterung dem Umfang nach.

(Klammersatz zu Entgeltgruppe 5 Fallgruppe 5.2 der Anlage 1 zu § 5 TV-V)

Auslegung durch die Rechtsprechung

An dieser Stelle hat der TV-V die Grundregeln der BAT-Rechtsprechung zum Tätigkeitsmerkmal der gründlichen und vielseitigen Fachkenntnisse übernommen. Die Erweiterung der gründlichen Fachkenntnisse dem Umfang nach bedeutet konkret: Die Fachkenntnisse müssen im Hinblick auf ihre Mannigfaltigkeit und Unterschiedlichkeit hin gesteigert sein (vgl. LAG Rheinland-Pfalz 21.06.2001, 4 Sa 1612/00, zit. nach Reidelbach/Wieland/Fattler, G 523).

Die Umfangssteigerung kann sich dabei grundsätzlich auf zwei Wegen ergeben:

Entweder

1. aufgrund der Menge der anzuwendenden Vorschriften und Bestimmungen

oder

2. aufgrund der Verschiedenartigkeit der sich aus einem Fachgebiet stellenden Anforderungen.

(vgl. BAG 16.10.2019, 4 AZR 284/18, AP Nr. 341 zu §§ 22, 23 BAT 1975; BAG 21.03.2012, 4 AZR 266/10, AP Nr. 317 zu §§ 22, 23 BAT 1975 m. w. N. auf die ständige Rechtsprechung des BAG)

Beim zweiten Weg kann die Vielseitigkeit auch dann gegeben sein, wenn das Arbeitsfeld des Mitarbeiters nur auf ein einzelnes, abgegrenztes Teilgebiet beschränkt ist. Dabei darf es sich jedoch nicht nur um ein eng abgegrenztes Teilgebiet mit etwa nur routinemäßiger Bearbeitung handeln (vgl. BAG 21.03.2012, 4 AZR 266/10, AP Nr. 317 zu §§ 22, 23 BAT 1975 und BAG 16.10.2019, 4 AZR 284/18, AP Nr. 341 zu §§ 22, 23 BAT 1975 m. w. N. auf die ständige Rechtsprechung des BAG). Routinemäßige Bearbeitung im Sinne des allgemeinen Sprachgebrauchs bedeutet, „in derselben Art regelmäßig wiederkehrend" (Duden, S. 1511).

Auch bloßes Erfahrungswissen, das heißt aufgrund beruflicher Erfahrung gewonnenes Wissen, kann gründliche und vielseitige Fachkenntnisse begründen (vgl. BAG 18.07.1990, 4 AZR 25/90, AP Nr. 151 zu §§ 22, 23 BAT 1975; BAG 16.04.1997, 4 AZR 350/96).

Auf die Art der Kenntnisse und darauf, wie der Arbeitnehmer sie erworben hat, kommt es nicht an (vgl. BAG 21.03.2012, 4 AZR 266/10, AP Nr. 317 zu §§ 22, 23 BAT 1975).

Mehr Anhaltspunkte gibt die Rechtsprechung zu diesem BAT-Tätigkeitsmerkmal nicht, was in der Praxis häufig zu Unsicherheiten führt.

Das ist im TV-V anders. Durch die Regelung der Vorbemerkung Nr. 2 der Anlage 1 zu § 5 TV-V

> Sind in einer Entgeltgruppe mehrere Oberbegriffe vorhanden, stehen diese gleichwertig nebeneinander

i. V. m. Entgeltgruppe 5 Fallgruppe 5.1

> ... abgeschlossene Ausbildung in einem anerkannten Ausbildungsberuf und entsprechende Tätigkeiten

gibt der TV-V selbst einen Bewertungsmaßstab vor: Die gründlichen und vielseitigen Fachkenntnisse sind gleichwertig mit Kenntnissen und Fertigkeiten, wie sie im Rahmen einer Berufsausbildung vermittelt werden.

Ähnliches hat auch das BAG – wenn auch nur am Rande – als mögliches Prüfkriterium herangezogen (vgl. BAG 19.02.2003, 4 AZR 158/02, ZTR 2003, S. 511 m. w. N. und LAG Köln 24.06.2021, 6 Sa 975/20, zit. nach WKRS 2021, 37070).

Im TV-V kann die Erfüllung des Tätigkeitsmerkmals der gründlichen und vielseitigen Fachkenntnisse somit auf zwei Ebenen geprüft werden:

Prüfkriterien für gründliche und vielseitige Fachkenntnisse
1. Rechtsprechung des BAG
2. Berufsbilder der Ausbildungsberufe (vgl. nähere Ausführungen unter Kapitel 3.4)

Beispiele zum Vorliegen gründlicher und vielseitiger Fachkenntnisse:

§

Entscheidung zum TV-V

Die Tätigkeit der Sekretärin/Assistentin des Betriebsrats umfasste im Wesentlichen das selbstständige Abwickeln aller Sekretariats- und Organisationsaufgaben wie Terminabsprachen mit In- und Externen, selbstständige Pflege eines Büroorganisationssystems unter Beachtung der DSGVO, eigenständiges Vor- und Nachbereiten von Sitzungen, Führen und Erstellen von Protokollen, Vorbereiten von Versammlungen, Statistiken und Präsentationen, Öffentlichkeitsarbeit und Pflege des Internetauftritts, Reiseplanung, Seminarbuchungen und Reisekostenabrechnungen.

Zur Frage des Vorliegens gründlicher Fachkenntnisse führte das LAG Nürnberg aus: Gleichzeitig (neben der Erfüllung der Anforderungen der Entgeltgruppe 5 Fallgruppe 5.1; siehe Ausführungen dazu auch auf Seite 138 ff.) benötigt die Inhaberin der Stelle für ihre Tätigkeit gründliche Fachkenntnisse – nach dem Klammerzusatz zu EG 4.1 „nähere Kenntnisse von Gesetzen, Tarifbestimmungen usw.“. Es kann offenbleiben, ob diese gründlichen Fachkenntnisse aufgrund des Umfangs der Tätigkeit, die insbesondere auch den Aufbau eines Bürokommunikationssystems unter Beachtung der DSGVO, Öffentlichkeitsarbeit und Pflege des Internetauftritts, Vorbereitung von Versammlungen, Statistiken und Präsentationen sowie Reiseplanung, Seminarbuchungen und Reisekostenabrechnungen umfasst, auch „vielseitig“ (eine „Erweiterung dem Umfang nach“ gemäß Klammerzusatz zu EG 5.2) sein müssen. **Die Beschwerdekammer hat hieran erhebliche Zweifel.** Letztlich kommt es hierauf jedoch nicht an.

(LAG Nürnberg 14.02.2022, 1 TaBV 26/21, abrufbar unter: https://www.lag.bayern.de/nuernberg/entscheidungen/; *Hervorhebung durch die Verfasser*)

Bei einem **Mitarbeiter im Bereich Materialwirtschaft**, der für die Abwicklung des Verwertungsprozesses durch Weiterverkauf von gebrauchtem Inventar, Anlagen und Schrott zuständig ist, liegen gründliche und vielseitige Fachkenntnisse vor. Die gründlichen Fachkenntnisse ergeben sich aus den für die Tätigkeit erforderlichen Kenntnisse auf dem Gebiet des Kauf- und Handelsrechts, wie sie im Rahmen einer kaufmännischen Ausbildung vermittelt werden. Die vielseitigen Fachkenntnisse ergeben sich aus den für die Tätigkeit erforderlichen Kenntnisse auf dem Gebiet des Gesetzes zur Förderung der Kreislaufwirtschaft, aus den Kenntnissen der internen und für seinen Aufgabenbereich bestimmten Richtlinien, aus den Werkstoffkenntnissen und aus den Englischkenntnissen (Niveau B1 = 4 Schuljahre).

(vgl. LAG Köln 24.06.2021, 6 Sa 975/20, zit. nach WKRS 2021, 37070)

§

Entscheidung zum TV-V

Kundendiensttechniker

Fortführung des Beispiels auf Seite 152 f.

Vergleicht man die vom Kläger zu erledigenden Aufgaben, so sind diese, soweit es die Frage der Fachkenntnisse betrifft, zwar durch die Besonderheit gekennzeichnet, dass der Kläger Wartungs- und Störungsbeseitigungsaufgaben nicht nur für ein Gewerk, sondern übergreifend für mehrere Gewerke zu erledigen hat, welche jeweils durch eigenständige technische Besonderheiten gekennzeichnet sind. Dies betrifft indessen allein den Gesichtspunkt der Vielseitigkeit. Allein der Umstand, dass die vom Kläger zu wartenden und zu entstörenden Anlagen unterschiedlich konzipiert sind und aus diesem Grunde jeweils unterschiedliche Fachkenntnisse erfordern, belegt also allein das Erfordernis der vielseitigen Fachkenntnisse, ohne dass hiermit zugleich „besondere Spezialkenntnisse“ im Sinne der Entgeltgruppe 7 bzw. gründliche, umfassende Fachkenntnisse im Sinne der Entgeltgruppe 8 einhergehen.

(vgl. LAG Hamm 31.05.2012, 8 Sa 1908/11, zit. nach WKRS 2012, 26982)

Die Arbeitsvorgänge eines **Kraftfahrzeug- und Geräteverwalters einer Polizeiwache** erfordern jeweils gründliche und vielseitige Fachkenntnisse:

1. Arbeitsvorgang: „Überwachen, Herstellen und Erhalten der Einsatzfähigkeit der Dienstfahrzeuge“ (65% der Gesamtarbeitszeit)

   Für die Arbeit an den Dienstfahrzeugen und das Erkennen dortiger Mängel benötigt der Mitarbeiter nicht lediglich oberflächliche Fachkenntnisse im Bereich der KFZ-Technik, der KFZ-Elektronik, der Funktechnik und ein entsprechendes Erfahrungswissen. Um die begleitenden Verwaltungs- und Organisationsmaßnahmen erledigen zu können, sind darüber hinaus Kenntnisse der Garantiebedingungen, der TÜV- und Wartungsintervalle, der Polizeiorganisation, EDV- und Datenverarbeitungskenntnisse sowie Kenntnisse der in der Dienststelle vorgehaltenen polizeilichen Anwendungsprogramme erforderlich, womit die erforderliche Breite des Wissens trotz des beschränkten Aufgabenfeldes erreicht ist.

2. Arbeitungsvorgang: „Verwaltung der Führungs- und Einsatzmittel der Polizeiwache“ (35% der Gesamtarbeitszeit)

   Für die Tätigkeit in der Verwaltung der Einsatz- und Führungsmittel benötigt der Mitarbeiter grundlegende Kenntnisse in technischer Hinsicht bezogen auf eine Vielzahl unterschiedlicher technischer Geräte, welches fortlaufend aktualisiert werden muss. Erforderlich sind ferner ergänzende Kenntnisse in den Bereichen der EDV, der Polizeiorganisation, der Art und Weise polizeilicher Aufgabenbewältigung sowie von Hygiene- und Arbeitsschutzbestimmungen, womit, neben der Tiefe, auch die geforderte Breite des Fachwissens erreicht wird.

(vgl. LAG Hamm 07.07.2016, 8 Sa 47/16; zit. nach WKRS 2016, 29996)

Die Tätigkeiten als **Disponent Straßenreinigung**, der als einheitliches Arbeitsergebnis für die sach- und fachgerechte tagesbezogene Organisation der Straßenreinigung zuständig ist, erfordert gründliche und vielseitige Fachkenntnisse im Hinblick auf die unstreitig erforderlichen PC-Kenntnisse und weiterer Kenntnisse insbesondere der Straßenreinigungssatzung, einzelner Dienstanweisungen, der Unfallverhütungsvorschriften, der Lärmschutzverordnung, der Straßenverkehrsordnung sowie gesetzlicher und tariflicher Regelungen (hinsichtlich Urlaub und Arbeitszeit/Freizeitausgleich: §§ 6 ff. und 26 TVöD; ArbZG und BUrlG). Außerdem benötigt er gewisse Kenntnisse der Flächenberechnung sowie einige zeichnerische Kenntnisse, um Planskizzen 7 erstellen und das jeweilige Auftragsaufmaß nehmen zu können.

(vgl. LAG Rheinland-Pfalz 18.11.2008, 3 Sa 203/08, zit. nach WKRS 2008, 31378)

3. Gründliche, umfassende Fachkenntnisse

Erläuterung durch den Tarifvertrag

Gründliche, umfassende Fachkenntnisse bedeuten ggü. gründlichen und vielseitigen Fachkenntnissen eine Steigerung der Tiefe und Breite nach.

(Klammersatz zu Entgeltgruppe 8 Fallgruppe 8.2 der Anlage 1 zu § 5 TV-V)

Damit entspricht die Regelung der des BAT (vgl. dort Klammerzusatz zu Vergütungsgruppe Vb Fallgruppe 1a BAT-B/L) bzw. dem TVöD (vgl. dort Klammersatz zur Entgeltgruppe 9b Fallgruppe 2 TVöD-VKA).

Auslegung durch die Rechtsprechung

Folglich kann zunächst grundsätzlich auf die entsprechende Rechtsprechung zum Tätigkeitsmerkmal der gründlichen, umfassenden Fachkenntnisse zurückgegriffen werden:

Der Begriff der Gründlichkeit im Sinne der gründlichen, umfassenden Fachkenntnisse ist, obwohl wortgleich, nicht identisch mit dem der Gründlichkeit im Sinne der gründlichen und vielseitigen Fachkenntnisse. Die Vertiefung der Fachkenntnisse muss sich somit deutlich voneinander abheben. Denn nunmehr wird nach dem erläuternden Klammerzusatz ausdrücklich eine Steigerung nicht nur der Breite (gleich Umfang) wie bei den vielseitigen Fachkenntnissen, sondern auch nach der Tiefe der einzusetzenden Fachkenntnisse gefordert. Die Begriffe „gründlich" und „umfassend" sind somit nicht getrennt zu beurteilen. Vielmehr ist dieses Tätigkeitsmerkmal den „gründlichen und vielseitigen Fachkenntnissen" zusammenfassend gegenüberzustellen und einheitlich zu bewerten. Nur wenn unter dieser Bedingung eine entsprechende Steigerung nach Tiefe (Qualität) und Breite (Quantität) des erforderlichen Wissens gegenüber dem Tätigkeitsmerkmal „gründliche und vielseitige Fachkenntnisse" festgestellt werden kann, ist das Tätigkeitsmerkmal der „gründlichen, umfassenden Fachkenntnisse" erfüllt (vgl. BAG 05.07.2017, 4 AZR 866/15, AP Nr. 338 zu §§ 22, 23 BAT 1975 m. w. N.).

Gründliche und vielseitige Fachkenntnisse sind gegeben, wenn Grundtatbestände und deren Zusammenhänge in einem thematisch eng begrenzten bzw. klar vorbestimmten Bereich zu kennen sind. Es handelt sich um Fachwissen, das unmittelbar zur Aufgabenlösung eingesetzt/angewendet werden kann. Gründliche, umfassende Fachkenntnisse sind hingegen geprägt vom Erkennen fachlicher (rechtlicher) Zusammenhänge. Es liegt kein unmittelbar anwendbares Fachwissen vor. Vielmehr muss der Mitarbeiter zunächst den Stand der Fachdisziplin (Fachliteratur bzw. Rechtsprechung) fallspezifisch analysieren und bewerten, um seine Aufgaben lösen zu können. Mit gründlichen, umfassenden Fachkenntnissen ist damit vor allem eine stärker analysierende Tätigkeit erfasst, um Zweifelsfälle lösen zu können (in Anlehnung an BAG 05.07.2017, 4 AZR 866/15, AP Nr. 338 zu §§ 22, 23 BAT 1975).

Umfassende Fachkenntnisse im oben genannten Sinne werden danach für einen Aufgabenkreis jedenfalls dann nicht benötigt, wenn dieser im Verhältnis zu dem Gesamtgebiet oder den Gebieten der beschäftigenden Verwaltung nur einen relativ geringen Ausschnitt darstellt (vgl. BAG 10.12.1997, 4 AZR 221/96, AP Nr. 237 zu §§ 22, 23 BAT 1975 m. w. N.).

Beispiel aus der Rechtsprechung

Fortführung des Beispiels auf Seite 160 f:

Bei einem Mitarbeiter im Bereich Materialwirtschaft, der für die Abwicklung des Verwertungsprozesses durch Weiterverkauf von gebrauchtem Inventar, Anlagen und Schrott zuständig ist, liegen keine gründlichen, umfassenden Fachkenntnisse vor: Zunächst hat der Mitarbeiter nicht den dazu notwendigen abgrenzenden Vergleich zwischen gründlich und vielseitig vorgenommen, zum anderen ist aber der Aufgabenkreis des Mitarbeiters zu eng, um für ihn gründliche, umfassende Fachkenntnisse als notwendig zu erachten.

Aus dem Vortrag des Mitarbeiters ist nicht erkennbar, warum dies alles nicht mit den Kenntnissen eines Kaufmannes zu bewerkstelligen sein soll, also mit gründlichen und vielseitigen Fachkenntnissen, und warum es dafür eines Studiums bedürfte oder eben umfassender Fachkenntnisse. Zu den Tätigkeiten und Fähigkeiten eines Kaufmannes gehört es auch, ungewöhnliche und ungewöhnlich teure Gegenstände zu verkaufen oder zu verwerten. Die Themen „Supercomputer, einzigartige Gerätschaften und Waffen“ führen die Tätigkeit des Mitarbeiters mithin ebenfalls nicht über die EG 9a (im TV-V Entgeltgruppe 7) hinaus. In welchem Zusammenhang die Tätigkeit des Mitarbeiters (nicht von der Anwendung, sondern) von der Auslegung der nationalen Gesetze oder gar der europäischen Regelungen geprägt sei, hat der Mitarbeiter gleichfalls nicht vertieft. Die Ausübung eines durch eine Rechtsnorm eröffneten Ermessens kann damit jedenfalls nicht gemeint sein, denn das wäre nur die Anwendung der Norm. Am Ende verbleiben die bisher nicht genannten Anwenderkenntnisse des für die Tätigkeit des Mitarbeiters relevanten SAP-Moduls. Diese Anwenderkenntnisse sind gerade nicht Programmierungskenntnisse. Sie beziehen sich auf ein Modul und gerade nicht auf das gesamte System. Sie erfordern daher gründliche und vielseitige Fachkenntnisse und keine gründlichen, umfassenden Fachkenntnisse.

(vgl. LAG Köln 24.06.2021, 6 Sa 975/20, zit. nach WKRS 2021, 37070)

Für die Auslegung dieses fachkompetenzbezogenen Tätigkeitsmerkmals im TV-V bedeutet dies: Die gründlichen, umfassenden Fachkenntnisse im Sinne der Entgeltgruppe 8 Fallgruppe 8.2 liegen in ihrer Wertigkeit zwischen den Anforderungen der Entgeltgruppe 5 und der Entgeltgruppe 9:

Die Entgeltgruppe 5 ist per Definition der Tarifvertragsparteien der untere Abgrenzungsmaßstab (vgl. Klammersatz zu Entgeltgruppe 8 Fallgruppe 8.2 der Anlage 1 zu § 5 TV-V). Die Entgeltgruppe 5 bedeutet gleichzeitig Fachwissen auf Berufsausbildungsniveau (zu den Einzelheiten siehe Kapitel 6.1). Die Entgeltgruppe 9, konkret die Fallgruppe 9.2, ist der Abgrenzungsmaßstab nach oben, da in dieser Entgeltgruppe und Fallgruppe erstmals die tarifliche Anforderung auftaucht:

> ... mit abgeschlossener Fachhochschul- oder Bachelorausbildung und entsprechenden Tätigkeiten

Gemäß Vorbemerkung Nr. 2 der Anlage 1 zu § 5 TV-V sind nur Tätigkeitsmerkmale innerhalb einer Entgeltgruppe gleichwertig. Wird demnach in Entgeltgruppe 9 eine neue (gesteigerte) Form der Fachkompetenz ins Spiel gebracht, ist sie gleichzeitig Abgrenzungskriterium zum nächstniederen – auf die Fachkompetenz bezogenen – Tätigkeitsmerkmal. Das ist hier die Entgeltgruppe 8 Fallgruppe 8.2.

Die gründlichen, umfassenden Fachkenntnisse liegen demnach unter dem Dipl.-FH-/Bachelor-Niveau und (weit) über dem Niveau einer abgeschlossenen Berufsausbildung.

Das ist ein wesentlicher Unterschied zum BAT/TVöD. Diese setzten bzw. setzen gründliche, umfassende Fachkenntnisse mit Dipl.-FH/BA-Niveau gleich (vgl. z. B. Nds. LAG 29.04.2002, 8 Sa 1049/01 E; BAG 15.02.2006, 4 AZR 645/04, AP Nr. 32 zu §§ 22, 23 BAT-O; vgl. LAG M-V 26.07.2016, 5 Sa 226/15 m. w. N. auf die Rechtsprechung, zit. nach WKRS 2016, 25458; beides heute Entgeltgruppe 9b TVöD).

Daneben kennt die Entgeltordnung des TV-V – anders als die Vergütungsordnung des BAT – gemäß der Vorbemerkung Nr. 1 Satz 2 der Anlage 1 zu § 5 TV-V die von Entgeltgruppe 2 bis zu Entgeltgruppe 11 durchgängige Orientierungsmöglichkeit an Beispielstätigkeiten. Danach entsprechen die in den Entgeltgruppen genannten Beispiele (mindestens) der Wertigkeit der Oberbegriffe.

Der Oberbegriff der gründlichen, umfassenden Fachkenntnisse ist damit gleichwertig mit folgenden Beispielstätigkeiten:

8.4.1 Handwerks- und Industriemeister, die große Arbeitsstätten (Bereiche, Werkstätten, Abteilungen oder Betriebe) fachlich beaufsichtigen, in denen Handwerker oder Facharbeiter beschäftigt sind.

8.4.2 An- und Abfahren von Kraftwerksblöcken mit einer Leistung von mehr als 100 MW und Eingreifen bei Störungen als Kraftwerker mit Kraftwerkerprüfung

8.4.3 Erstellen von Kostenangeboten und Bearbeiten von Versorgungsfragen in mehreren Energiesparten

8.4.4 Selbstständiges Anfertigen, Ändern und Pflegen von DV-Programmen und DV-Programmbausteinen

(vgl. LAG Hamm 31.05.2012, 8 Sa 1908/11, zit. nach WKRS 2012, 26982)

Bei diesen Beispielen handelt es sich entweder um mittlere Führungspositionen (Beispiel 8.4.1 in Abgrenzung zu den sonstigen Beispielen für Meistertätigkeiten) oder um qualifizierte Sachbearbeitungsfunktionen mit Entscheidungsbefugnissen (Beispiele 8.4.2 und 8.4.4) jeweils in einem fachlich erweiterten Arbeitsfeld (vgl. Beispiele 8.4.2 und 8.4.3).

Entscheidungen zum TV-V

1. Kundendiensttechniker

Fortführung des Beispiels auf Seite 156

7

Gründliche, umfassende Fachkenntnisse sind für die Wartung und Instandsetzung bestehender Anlagen nicht erforderlich. Die Anforderungen an gründliche, umfassende Fachkenntnisse wären erfüllt, wenn zur Aufgabenstellung des Klägers etwa grundlegende konstruktive Änderungen des Anlagenaufbaus, welche eine über die Meisterqualifikation hinausreichendes vertieftes Fachwissen in technischen Grundsatzfragen voraussetzen, gehören (was nicht der Fall ist). Auch aus den vom Kläger absolvierten Schulungen ergibt sich nichts anderes, vielmehr handelt es sich jedenfalls überwiegend um hersteller- und produktbezogene Fortbildungsmaßnahmen, mit welchen allein die Vielseitigkeit der Fachkenntnisse, nicht hingegen die tariflich geforderte Steigerung auch hinsichtlich der Tiefe nach belegt werden kann.

(vgl. LAG Hamm 31.05.2012, 8 Sa 1908/11, zit. nach WKRS 2012, 26982).

2. Sicherheitsfachkraft Verwaltung und Bäder

Bereits die Tätigkeitsmerkmale der Entgeltgruppe 8.2 fordern mit dem Merkmal der gründlichen und umfassenden Fachkenntnisse ein im Verhältnis zu den darunter liegenden Tarifgruppen gesteigertes Niveau. Wie die den Vergütungsgruppen jeweils zugeordneten Richtbeispiele zeigen, setzen bereits die Richtbeispiele 7.4.1 und 7.4.2 in fachlicher Hinsicht eine Meisterqualifikation voraus, obgleich nach den abstrakten Tätigkeitsmerkmalen allein gründliche und vielseitige Fachkenntnisse gefordert werden. Der Vergütungsgruppe 8.2 mit dem gesteigerten Anforderungsmerkmal der gründlichen, umfassenden Fachkenntnisse ist mit dem Richtbeispiel 8.4.1 eine Tätigkeit als Handwerks- und Industriemeister zugeordnet, welche zu Leitern von großen Arbeitsstätten bestellt sind.

(vgl. LAG Hamm 16.10.2008, 8 Sa 465/08; zit. nach www.justiz.nrw/entscheidungen)

4. Selbstständige Leistungen

Erläuterung durch den Tarifvertrag

Selbständige Leistungen erfordern ein **den vorausgesetzten Fachkenntnissen** entsprechendes selbständiges Erarbeiten eines Ergebnisses unter Entwicklung einer eigenen geistigen Initiative. Eine leichte geistige Arbeit kann diese Anforderung nicht erfüllen.

(Klammersatz zu Entgeltgruppe 6 Fallgruppe 6.2 der Anlage 1 zu § 5 TV-V; *Hervorhebung durch die Verfasser*)

Auslegung durch die Rechtsprechung

Insofern übernimmt der TV-V die Grundregeln des BAT, fortgeführt durch TVöD und TV-L. So kann auch für dieses Tätigkeitsmerkmal auf die dazu ergangene Rechtsprechung zurückgegriffen werden: Selbstständige Leistungen erfordern – entsprechend den hier vorausgesetzten gründlichen und vielseitigen bzw. gründlichen, umfassenden Fachkenntnissen – ein eigenständiges Erarbeiten eines Arbeitsergebnisses unter Entwicklung einer eigenen geistigen Initiative. Eine leichte geistige Arbeit kann diese Anforderung nicht erfüllen. Somit sind „selbstständige Leistungen" klar vom „selbstständigen Arbeiten" zu trennen. Das liegt vor, wenn eine Tätigkeit ohne direkte Aufsicht oder Leitung (Lenkung durch Weisungen) erledigt wird. Im Gegensatz dazu ist eine selbstständige Leistung dann anzunehmen, wenn eine Gedankenarbeit bzgl.

- des einzuschlagenden Weges (Arbeitsmethoden, -gestaltung) **und insbesondere**
- des zu findenden Arbeitsergebnisses

erbracht wird, die eine eigene Beurteilung und Entschließung (Entscheidung) erfordert (vgl. BAG 21.03.2012, 4 AZR 279/10, AP Nr. 319; BAG 16.10.2019, 4 AZR 284/18, AP Nr. 341, beide zu §§ 22, 23 BAT 1975 m. w. N.).

Selbstständige Leistungen sind somit zunächst dadurch gekennzeichnet, dass im Rahmen der Aufgabenlösung eine Gedankenarbeit zu erbringen ist. Es sind Abwägungsprozesse erforderlich, die entsprechende Anforderungen an das Überlegungsvermögen stellen: Es sind unterschiedliche Informationen (Fachwissen auf der einen, den damit zu lösenden Fall auf der anderen Seite) zu verknüpfen, untereinander abzuwägen und zu einer Entscheidung zu kommen, wie der zu bearbeitende Fall gelöst werden könnte (vgl. BAG 16.10.2019, 4 AZR 284/18, AP Nr. 341; BAG 21.03.2012, 4 AZR 279/10, AP Nr. 319; BAG 22.04.2009, 4 AZR 166/08, AP Nr. 311, alle zu §§ 22, 23 BAT 1975).

Der Arbeitnehmer muss sich im Rahmen der **inhaltlichen** Aufgabenerfüllung fragen:

- Wie geht es nun weiter?
- Worauf kommt es als Nächstes an?
- Was muss zweckmäßigerweise als Nächstes geschehen?

(vgl. BAG 10.12.1997, 4 AZR 350/96, AP Nr. 235 zu §§ 22, 23 BAT 1975).

Praxis-Tipp:

Der Arbeitnehmer muss ohne Detailvorgaben, das heißt ohne Lenkung der Aufgabenerfüllung durch (Einzel-)Anweisungen des Vorgesetzten arbeiten.

Im tariflichen Sinne muss also – **ohne Bindung an verwaltungsrechtliche Fachbegriffe** – ein wie auch immer gearteter

- Ermessens-,
- Entscheidungs-,
- Gestaltungs- oder
- Beurteilungsspielraum

bei der Erarbeitung eines Arbeitsergebnisses bestehen (vgl. BAG 21.03.2012, 4 AZR 279/10, AP Nr. 319; BAG 22.02.2017, 4 AZR 514/16, AP Nr. 336, beide zu §§ 22, 23 BAT 1975).

Nach den Auslegungsregeln in Kapitel 1.3 – i. V. m. mit der oben genannten Ergänzung – können die Begriffe Ermessensspielraum, Entscheidungsspielraum, Gestaltungsspielraum und Beurteilungsspielraum im Sinne des allgemeinen Sprachgebrauchs wie folgt bestimmt werden:

Ein Spielraum ist gekennzeichnet durch einen gewissen freien Raum, der den ungehinderten Ablauf, das ungehinderte Funktionieren von etwas ermöglicht/gestattet (vgl. Duden, S. 1690).

Dementsprechend liegt ein Ermessensspielraum vor, wenn ein Spielraum für Entscheidungen nach eigenem Ermessen besteht. Der Begriff des Ermessens umfasst dabei eine Einschätzung und Beurteilung sowie eine Entscheidung, die auf einem eigenen Urteil basiert (vgl. Duden, S. 554). Als Urteil ist in diesem Zusammenhang eine prüfende, kritische Beurteilung bzw. eine abwägende Stellungnahme zu verstehen (vgl. Duden, S. 1911).

Das Entscheiden (im Sinne des Entscheidungsspielraums) umfasst zwei alternative Aspekte:

- Bei Zweifelsfällen gehört zum Entscheiden das Klären des Sachverhalts und ein Urteil darüber zu fällen sowie anordnend zu bestimmen.
- In allen anderen Fällen liegt eine Entscheidung im Sinne des allgemeinen Sprachgebrauchs vor, wenn in Bezug auf etwas nach Prüfung und Vergleich bzw. kurzem Besinnen eine Wahl aus einer von mehreren Möglichkeiten zu treffen ist (vgl. Duden, S. 537).

Das Gestalten (im Sinne des Gestaltungsspielraums) bedeutet, einer Sache eine bestimmte Form zu geben, ein bestimmtes Aussehen (vgl. Duden, S. 734).

Eine Beurteilung liegt vor, wenn über jemanden oder über etwas eine Einschätzung abzugeben ist (vgl. Duden, S. 315).

Über diese Handlungsspielräume hinaus ist es nicht erforderlich, dass dem Arbeitnehmer die Unterschriftsbefugnis für seine Arbeitsleistungen obliegt (vgl. LAG Rheinland-Pfalz 21.06.2001, 4 Sa 1612/00, zit. nach WKRS 2001, 26384).

Steht der Arbeitsweg bzw. das Arbeitsergebnis aber von vornherein fest, liegen keine selbstständigen Leistungen vor. Das ist z. B. der Fall, wenn das zu erarbeitende Arbeitsergebnis durch die Formenstrenge des Arbeits-/Rechtsgebiets genau vorgezeichnet ist (vgl. LAG Sachsen 27.11.2002, 2 Sa 572/01, zit. nach WKRS 2002, Nr. 10882; LAG Rheinland-Pfalz 02.03.2016, 7 Sa 343/15, zit. nach WKRS 2016, 16201) bzw. zahlreiche, stark differenzierte Formulare zur Aufgabenlösung (BAG 25.11.1981, 4 AZR 305/79, AP Nr. 51 zu §§ 22, 23 BAT 1975) bzw. entsprechende Software/Datenbanken mit Mustertexten zu verwenden sind (vgl. LAG M-V 20.03.2018, 5 Sa 53/17, zit. nach www.landesrecht-mv.de/).

7

Prüfkriterien für selbstständige Leistungen

1. Bestehen Vorgaben zum einzuschlagenden Arbeitsweg (Arbeitsmethoden, -gestaltung)?
2. Steht das Arbeitsergebnis von vornherein fest oder ist es selbst und frei von inhaltlichen Detailvorgaben zu ermitteln?
3. Welche Abwägungs- und Handlungsmöglichkeiten (und nicht Alternativen) bestehen bei der Ermittlung des Arbeitsergebnisses konkret?

Praxis-Tipp:

Dem Arbeitnehmer müssen somit – aufbauend auf den fehlenden Detailvorgaben – zumindest Entscheidungsrechte über die Art und Weise der Aufgabenerledigung aus inhaltlich-methodischer Sicht obliegen.

Wie diese Grundaussagen in der Praxis geprüft werden können, verdeutlichen folgende Beispiele aus der Rechtsprechung:

Beispiele zu selbstständigen Leistungen auf Basis gründlicher und vielseitiger Fachkenntnisse

Entscheidung zum TV-V

Sekretärin des Betriebsrats

Auch die Anforderungen der Untergruppe 6.2 sind nicht erfüllt. Es ist in keiner Weise erkennbar, dass die Stelle „zu mindestens einem Fünftel selbständige Leistungen" im tariflichen Sinn erfordern würde. Der Begriff der selbstständigen Leistungen ist im Klammerzusatz zur Untergruppe definiert mit „den vorausgesetzten Fachkenntnissen entsprechendes selbstständiges Erarbeiten eines Ergebnisses unter Entwicklung einer eigenen geistigen Initiative". Auch der Betriebsrat hat nicht benennen können, welches selbstständige Ergebnis die Sekretärin nach dem ihr entsprechend der Stellenbeschreibung zugewiesenen Aufgabenbereich entwickeln sollte. Sie ist nicht für die Protokolle des Betriebsrats verantwortlich – diese Aufgabe kann der Schriftführer des Betriebsrats nicht delegieren. Dieser – sowie der Vorsitzende – haben die Protokolle zu unterzeichnen. Die Sekretärin, die möglicherweise die Aufzeichnung führt, muss sie nach dem Gesetz den Verantwortlichen vorlegen, die dann darüber entscheiden, was in welcher Form ins Protokoll einfließt. Das Mitschreiben stellt sich als Unterstützungstätigkeit dar. Die Abwicklung von Sekretariats- und Organisationsaufgaben wird zwar selbstständig durchgeführt, ein „Erarbeiten eines Ergebnisses" im Sinne des Tarifvertrags ist hierin aber in keiner Weise zu erkennen. Dies liegt auch nicht im Aufbau und der Pflege eines „Büroorganisationssystems", das sich letztlich auf die Nachvollziehbarkeit der elektronischen wie papiermäßigen Ablage beschränkt.

(LAG Nürnberg 14.02.2022, 1 TaBV 26/21, abrufbar unter: https://www.lag.bayern.de/nuernberg/entscheidungen/)

Fortführung des Beispiels aus Kapitel 7.2:

Bei einem Mitarbeiter im Bereich Materialwirtschaft, der für die Abwicklung des Verwertungsprozesses durch Weiterverkauf von gebrauchtem Inventar, Anlagen und Schrott zuständig ist, liegen auch selbständige Leistungen vor. Der Mitarbeiter muss z. B. in jedem Einzelfall unter Heranziehung der genannten Gesetze, internen Regelungen und seiner Fachkenntnisse abwägen, ob eine Gerätschaft verkauft, verschenkt oder verwertet werden soll, er muss Werte bestimmen, er muss bestimmen, ob ein Vorortverkauf stattfinden soll, etc. Für seine Entscheidung ist eine Gedankenarbeit erforderlich, für die er die vorausgesetzten Fachkenntnisse hinsichtlich des einzuschlagenden Weges benötigt.

(vgl. LAG Köln 24.06.2021, 6 Sa 975/20, zit. nach WKRS 2021, 37070)

Fortführung des Beispiels Disponent Straßenreinigung aus Kapitel 7.2:

Unter Berücksichtigung der Klammerdefinition ... muss der Disponent Straßenreinigung selbständige Leistungen im Sinne ... erbringen, wenn ... eine ... „Umorganisation erforderlich" wird (neue Aufträge; Beanstandungen; Krankheit von Mitarbeitern; ...). Die Notwendigkeit einer derartigen „Umorganisation" ergibt sich aber auch in weiteren Fällen, so etwa bei Ausfall eines Fahrzeuges oder eines Reinigungsgerätes nach Unfällen/Schadensereignissen oder eines sonstigen technischen Defekts und/oder bei außergewöhnlichen unplanmäßigen Verschmutzungen. Derartige Ereignisse machen es notwendig, die ursprünglich geplante Verteilung der Reinigungsarbeiten zu ändern und die Tagesplanung an die neue Situation anzupassen. Bei derartigen Ereignissen muss der Disponent Straßenreinigung nicht lediglich im Sinne des allgemeinen Sprachgebrauchs „selbständig", also ohne direkte Aufsicht oder Leitung, arbeiten. Vielmehr muss er, da von ihm die Problemlösung (nicht nur ein entsprechender Versuch) erwartet wird ..., eine Gedankenarbeit erbringen, die im Rahmen der für die Vergütungs- und Fallgruppe vorausgesetzten gründlichen und vielseitigen Fachkenntnisse hinsichtlich des einzuschlagenden Weges, insbesondere hinsichtlich des zu findenden Ergebnisses eine eigene Beurteilung und eine eigene Entschließung erfordert. So muss der Disponent Straßenreinigung z. B. bei Ausfall von Personal entscheiden, wie trotz des Personalausfalls die Planungsvorgaben für die durchzuführenden Arbeiten noch eingehalten werden können. In ähnlicher Weise muss er darüber befinden, wie er bei Ausfall von Fahrzeugen oder technischem Gerät die restlichen Fahrzeuge und Gerätschaften im Rahmen der noch anstehenden Reinigungsaufgaben einsetzt. Dem Disponent Straßenreinigung steht insoweit ein gewisser Entscheidungsspielraum zur Verfügung – bei der Ausfüllung dieses Spielraums ist das Abwägen unterschiedlicher Informationen erforderlich. ... Urlaub und Freizeitausgleich können zum einen nur in einem solchen Umfang bewilligt werden, dass die Abwicklung der anstehenden Straßenreinigung nicht gefährdet ist. Zum anderen muss der Disponent Straßenreinigung aber auch dem zwingenden gesetzlichen und tariflichen Arbeitsrecht Rechnung tragen. Dies bedingt eine Abwägung dahingehend, wann und in welchem Umfang genau Urlaub und Freizeit gewährt werden kann – inwieweit ist den betrieblichen bzw. dienstlichen Belangen und den Wünschen des oder der Arbeitnehmer Rechnung zu tragen? Dabei werden dem Disponent Straßenreinigung im Rahmen der §§ 7 und 8 TVöD sowie des § 7 Abs. 1 bis 3 BUrlG in Verbindung mit § 26 TVöD selbständige Leistungen abverlangt. Zumindest bei der Urlaubserteilung steht dem Disponent Straßenreinigung ein Entscheidungsspielraum zur Verfügung, bei dessen Ausfüllung er mehr als nur leichte geistige Arbeit aufzuwenden hat. Die vom Disponent Straßenreinigung bei der Urlaubserteilung und bei der Gewährleistung von Freizeitausgleich erbrachten selbständigen Leistungen sind (auch) in einem rechtserheblichen Ausmaß erforderlich, weil ohne sie ein sinnvoll verwertbares Arbeitsergebnis nicht erzielt würde. Letzteres erhellt aus dem unstreitigen Umstand, dass es um Freizeitausgleichs- und Urlaubsanträge von immerhin (ungefähr) 36 Arbeitnehmern geht, die es bei der Disposition und Organisation des Tagesgeschäfts der Straßenreinigung zu berücksichtigen gilt.

(vgl. LAG Rheinland-Pfalz 18.11.2008, 3 Sa 203/08, zit. nach WKRS 2008, 31378)

Beispiel aus dem Versorgungsbereich:

Sachbearbeiter Kassen- und Mahnwesen eines Stadtwerkes

Das LAG hatte – aufbauend auf gründlichen und vielseitigen Fachkenntnissen – selbstständige Leistungen bei der bewertungsrelevanten Tätigkeit anerkannt:

„Einleitung und Durchführung des gerichtlichen Mahnverfahrens, ... Klageverfahren mit Streitwerten bis 5000 DM vor dem Arbeitgeber und einstweilige Anordnungen sowie Teilnahme an Gerichtsterminen in Anwaltsprozessen"

Das BAG lehnte wie folgt ab:

1. LAG-Begründung: Er müsse in eigener Verantwortung einen Sachverhalt feststellen und unter die einschlägigen gesetzlichen Bestimmungen subsumieren. Es stehe in seiner Entscheidung, ob er ein Mahnverfahren einleite oder etwa ein Klageverfahren.

BAG-Ablehnung: Zwar entscheidet der Sachbearbeiter darüber, ob er ein Mahnverfahren oder ein Klageverfahren einleitet. Dies aber nach eigenem Vortrag nicht in dem Sinne, ob das Mahnverfahren ausreicht, etwa weil die Forderung unstreitig ist, oder ob gleich Klage eingereicht wird, weil die Forderung streitig ist, der Sachbearbeiter aber von dem Bestreiten oder Leugnen des Gegners nichts hält. Vielmehr wählt er das Klageverfahren, weil nach seinem Vortrag das Mahnverfahren in seiner mechanisierten Form (noch) nicht zeitnah funktioniere, so dass ein Klageverfahren schneller zu einem vollstreckbaren Titel führe, auch wenn die Forderung unstreitig sei. Das ist eine **reine Zweckmäßigkeitserwägung**.

2. LAG-Begründung: Das formularmäßige Ausfüllen des Mahnbescheids stelle nur das Ergebnis der zuvor erforderlichen eigenständigen Subsumtion des Sachverhalts unter die vorgegebenen Bestimmungen und die Prüfung der Erfolgsaussichten eines gerichtlichen Vorgehens gegen den jeweiligen Schuldner dar.

BAG-Ablehnung: Ein Bezug zu den vom Sachbearbeiter zu verfolgenden Forderungen aus Energielieferung wird (durch das LAG) nicht hergestellt. Die Revision weist zutreffend darauf hin, dass sich der Sachbearbeiter auch vor Anstrengung des Mahnverfahrens oder vor Klageerhebung keine Gedanken über die Erfolgsaussichten eines gerichtlichen Vorgehens gegen den

7

jeweiligen Schuldner zu machen hat, da die Sachverhalte eindeutig sind: Die Schuldner haben Energie bezogen und nicht bezahlt. Es wird also **keine Beurteilung** dahin vorgenommen, ob die Forderung besser ausgebucht wird oder ob als nächster Schritt ein Mahn- oder Klageverfahren eingeleitet wird.

3. LAG-Begründung: Die Tätigkeit des Sachbearbeiters im Rahmen der Mahnverfahren sei keinesfalls schematisch. Der Sachbearbeiter müsse sich eigene Gedanken machen, in welcher Höhe er Hauptforderung und Nebenforderung geltend machen wolle, worauf er die Ansprüche stützen wolle und gegen wen er sie geltend machen wolle. Dabei sei er auf die Kenntnisse der einschlägigen Gesetzesbestimmungen und Verordnungen angewiesen. Das Mahnantragsformular setze diese Kenntnisse voraus und nehme dem Sachbearbeiter damit die zu treffende Vorentscheidung hinsichtlich der Anspruchsgrundlagen und der Erfolgsaussichten nicht ab.

BAG-Ablehnung: Der Sachbearbeiter verfolgt nicht bezahlte Forderungen aus Energielieferungen. Die Nebenforderungen, wie Mahnkosten und Verzugszinsen, ergeben sich aus dem jeweiligen Vorgang. Es wurde nicht vorgetragen, dass der Sachbearbeiter darüber befindet, ob und welche Nebenforderungen geltend gemacht werden, er also insoweit die **Weichen stellt** und etwa deswegen, um einen Schuldner zu schonen, nur die Hauptforderung verfolgt. Der Sachbearbeiter hat sich auch nicht die Anspruchsgrundlage zu überlegen. Er hat lediglich den Rechtsgrund anzugeben: Forderung aus Energielieferung (Energielieferungsvertrag). Er entscheidet auch nicht darüber, gegen wen der Mahnbescheid, die Klage gerichtet wird. Das ergibt sich aus der offenstehenden Rechnung über die Energielieferung. Dass dies in nennenswertem Umfang anders ist, hat der Sachbearbeiter nicht vorgetragen, zum Beispiel weil er die gesetzlichen Erben nach Versterben des Energiebeziehers ermittle und wie er tätig werde.

4. LAG-Begründung: Auch bei Klageverfahren und der Durchführung der Vollstreckungsverfahren erbringe der Sachbearbeiter eigenständige gedankliche Arbeit, wobei die Klageverfahren noch eine höhere gedankliche Arbeit erforderten.

BAG-Ablehnung: Dass der Sachbearbeiter das zu findende Arbeitsergebnis unter Entwicklung einer **eigenen geistigen Initiative** erarbeitet, **ist nicht erkennbar**. Insoweit fehlt es am Vortrag. Immerhin wäre es denkbar, dass dies bei der Zwangsvollstreckung der Fall ist. So ermitteln findige Mitarbeiter im Rahmen der Zwangsvollstreckung Vermögenswerte des jeweiligen Schuldners, auf die zurückgegriffen werden kann, zum Beispiel Forderungen aus Arbeitsleistung, Steuerrückzahlungsansprüche, Beteiligungen an Gesellschaften, Ein- oder Durchfuhr von Eigentum des Schuldners ins Inland bzw. Ausland usw. Insoweit fehlt es indes an jedwedem Vortrag, der auszumachen vermöchte, dass der Sachbearbeiter insoweit selbstständige Leistungen erbringt.

Darüber hinaus setzte sich das BAG mit diesen zusätzlichen Argumenten des Sachbearbeiters auseinander:

1. *Sachbearbeiter:* Er müsse als Sachbearbeiter eine Forderung realisieren, die ggf. mit Einwänden behaftet sein könne (u. U. falscher Tarif, falsch abgelesen und/oder falscher Adressat), der vermeintliche Gegenansprüche des Kunden entgegenstehen könnten und/oder die mangels Zahlungswilligkeit oder -fähigkeit des Kunden mit den gesetzlich vorgesehenen Zwangsmitteln (die eine erhebliche Bandbreite hätten) durchzusetzen.

BAG: Um dies als selbstständige Leistung bewerten zu können, fehlt es an einem entsprechenden Sachvortrag, dass und inwieweit solche Fälle vorgekommen sind, und wie der Sachbearbeiter dann trotz mehrerer gegebener Möglichkeiten vorgeht, um das Arbeitsziel, die Durchsetzung der Forderungen aus Energielieferung, zu erreichen.

2. *Sachbearbeiter:* Nicht selten sei es auch seine Aufgabe, Teilzahlungsvergleiche oder ähnliche Zahlungsvereinbarungen mit Schuldnern vorgerichtlich oder auch nach Vorliegen eines Vollstreckungstitels herbeizuführen, um auch ggf. aussichtslos erscheinende Beitreibungen erfolgreich zu Ende zu führen.

BAG: Zahlungsvereinbarungen vor Einleitung von Mahn- oder Klageverfahren gehören nicht zur Teilaufgabe „Einleitung und Durchführung des gerichtlichen Mahnverfahrens ..., Klageverfahren ...", die das LAG allein zum Gegenstand seiner Betrachtung gemacht hat. Da sie aber durchaus zu einem großen Arbeitsvorgang „Durchsetzung von Forderungen aus Energielieferung" zu rechnen sind, fehlt es insoweit an jedwedem Vortrag, worin die selbstständige Leistung besteht: Welche Wege und Möglichkeiten stehen dem Sachbearbeiter offen? Mit welchen Überlegungen stellt er wie die Weichen, um bei der Realisierung der Forderungen das Optimale für die Stadtwerke herauszuholen?

Auch mangelte es an Entscheidungskompetenzen als Indiz für selbständige Leistungen. Das BAG führte dazu aus, dass durch den Sachbearbeiter nicht belegt wurde, dass er allein entscheidet, **ob, wann und auf welche Weise** eine vermeintlich zustehende Forderung außergerichtlich und/oder gerichtlich geltend gemacht und beigetrieben wird. Das BAG ging weiter davon aus, dass nicht angenommen werden kann, dass es im Belieben des Sachbearbeiters steht, ob er einer Forderung nachgeht oder nicht. Dem dürfte schon entgegenstehen, dass die Stadtwerke als Arbeitgeber selbst gehalten sind, alles zu tun, um ihre Forderungen aus Energielieferung im Interesse aller Bürger zu realisieren, von der Rechnungsprüfung einmal ganz abgesehen. Weiterhin wird aus dem Vortrag des Sachbearbeiters nicht klar, dass und inwiefern er nach welchen Kriterien „überhaupt" entscheidet, ob beispielsweise bei bekannter Mittellosigkeit sogenannte „Wiederholungstäter" es in einem vernünftigen Kosten- bzw. Nutzenverhältnis stehe, kostenträchtige gerichtliche und vollstreckungsrechtliche Zwangsmaßnahmen einzuleiten und/oder ob es ggf. sinnvoll ist, Strafanzeige gegen derartige „Mehrfachkunden" zu erstatten.

(vgl. BAG 28.09.1994, 4 AZR 542/93, AP Nr. 185 zu §§ 22, 23 BAT 1975)

Beispiel aus dem Verwaltungsbereich:

Verwaltung, Wartung und Reparatur technischer Geräte in einer Schule

Bei keiner der dem Stelleninhaber übertragenen Tätigkeiten erkannte das BAG selbstständige Leistungen an:

1. *Tätigkeit: Führung der Mediothek* (...)

e) Reparaturen defekter Bild- und Tonträger

Begründung des BAG: Eine **Gedankenarbeit** ist bei dem Führen der Mediothek nicht erforderlich. (...)

Soweit der Stelleninhaber defekte Bild- und Tonträger repariert, lässt dies ebenfalls nicht den Schluss auf eine eigene geistige

Arbeit zu, da nicht klar wird, welche Schäden und Fehler auftreten und welche Reparaturmöglichkeiten dementsprechend in Betracht kommen. Hierzu hätte dargelegt werden müssen, inwiefern die Tätigkeit, ausgehend von den vorausgesetzten Fachkenntnissen, eigene Gedankenarbeit erfordert.

2. Tätigkeit: Verwaltung und Wartung aller audiovisuellen Geräte (...)

b) Aufstellen und Installieren der Geräte sowie Einweisung der Lehrkräfte und Hilfestellung bei der Handhabung

c) Regelmäßige Kontrolle und Wartung der in Klassenräumen aufgestellten Geräte (Eigene Entwicklung von Sicherheitseinrichtungen gegen Diebstahl sowie Schutzvorrichtungen gegen Beschädigungen) ...

e) Durchführung von Reparaturen oder ggf. Weiterleitung an LBST oder Fachfirmen ...

Begründung des BAG: Auch hier fehlt es am notwendigen Entscheidungsspielraum. (...)

Die Installation und der Einsatz der Geräte ist weitgehend durch Bedienungsanleitungen vorgegeben. Es ist nicht erkennbar, dass hierbei in nennenswertem Umfang gedankliche Arbeit anfällt. Gleiches gilt für die Kontrolle und Wartung der in den Klassenräumen aufgestellten Geräte. Bei der Wartung technischer Geräte handelt es sich regelmäßig um festgelegte wiederkehrende Tätigkeiten, die zum Teil durch den Hersteller vorgegeben sind. Ein eigener Entscheidungsspielraum des Stelleninhabers ist nicht ersichtlich. Soweit er sich auf die Entwicklung von Vorrichtungen gegen Diebstahl und Beschädigung beruft, hätte er näher darlegen müssen, wie diese Vorrichtungen konstruiert sind und welche gedankliche Arbeit hierzu erforderlich ist. Ebenso hätte er zur Reparatur audiovisueller Geräte näher ausführen müssen, welche Fehler und Schäden auftreten, welche Reparaturmaßnahmen in Betracht kommen und welche Überlegungen er hierbei anstellen muss. Welche Geräte er selbst repariert und welche er an die LBST oder Fachfirmen weiterleitet, entscheidet der Stelleninhaber nach seinen eigenen Fähigkeiten und den zur Verfügung stehenden Reparaturmitteln. Die **Entscheidungsmöglichkeiten stehen** also **fest**. Eine eigene geistige Initiative wird nicht verlangt.

3. Tätigkeit: Druck- und Kopierarbeiten

a) Wartung und Betreuung von vier Kopierautomaten, drei Umdruckern, Heftmaschine und Stapelschneider ...

c) Verwaltung des Kopiervolumens der Lehrkräfte (Kostenstellenzähler). Der Stelleninhaber programmiert das Kostenstellenzählersystem und verwaltet 90 Benutzercodes.

d) Erstellen von Folienkopien für Overheadprojektoren, Stapelaufträgen, Broschüren und Umdruckaufträgen

Begründung des BAG: Soweit der Stelleninhaber an Druck- und Kopierautomaten tätig ist, handelt es sich ebenfalls nicht um selbstständige Leistungen im Tarifsinne. Ein **eigener Entscheidungsspielraum ist nicht eröffnet. Im Wesentlichen liegen den Tätigkeiten genaue Anweisungen zugrunde**, beispielsweise bei Umdruckaufträgen und der Verwaltung des Kopiervolumens der Lehrkräfte.

4. Tätigkeit: Aufstellung und Koordination von audiovisuellen Anlagen bei schulischen Veranstaltungen

a) Installation der ELA-Anlagen

b) Bedienungen der ELA-Anlagen und Bühnenbeleuchtung

Begründung des BAG: Auch hier fehlen Aussagen, in welchem Umfang gedankliche Arbeit notwendig ist. Insofern hätte der Stelleninhaber näher ausführen müssen, welche Komplikationen die Installation derartiger Anlagen mit sich bringt und welche Entscheidungen hierzu getroffen werden müssen. Auch ist nicht ersichtlich, dass sich der Stelleninhaber bei der Installation **ständig an geänderte Raumverhältnisse anpassen muss und deshalb gezwungen wäre, die Art und Weise der Aufstellung ständig neu zu überdenken**.

5. *Tätigkeit: Arbeiten im naturwissenschaftlichen Bereich: Physik, Chemie, Biologie* (...)

c) Herstellung von nichtkäuflichen Versuchs- und Messgeräten in Klassensätzen. (Der Stelleninhaber fertigt Konstruktionsteile aus Blech, Holz, Plexiglas und Kunststoffen zur Vereinfachung und zur Sicherheit von Versuchsaufbauten an.)

d) Anfertigung von Aufbewahrungs- und Ordnungshilfen

Begründung des BAG: Es sind keine selbstständigen Leistungen zu erbringen. (...)

Insbesondere ist nicht erkennbar, dass der Stelleninhaber bei der Herstellung nichtkäuflicher Versuchs- und Messgeräte einen **eigenen Entscheidungsspielraum hat, sich also überlegen muss, wie er diese Geräte konstruiert.** Dazu hätte er die Art dieser Geräte und seine Tätigkeit bei der Herstellung näher beschreiben müssen.

(vgl. BAG 01.03.1995, 4 AZR 970/93, AP Nr. 191 zu §§ 22, 23 BAT 1975)

Da das Merkmal der selbstständigen Leistungen aus dem BAT und damit für verwaltende und nicht für technisch-handwerkliche Tätigkeiten entwickelt wurde, stellt sich in der Praxis häufig die Frage, wie das Merkmal auf den technisch-handwerklichen Bereich anzuwenden ist. Die erste Rechtsprechung dazu beantwortet die Frage nicht einheitlich:

Entscheidung zum TV-V

So nimmt das LAG Hamm selbstständige Leistungen im Rahmen von Wartungs- und Instandhaltungsarbeiten einschl. Störungsbeseitigungen an, ohne das Merkmal inhaltlich im Detail darzustellen und zu prüfen.

(LAG Hamm 31.05.2012, 8 Sa 1908/11, zit. nach WKRS 2012, 26982)

Eine entsprechende Begründung lässt sich dem Urteil des LAG Hamm vom 21.03.2006 (12 Sa 1859/05) entnehmen:

Beispiel:

Der Arbeitnehmer erbringt bei der Auswertung und Qualitätskontrolle im Rahmen der Bestimmung von Ammonium-Stickstoff mittels des Fließinjektionsanalyseverfahrens selbstständige Leistungen. Das betrifft zum einen die Überprüfung der Kalibrierkurve auf ausreichende Genauigkeit. Stellt der Arbeitnehmer am Computer fest, dass die fünf Punkte der fünf Standards auf dem Schaubild keine Gerade ergeben, muss er in eine Fehlersuche eintreten. Dabei können Fehler aufgrund nicht korrekter Standards, aber auch aufgrund der Zusätze auftreten, die unter Umständen zu lange gestanden haben und zu lange gelagert wurden. Hier muss der Arbeitnehmer eine Entscheidung darüber fällen, wie er seine Fehlersuche konkret gestaltet, das heißt mit welcher Fehlerursache er sich zunächst beschäftigt.

Selbstständige Leistungen werden vom Arbeitnehmer zudem bei der Kontrolle der Messdaten auf Plausibilität und Richtigkeit erbracht. Zunächst hat der Arbeitnehmer aufgrund seines Erfahrungswissens darüber zu entscheiden, ob er ein Ergebnis für plausibel hält oder nicht. Stellt er fest, dass das vom Computer aufgezeigte Ergebnis nicht plausibel ist, weil beispielsweise bei der Doppelbestimmung einer Probe ein großer und kleiner Peak angezeigt werden oder ein Ergebnis angezeigt wird, das erheblich von dem Ergebnis alter, das heißt in der Vergangenheit gemessener Proben vom selben Entnahmeort abweicht, muss er sich wiederum einer Analyse möglicher Fehlerquellen zuwenden. Die Fehlerursachen sind hier vielfältig. Ursache für einen Fehler kann hier eine Verschleppung, aber auch eine Verstopfung sein. Auch kann es sein, dass ein Schlauch porös oder die Pumpe verschmutzt ist. Unter Umständen haben sich auch Luftblasen gebildet. Auch eine zu hohe Konzentration der Probe kann Auslöser für den „Ausreißer" sein. Um die Richtigkeit der Messdaten zu gewährleisten, muss der Arbeitnehmer dann bestimmte Ursachen ausschließen. Zwar sind die möglichen Ursachen einer mangelnden Plausibilität und auch die konkrete Vorgehensweise im Hinblick auf eine bestimmte Ursache dem Arbeitnehmer bekannt und im Wesentlichen durch die allgemeine Arbeitsanweisung vorgegeben. Allerdings hat der Arbeitnehmer hier die Entscheidung zu treffen, welcher möglichen Fehlerursache er sich zunächst zuwendet, das heißt in welcher Reihenfolge er mögliche Ursachen ausschließt.

Die allgemeine Arbeitsanweisung enthält nämlich keine genaue Vorgabe im Hinblick darauf, in welcher Reihenfolge bestimmte Tests durchzuführen sind. Hier orientiert sich der Arbeitnehmer im Wesentlichen an seinem Erfahrungswissen, zum Teil zieht er auch ältere Testverfahren heran. Dabei wird die Entscheidung des Arbeitnehmers, mit welcher „Ursachenforschung" er beginnt, im Wesentlichen dadurch bestimmt, möglichst schnell die wirkliche Ursache aufzudecken.

Das LAG Köln hingegen lehnt selbstständige Leistungen bei vergleichbaren Arbeiten ab: Bei der Fehleranalyse und bei der Überlegung, wie der Fehler behoben werden kann, sind auch eigenständige Überlegungen anzustellen. Die dabei zu leistende gedankliche Arbeit spielt sich aber in einem vergleichsweise engen Rahmen ab, der durch das Ziel der Wiederherstellung der Funktionsfähigkeit einer defekten Anlage, Einrichtung etc. begrenzt ist und damit die Anforderungen an selbstständige Leistungen – im Vergleich zu den Beispielen der jeweils infrage kommenden Entgeltgruppen nicht erreicht (zum vergleichbaren Tarifvertrag TV-WW/NW: vgl. LAG Köln 29.11.2006, 7 Sa 743/06).

Wichtig: Ob im Rahmen der Fehleranalyse und -behebung an technischen Anlagen selbstständige Leistungen anfallen, hängt vor allem an der Komplexität der dazu erforderlichen Überlegungen und Handlungsmöglichkeiten auf der einen Seite und den hausinternen Arbeitsvorgaben auf der anderen Seite ab.

Beispiele für selbstständige Leistungen auf Basis gründlicher, umfassender Fachkenntnisse

1. *Qualitätsmanagement-Mitarbeiter in einem Universitätsklinikum*

Das Zusammenstellen von Daten für den strukturierten Qualitätsbericht und weitere Statistiken sowie Reporte erfordert eine Verknüpfung unterschiedlicher Informationen und Überlegungsprozesse, wie weiter zu verfahren ist. Das gilt insbesondere für die Prüfung der Daten auf Vollständigkeit oder Unstimmigkeiten. Der Mitarbeiter hat auf der Grundlage des vorausgesetzten Fachwissens Wege zu finden, die ihm eine zuverlässige und schnelle Prüfung der eingegebenen Daten sowie eine Auswahl bestimmter Daten nach bestimmten Kriterien ermöglichen. Er hat sich Gedanken zu machen, wie er die einzelnen Kliniken informiert oder schult. Er hat für die Umsetzung der Vorgaben des G-BA, des IQTIG und anderer Akteure im Qualitätswesen zu sorgen.

(vgl. LAG M-V 28.01.2020, 5 Sa 118/19, zit. nach WKRS 2020, 13374)

2. *Innenrevisor (hier an einer Hochschule)*

Der Mitarbeiter stellt eigenständig Prüfberichte her über die von ihm zu prüfenden Vorgänge wie Drittmittelprojekte. Hierbei überprüft er die Ausgaben im Hinblick auf zweckentsprechende Verwendung sowie die Belege, ob die Ausgaben durch entsprechende Belege gedeckt sind. Des Weiteren prüft er eigenständig den Haushalt der Studierendenschaft und empfiehlt dem Rektor, ob dieser genehmigt werden kann.

(vgl. LAG M-V 09.10.2018, 5 Sa 223/17; zit. nach WKRS 2018, 52128)

3. *Controller*

Der Controller arbeitet im Bereich der Kosten- und Leistungsrechnung als Projektleiter. Die selbstständigen Leistungen ergeben sich aus den dabei vorhandenen Entscheidungsbefugnissen. Er kann den einzuschlagenden Weg und das zu erreichende Ergebnis bestimmen. Die Berichtspflicht ggü. dem Vorgesetzten steht dem nicht entgegen.

(vgl. LAG Niedersachsen 29.04.2002, 8 Sa 1049/01 E)

5. Besonders verantwortungsvolle Tätigkeiten

Mit dem Tätigkeitsmerkmal der besonders verantwortungsvollen Tätigkeit hat sich das BAG in seinen Entscheidungen vom 29.01.1986 (4 AZR 465/84, AP Nr. 115 zu §§ 22, 23 BAT 1975) und vom 19.03.1986 (4 AZR 642/84, AP Nr. 116 zu §§ 22, 23 BAT 1975) intensiv auseinandergesetzt. Die Rechtsprechung verweist regelmäßig auf diese Grundsatzentscheidungen (vgl. z. B. BAG 12.05.2004, 4 AZR 371/03, AP Nr. 301; BAG 21.01.2015, 4 AZR 253/13, AP Nr. 44, beide zu §§ 22, 23 BAT-O).

Um auf diese Rechtsprechung aufbauen zu können, ist zunächst zu prüfen, ob sie im TV-V im gleichen Sinnzusammenhang verwendet wird wie im BAT/TVöD, was der Fall ist:

BAT	TVöD-VKA	TV-V
Vergütungsgruppe Vb Fallgruppe 1a: + gründliche, umfassende Fachkenntnisse + selbstständige Leistungen	Entgeltgruppe 9b Fallgruppe 2: + gründliche, umfassende Fachkenntnisse + selbstständige Leistungen	Entgeltgruppe 8 Fallgruppe 8.2: + gründliche, umfassende Fachkenntnisse + selbstständige Leistungen
Vergütungsgruppe IVb Fallgruppe 1a: Heraushebung aus der Vergütungsgruppe Vb Fallgruppe 1a durch: besonders verantwortungsvolle Tätigkeiten	Entgeltgruppe 9c: Heraushebung aus der Entgeltgruppe 9b durch: besonders verantwortungsvolle Tätigkeiten	Entgeltgruppe 9 Fallgruppe 9.1: Heraushebung aus der Entgeltgruppe 8 Fallgruppe 8.2 durch: besonders verantwortungsvolle Tätigkeiten

7

Nach den oben genannten Grundsatzurteilen ist somit auch im TV-V von einer besonders verantwortungsvollen Tätigkeit auszugehen, wenn diese Bedingungen erfüllt sind:

Besonders verantwortungsvolle Tätigkeiten liegen vor, wenn die dem Beschäftigten übertragene Verantwortung beträchtlich gewichtiger ist als die bereits in der Vergütungsgruppe Vb Fallgruppe 1a geforderte „Normalverantwortung" (vgl. BAG 19.03.1986, 4 AZR 642/84, AP Nr. 116 zu §§ 22, 23 BAT 1975; BAG 15.02.2006, 4 AZR 645/04, AP Nr. 32 zu §§ 22, 23 BAT-O).

Normalverantwortung bedeutet:

BAG vom 09.05.2007

Nach der ständigen Rechtsprechung des Senats ist unter „Verantwortung" im Sinne des zur Beurteilung stehenden Tarifmerkmals zunächst die Verpflichtung der Angestellten zu verstehen, dafür einstehen zu müssen, dass in dem ihr übertragenen Dienst- oder Arbeitsbereich die dort – auch von anderen Bediensteten – zu erledigenden Aufgaben sachgerecht, pünktlich und vorschriftsgemäß ausgeführt werden.

(BAG 09.05.2007, 4 AZR 351/06, AP Nr. 33 zu §§ 22, 23 BAT-O)

Die hier geforderte besondere Verantwortung erfordert demnach Tätigkeiten mit besonderer/erheblicher Tragweite (BAG 15.02.2006, 4 AZR 645/04, AP Nr. 32 zu §§ 22, 23 BAT-O; BAG 15.02.2004, 4 AZR 371/03, AP Nr. 301 zu §§ 22, 23 BAT 1975).

Die besondere Verantwortung kann sich damit typischerweise beziehen auf:

- andere Mitarbeiter (Leitungs-/Aufsichtsfunktionen)
- dritte Personen
- Sachen
- Arbeitsabläufe
- zu gewinnende Resultate

soweit diese mit Auswirkungen von erheblicher Tragweite verbunden sind (vgl. BAG 21.01.2015, 4 AZR 253/13, AP Nr. 44 zu §§ 22, 23 BAT-O; BAG 21.02.2001, 4 AZR 40/00, zit. nach WKRS 2001, 24761).

BAG vom 15.02.2006

Das Merkmal fordert allerdings nicht, dass der Angestellte die letzte oder alleinige Verantwortung trägt. Es kann nämlich im Einzelfall durchaus so liegen, dass der Angestellte, obwohl er als der Verantwortliche nicht in Erscheinung tritt, an Maßnahmen mit erheblichen Auswirkungen gegenüber dem öffentlichen Arbeitgeber oder Dritten deshalb wesentlich beteiligt ist, weil sein Vorgesetzter zur Nachprüfung aller vom Angestellten bearbeiteten Vorgänge schon zeitlich nicht in der Lage und deshalb nicht dazu verpflichtet ist. In solchen Fällen kann eine bestehende Mitverantwortung je nach Umfang und Bedeutung der Beteiligung des Angestellten die Eigenschaft der besonderen Verantwortung im Sinne der VG IVb begründen. Dabei kommt es **maßgeblich** darauf an, **ob und inwieweit eine echte Nachprüfung der vom Angestellten vorgelegten Sachen erfolgt. Ist dies nicht der Fall, kann somit eine Mitverantwortung des Angestellten ausreichend sein; eine Verantwortung nach außen wird dann nicht zwingend gefordert.**

(BAG 15.02.2006, 4 AZR 645/04, AP Nr. 32 zu §§ 22, 23 BAT-O m. w. N.; *Hervorhebung durch die Verfasser*)

So muss dem Mitarbeiter beispielsweise keine Unterschriftsbefugnis – als möglicher Aspekt von Außenverantwortung – obliegen. Trotzdem kann – je nach Lage des Einzelfalls – der Unterschriftsbefugnis eine Bedeutung zukommen, nämlich dann, wenn dem Arbeitnehmer keine Unterschriftsbefugnis eingeräumt wurde, da seine Arbeitsergebnisse inhaltlich im Detail kontrolliert und danach ggf. nochmals geändert werden. Bei einer solchen Fallkonstellation kann dem Arbeitnehmer das Ergebnis seiner Arbeit und damit die Verantwortung nicht mehr unmittelbar zugerechnet werden. Er ist nicht selbst für die richtige Ausführung seiner Arbeit verantwortlich und muss dementsprechend auch nicht selbst für seine Arbeitsergebnisse einstehen (vgl. zur Bedeutung der Unterschriftsbefugnis: BAG 18.06.1997, 4 AZR 28/95, ZTR 1998, S. 87).

Zusammenfassend ist von diesen Prüfkriterien auszugehen:

Prüfung der besonders verantwortungsvollen Tätigkeiten

1. Feststellung der stellen-/aufgabenbezogenen (Normal-)Verantwortung des Arbeitnehmers
2. Prüfen, welche konkreten Folgen sich aus dem Handeln bzw. Nichthandeln des Arbeitnehmers ergeben können, um Tätigkeiten mit erheblichen Auswirkungen zu ermitteln.
3. Abgrenzung der Feststellungen nach oben, insbesondere dem Begriff der „Bedeutung" der Entgeltgruppe 10 Fallgruppe 10.1

§

Entscheidungen zum TV-V

1. Kundendiensttechniker

Ablehnung der besonders verantwortungsvollen Tätigkeit aus folgenden Gründen:

Soweit der Kläger in diesem Zusammenhang auf den Umstand verweist, dass es sich bei seiner Tätigkeit um Gefahrenhandwerke handelt und eine fehlerhafte Arbeitsweise zu erheblichen Gefahren für die Allgemeinheit führen kann, wird auch dies dem tariflichen Beurteilungsmaßstab nicht gerecht. Wie die Tätigkeitsbeispiele zur EG 9 erkennen lassen, betrifft das Merkmal der besonders verantwortungsvollen Tätigkeit die Verantwortung etwa für die sachgerechte Organisation einer großen Arbeitsstätte oder den Bau und Betrieb von Netzen einschließlich des Personal- und Materialeinsatzes. Nicht hingegen ist für das Merkmals der besonders verantwortungsvollen Tätigkeit schon allein der Umstand entscheidend, dass eine fehlerhafte Arbeitsweise zu Gefahren für Leib und Leben einzelner oder einer Vielzahl von Personen sein kann oder erhebliche wirtschaftliche Schäden drohen. Träfe das Begriffsverständnis des Klägers zu, so wäre bei jeder sicherheitsrelevanten Tätigkeit das Tarifmerkmal der besonders verantwortungsvollen Tätigkeit erfüllt. Dies trifft ersichtlich nicht zu ...

(LAG Hamm 31.05.2012, 8 Sa 1908/11, zit. nach WKRS 2012, 26982)

2. Sicherheitsfachkraft Verwaltung und Bäder

Dabei kann zugunsten des Klägers unterstellt werden, dass die von ihm ausgeübte Tätigkeit nicht allein gründliche, umfassende Fachkenntnisse und selbständige Leistungen im Sinne der Entgeltgruppe 8.2 erfordert, sondern – abweichend vom Standpunkt der Beklagten – auch das Heraushebungsmerkmal der besonders verantwortungsvollen Tätigkeit erfüllt ist. Immerhin obliegt dem Kläger bei Gefahr im Verzug die verbindliche Entscheidung, die Betriebsanlagen vorübergehend stillzulegen, woraus sich im Einzelfall erhebliche Folgen ergeben können.

(vgl. LAG Hamm 16.10.2008, 8 Sa 465/08, zit. nach www.justiz.nrw/entscheidungen)

Weitere Beispiele aus der Rechtsprechung:

In diesen Fällen wurde eine besonders verantwortungsvolle Tätigkeit bejaht:

- Führen von Verhandlungen über privatrechtliche Duldungs-, Nutzungs-, Pacht-, Kauf- oder Tauschverträge über Grundstücke, ohne Abschlussvollmacht und anhand von Vertragsmustern

  (vgl. BAG 17.08.1994, 4 AZR 644/93, AP Nr. 183 zu §§ 22, 23 BAT 1975)

- einziger Personalsachbearbeiter eines Unternehmens

  (vgl. LAG Düsseldorf 04.02.1997, 16 Sa 1554/96, zit. nach Reidelbach/Wieland/Fattler, P 150)

- Controller als Projektleiter zur Einführung einer betriebsweiten Kosten- und Leistungsrechnung

  (vgl. LAG Niedersachsen 29.04.2002, 8 Sa 1049/01 E)

- Innenrevision in einer Hochschule: Die Erstellung der Verwendungsnachweisprüfung bei Drittmittelprojekten nach § 44 LHO M-V bzw. § 44 BHO, die Prüfung der Studierendenschaft sowie die Beachtung der Antikorruptionsrichtlinie und die Zusammenfassung in der Erstellung von Prüfberichten stellen dabei besonders verantwortungsvolle Tätigkeiten dar, da die Nichteinhaltung der Vorschriften bzw. fälschliche Erstellung der Prüfberichte Auswirkungen auf die Hochschule sowie Drittmittelgeber haben kann. Dies folgt bereits daraus, dass der Mitarbeiter die Tätigkeit der übrigen Verantwortlichen bei der Verwaltung der Projekte im Hinblick auf Ausgaben kontrolliert.

  (vgl. LAG M-V 09.10.2018, 5 Sa 223/17, zit. nach WKRS 2018, 52128)

- Die Tätigkeit eines Qualitätsmanagement-Mitarbeiters in einem Universitätsklinikum, der mit dem Zusammenstellen der notwendigen Qualitätskennzahlen für den strukturierten Qualitätsbericht (§ 136b Abs. 1 Satz 1 Nr. 3 SGB V) befasst ist, ist besonders verantwortungsvoll: Der Mitarbeiter hat dafür einzustehen, dass die maßgeblichen Daten vollständig und rechtzeitig vorliegen und versandt werden können. Andernfalls drohen Sanktionen des G-BA. Evtl. Fehler fallen auf den Mitarbeiter zurück, der sich hierfür gegenüber den Vorgesetzten zu rechtfertigen hat. Die Verantwortung liegt zu einem großen Teil bei ihm, nicht beim Vorgesetzten. Die Qualitätssicherung hat einen erheblichen Einfluss auf das Renommee des Klinikums, zu dem der Mitarbeiter einen maßgeblichen Beitrag leistet. Der Mitarbeiter trägt mehr Verantwortung als einem Mitarbeiter, der über gründliche, umfassende Fachkenntnisse bzw. eine einschlägige Fachhochschulausbildung verfügt und am Anfang seiner Berufslaufbahn steht, regelmäßig übertragen werden kann. Vielmehr ist eine mehrjährige einschlägige Berufserfahrung nötig, wie sie in der Stellenausschreibung gefordert ist.

  (vgl. LAG M-V 28.01.2020, 5 Sa 118/19, zit. nach WKRS 2020, 13374)

- Leitungs- und Aufsichtsfunktionen

  (vgl. BAG 01.08.2001, 4 AZR 298/00)

- Tätigkeit als Sachgebietsleitung (SGL; hier im Sachgebiet „Kreisliche Abfallentsorgung"): Die SGL hat allgemeine Leitungstätigkeit durchzuführen, trägt die Personal-, Finanz- und Organisationsverantwortung, trifft fachliche Grundsatzentscheidungen, entwickelt einheitliche standardisierte Verfahren im Sachgebiet. Damit ist das heraushebende Merkmal gegeben. Als SGL muss sie nicht nur umfassend die einzelnen Fachgesetze kennen und anwenden können, wozu gründliche, umfassende Fachkenntnisse notwendig sind. Sie muss zudem die ihr unterstellten Beschäftigten führen. Sie ist schließlich für eine ordnungsgemäße Beachtung der einschlägigen Bestimmungen gegenüber der Allgemeinheit, einzelnen Bescheidadressaten und dem öffentlichen Haushalt verantwortlich, so dass ihre Tätigkeit als besonders verantwortungsvoll bewertet werden muss. Sie trägt die Aufgabe, für die sachgemäße pünktliche Aufgabenbewältigung ihres Sachgebietes einstehen zu müssen.

  (vgl. LAG M-V 21.06.2022, 2 Sa 73/21 m. w. N., zit. nach WKRS 2022, 37272)

- Die Tätigkeiten der Umwelt(schutz)beauftragten, bestehend aus den Arbeitsvorgängen Abfallwirtschaft und Umweltschutz sind jeweils besonders verantwortungsvoll, da die zu treffenden Entscheidungen gravierende Auswirkungen für die Stadt und die Bürger haben können. Dies zeigt sich zum Beispiel im Bereich der Abfallwirtschaft bei der Kalkulation der Abfallgebühren. Wenn diese unkorrekt erfolgt, entgehen der Beklagten Gebühren. Wird die Abfallberatung, die die Klägerin eigenständig vornimmt, fehlerhaft durchgeführt, so kann dies zu Umweltbeeinträchtigungen führen. Gleiches gilt aber auch für die Aufgabenbereiche des Umweltschutzes. In diesem Zusammenhang vermittelt die Klägerin auch eigenständig umweltrelevante Themen und Verhaltensweisen an Multiplikatoren, zum Beispiel an Lehrer und Schüler, Kindergärten, Vereine und Agendagruppen, zum Teil Architekten, Handwerker, etc. Ihre Stellungnahmen bereiten politische Beschlüsse vor, sodass die politisch Handelnden bei der Beklagten darauf angewiesen sind, zutreffend informiert zu werden. Die Klägerin ist darüber hinaus federführend für den Klimaschutz und für die Koordination von Projekten in diesem Bereich zuständig.

  (vgl. LAG Hamm 05.06.2012, 12 Sa 65/12, zit. nach WKRS 2012, 42680)

7

Die Auslegung der Oberbegriffe ab EG 9 FG 9.2

8

1. Übersicht

Die Oberbegriffe ab Entgeltgruppe 9 Fallgruppe 9.2

EG	FG 1	FG 2
9		+ abgeschlossene FH- oder BA-Ausbildung + entsprechende Tätigkeiten
10	***Herausheben*** aus 9.1 oder 9.2 durch besondere Schwierigkeit und Bedeutung	
11	+ abgeschlossene wiss. Hochschulbildung + entsprechende Tätigkeiten	***Erhebliches Herausheben*** aus 10.1 durch Maß der Verantwortung
12	+ abgeschlossene wiss. Hochschulbildung + einjährige einschlägige Berufsausübung + entsprechende Tätigkeiten	
13	***Herausheben*** aus 12.1 durch besondere Schwierigkeit und Bedeutung	
14	***Erhebliches Herausheben*** aus 13.1 durch Maß der Verantwortung	
15	***Erhebliches Herausheben*** aus 14.1	

2. Vorbemerkungen

Die unterschiedlichen Qualifikationsebenen

Der TV-V unterscheidet in den Entgeltgruppen 9 bis 11 bzw. Entgeltgruppen 11 bis 15 zwischen einem abgeschlossenen Fachhochschul- oder Bachelorstudium einerseits und einer abgeschlossenen wissenschaftlichen Hochschulbildung andererseits. Damit wird an die in Deutschland bislang bestehende Differenzierung zwischen Fachhochschulstudiengängen mit einer Regelstudienzeit von höchstens vier Jahren (vgl. § 11 Satz 1 Nr. 1 HRG) und anderen Studiengängen mit einer Regelstudienzeit von viereinhalb Jahren (vgl. § 11 Satz 1 Nr. 2 HRG) angeknüpft. Zum anderen wird der Hochschulabschluss Bachelor in das TV-V-Eingruppierungsrecht integriert.

Das bisherige Hochschulrecht

Nach traditionellem Verständnis handelt es sich bei Fachhochschulstudiengängen um Studiengänge, die dem besonderen Auftrag der Fachhochschulen zu einer berufsbezogenen Ausbildung entsprechen. Danach vermitteln Fachhochschulen durch eine anwendungsbezogene Lehre eine Bildung, die zu selbstständiger Anwendung wissenschaftlicher Methoden in der Berufspraxis befähigt (vgl. Reich, § 1 Rn. 1 und 5 m. w. N.). Vor diesem Hintergrund sahen die alten Tarifverträge des öffentlichen Dienstes eine grundsätzliche Unterscheidung vor: Die Fachhochschulausbildung befähigte für auszuübende Tätigkeiten im „gehobenen Dienst" (vgl. Vergütungsgruppe Vb–III BAT), während die Ausbildung an einer wissenschaftlichen Hochschule (Universität, Technische Universität) für den „höheren Dienst" (vgl. Vergütungsgruppe II–I BAT) qualifizierte.

Die Studienreform

Mit der Einführung von Bachelor- und Masterstudiengängen gemäß § 19 HRG wurde diese Unterscheidung infrage gestellt (vgl. Jahn, S. 132). Zur Vereinheitlichung der Hochschulausbildung in Europa wurden die alten Diplom- und Magisterabschlüsse sowie die Staatsexamina durch diese neuen berufsqualifizierenden Abschlüsse abgelöst („Sorbonne-Erklärung" und „Bologna-Erklärung"; siehe Jahn, S. 128; Schwarz-Hahn/Rehburg). Diese Entwicklung wird begleitet durch eine „Verwissenschaftlichung" der Fachhochschulausbildung. Universitäten wie Fachhochschulen können ihre Bachelor- und Masterstudiengänge sowohl praxis- als auch wissenschaftsbezogen ausrichten (vgl. Waldeyer, ZBR 2003, S. 17, 23 m. w. N.). Einheitliches Ausbildungsziel der Hochschulen ist gemäß § 7 HRG, die Studierenden durch Lehre und Studium auf ein berufliches Tätigkeitsfeld vorzubereiten und ihnen die dafür erforderlichen fachlichen Kenntnisse, Fähigkeiten und Methoden des jeweiligen Studiengangs zu vermitteln. An Fachhochschulen wurde bisher anwendungsbezogene Forschung und Entwicklung betrieben. Die Forschung dient dabei gemäß § 22 HRG auch der Lehre, so dass auch beim Fachhochschulstudium von Wissenschaftlichkeit gesprochen werden kann. Dementsprechend hat die Konferenz der Kultusminister der Länder beschlossen, dass Masterabschlüsse von Universitäten und Fachhochschulen grundsätzlich zur Promotion berechtigen (vgl. Waldeyer, ZBR 2003, S. 17 f., 20 m. w. N.). Im Ergebnis unterscheiden sich die Hochschulformen Universität und Fachhochschule nicht mehr durch „institutionelle Standardzuweisungen", sondern durch das Profil des Studienangebots (vgl. Waldeyer, ZBR 2003, S. 17, 24; Jahn, S. 132).

Bachelorgrad

Bei dem Bachelorgrad handelt es sich um einen ersten berufsqualifizierenden Abschluss, der nach einer Regelstudienzeit von mindestens drei und höchstens vier Jahren verliehen wird. Im Unterschied zum alten Hochschulrecht verleihen sowohl Fachhochschulen als auch (Technische) Universitäten diesen Grad. Der bisherige Zusatz „(FH)" entfällt. Stattdessen werden folgende Bachelorgrade verliehen: Bachelor „... of Arts" (B. A.; Geisteswissenschaften), „... of Science" (B. Sc.; Naturwissenschaften), „... of Engineering" (B. Eng.; Ingenieurwissenschaften), „... of Laws" (LL. B.; Rechtswissenschaft).

Mastergrad

Entsprechendes gilt für den Mastergrad. Dieser baut auf dem Bachelorgrad auf und muss so dem Aufbau- bzw. Weiterbildungsbereich zugerechnet werden (vgl. Reich, § 19 Rn. 4 m. w. N.). Dabei handelt es sich um einen „weiteren" berufsqualifizierenden Abschluss. Möglich ist aber auch der Aufbau auf ein Fachhochschul-Diplom oder ein Staatsexamen (vgl. Reich, § 19 Rn. 4).

In der Praxis werden für den Master folgende Abschlussbezeichnungen verwendet: Master „... of Arts" (M. A.; Geisteswissenschaften), „... of Science" (M. Sc.; Naturwissenschaften), „... of Engineering" (M. Eng.; Ingenieurwissenschaften), „... of Laws" (LL. M.; Rechtswissenschaft).

8

Wichtig: Im Bereich der Wirtschaftswissenschaften wird zudem von verschiedenen Hochschulen der MBA-Grad (Master of Business Administration) verliehen. Bei Akkreditierung gelten auch für diesen die oben genannten Ausführungen entsprechend.

Lücke im TV-V

Vor diesem Hintergrund ist im TV-V für den Mastergrad eine Lücke, das heißt eine planwidrige Unvollständigkeit entstanden.

Derartige Lücken werden nach Maßgabe allgemeiner Gerechtigkeitsvorstellungen in möglichst enger Anlehnung an das geltende Recht ausgefüllt (vgl. Schwintowski, S. 84). Es erfolgt somit eine analoge Anwendung anderer Eingruppierungsnormen. Bei der Ausfüllung der Lücke ist zu fragen, wie eine artverwandte oder vergleichbare Tätigkeit bewertet wird.

In den neuen Entgeltgruppen des TVöD und TV-L entspricht der Mastergrad der Qualifikationsebene Entgeltgruppe 13 bis 15 TVöD/TV-L („höherer Dienst").

Diese Überlegung ist überzeugend, da der Mastergrad einen „Aufbau-Grad" darstellt, der eine Vertiefung im gleichen Studienfach belegt (vgl. Reich, § 19 Rn. 6). Gleiches muss gelten, wenn beispielsweise auf ein Fachhochschulstudium der Betriebswirtschaftslehre ein Masterstudium im Bereich (Wirtschafts-)Recht aufgesattelt wird. Die Ergänzung ist eine Ausweitung der bisherigen Kenntnisse. Folglich qualifiziert der akkreditierte Mastergrad einer Fachhochschule oder (Technischen) Universität für die Entgeltgruppen 11/12 bis 15 TV-V.

Aufgrund der Studienreform ist für die Auslegung der Tätigkeitsmerkmale also zusammenfassend zu beachten:

- Der akkreditierte Bachelorgrad aller Hochschulformen entspricht dem „alten" Dipl.-FH-Abschluss.
- Der akkreditierte Mastergrad aller Hochschulformen entspricht dem „alten" Universitätsabschluss.

Wenn wir im Nachfolgenden vom „akademischen Zuschnitt" sprechen, können diese Voraussetzungen auch von FH-Absolventen mit Masterabschluss erfüllt werden.

Praxis-Tipp:

Nähere Informationen über die Studiengänge und -abschlüsse deutscher Hochschulen finden sich auf den Seiten der Deutschen Hochschulrektorenkonferenz (www.hochschulkompass.de) oder unter: www.studienwahl.de.

Wie bereits aus der Übersicht zu 1. ersichtlich, finden sich zudem diese identischen Tätigkeitsmerkmale ab Entgeltgruppe 9:

1. entsprechende Tätigkeiten (Entgeltgruppe 9 Fallgruppe 9.2, Entgeltgruppe 11 Fallgruppe 11.1, Entgeltgruppe 12 Fallgruppe 12.1, Entgeltgruppe 13 Fallgruppe 13.1, Entgeltgruppe 14 Fallgruppe 14.1, Entgeltgruppe 15 Fallgruppe 15.1)

2. besondere Schwierigkeit und Bedeutung (Entgeltgruppe 10 Fallgruppe 10.1, Entgeltgruppe 13 Fallgruppe 13.1)
3. Maß der Verantwortung (Entgeltgruppe 11 Fallgruppe 11.2, Entgeltgruppe 14 Fallgruppe 14.1)

Sie entsprechen zum Großteil in ihrem Wortlaut und in ihrer Systematik denen des BAT/TVöD, so dass grundsätzlich auf die entsprechend vorhandene Rechtsprechung zurückgegriffen werden kann. Dabei werden die jeweils oben genannten Tätigkeitsmerkmale in gleicher Weise ausgelegt. Lediglich die Vergleichsbasis ist jeweils eine andere (vgl. z. B. BAG 29.01.1986, 4 AZR 465/84, AP Nr. 115; BAG 19.03.1986, 4 AZR 642/84, AP Nr. 116 beide zu §§ 22, 23 BAT 1975), so dass auch wir im Folgenden erst die Begriffe an sich in ihrem tariflichen Zusammenhang erläutern und anschließend, soweit für den TV-V passend, konkrete Beispielfälle aus der Rechtsprechung aufarbeiten.

3. Die entsprechenden Tätigkeiten

Auslegung durch die Rechtsprechung

Von entsprechenden Tätigkeiten kann nach neuem Hochschulrecht nur dann gesprochen werden, wenn der übertragene Aufgabenbereich die Anwendung der durch die jeweilige Ausbildung und das jeweilige Ausbildungsniveau (Bachelor bzw. Master) erworbenen Kenntnisse und Fähigkeiten auch erfordert.

So müssen für eine Eingruppierung nach Entgeltgruppe 9 Fallgruppe 9.2 Tätigkeiten vorliegen, die ein Wissen und Können erfordern, wie es im Rahmen der alten Fachhochschulausbildungen bzw. der neuen Bachelorstudiengänge vermittelt wird.

Eine Tätigkeit entspricht einer bestimmten Ausbildung, wenn die durch die Ausbildung erworbenen Fähigkeiten zur ordnungsgemäßen Ausübung der Tätigkeit erforderlich sind. Die jeweils geforderte Ausbildung muss notwendig sein, um die Aufgaben in vollem Umfang, im üblichen Zeitrahmen und in der gebotenen Qualität erledigen zu können. Ohne die in einer solchen Ausbildung vermittelten Fähigkeiten ist es demnach nicht möglich, dem Aufgabenprofil in vollem Umfang gerecht zu werden.

(vgl. LAG M-V 11.01.2022, 5 Sa 111/21 m. w. N., zit. nach WKRS 2022, 10915)

Wichtig: Die alten FH-Ausbildungen und die neuen Bachelorstudiengänge bieten eine Vielzahl von Schwerpunkten, die bei der Einschlägigkeit entsprechend zu berücksichtigen sind. Sonst werden einem Arbeitnehmer ggf. Kenntnisse und Fähigkeiten höherwertig angerechnet, nur weil nicht das entsprechend einschlägige Schwerpunktstudium als Vergleichsbasis herangezogen wurde.

Nichts anderes gilt für akademische Studienabschlüsse (Master). Auch hier müssen die entsprechenden Tätigkeiten einen sogenannten akademischen Zuschnitt aufweisen, das heißt die auszuübenden Tätigkeiten müssen Fähigkeiten erfordern, wie ein einschlägig ausgebildeter Akademiker auf seinem entsprechenden Fachgebiet Zusammenhänge zu überschauen und Ergebnisse zu entwickeln (BAG 14.09.2016, 4 AZR 964/13, AP Nr. 46 zu §§ 22, 23 BAT-O m. w. N.). So stellen bloße Erfassungs- und Zusammenfassungstätigkeiten vorab erbrachter wissenschaftlicher Arbeit als solche keine Tätigkeiten mit akademischem Zuschnitt dar (vgl. BAG 15.03.2006, 4 AZR 157/05).

Nicht ausreichend ist es, wenn das in der Ausbildung erworbene Wissen und Können lediglich nützlich oder wünschenswert für die Aufgabenbewältigung ist. Es muss vielmehr notwendig sein (vgl. ständige Rechtsprechung des BAG zu entsprechenden Tätigkeiten: BAG 14.09.2016, 4 AZR 964/13, AP Nr. 46 zu §§ 22, 23 BAT-O m. w. N.).

Praxis-Tipp:

Die Prüfung „entsprechender Tätigkeiten" kann anhand der einschlägigen Berufsbilder (Ausbildungs- und Prüfungsanforderungen) erfolgen (vgl. z. B. BAG 14.09.2016, 4 AZR 964/13, AP Nr. 46 zu §§ 22, 23 BAT-O m. w. N.; BAG 18.11.2015, 4 AZR 605/13, AP Nr. 335 zu §§ 22, 23 BAT 1975).

Sie bilden die „Normalleistung" eines Arbeitnehmers mit entsprechender Tätigkeit ab (BAG 18.11.2015, 4 AZR 605/13, AP Nr. 335 zu §§ 22, 23 BAT 1975).

Beispiele aus der Rechtsprechung für die FH-Ausbildung

1. Technischer Sachbearbeiter HLS-Technik (Heizung, Lüftung und Sanitär)

Der Arbeitnehmer ist fachlich unmittelbar dem zuständigen Sachgebietsleiter und mittelbar dem zuständigen Abteilungsleiter unterstellt. Seine Funktion ist in einer „Kurzbeschreibung" wie folgt beschrieben: „Sachbearbeiter – Überwachung des technischen Zustands der gebäudetechnischen Anlagen – Auftragserteilung – Bauleitung – Überwachung der Leistung der beauftragten freiberuflich tätigen Ingenieure".

Er hat folgende Tätigkeiten auszuüben:

1. Feststellung und Beurteilung des technischen Zustands von Anlagen innerhalb der Objekte
   - Recherchieren zu möglichen Dokumentationen und deren Vergleich mit den Istzuständen
   - Ermittlung der sich ergebenden Aufgaben aus dem Zustand der Anlagen sowie die Kosteneinschätzung der sich ergebenden Aufgaben in der Liste
   - Analysentätigkeit in Bezug auf Energieart und Verbrauch der technischen Anlagen
   - Feststellung des Zustands und der Art der Messeinrichtungen für Wärme, Wasser, Gas und Stromverbrauch
   - Veranlassung des möglichen Einbaus von Messeinrichtungen bei den Rechtsträgern der Versorgungsmedien sowie der Ermittlung der technischen Daten für die Aufträge
   - Begehung und Beratung mit den Nutzern der Objekte in Bezug auf die richtige Nutzung der Anlagen
2. Einschätzung der Bauphysik eines Objekts in Bezug auf Wärmeschutz und Lüftungsverhalten sowie die Rückkopplung auf die Funktionsweise der technischen Anlagen des Gebäudes
   - Rechnerische Ermittlung der Wärmelast der Gebäude als Voraussetzung für den wirtschaftlichen Einsatz von Wärmeerzeugern
   - Ermittlung des Warmwasserbedarfs für die wirtschaftliche Auswahl der Trinkwasser-Erwärmungsanlagen

- Wirtschaftlichkeitsermittlungen zum optimalen Einsatz von Wärmeerzeugern und Energieträgern
- Recherchen zur Feststellung der künftigen Versorgungsmöglichkeiten und Ermittlung der Leistungsparameter (diese Tätigkeit gestaltet sich in M. äußerst problematisch, weil seitens der Stadt keine verbindlichen Konzeptionen zur künftigen Wärmeversorgung bestehen und die Bildung der Stadtwerke lange hinausgezögert wird)

3. Erarbeitung und Erkennung von Aufgabenstellungen für die Vergabe von Planungsaufträgen an freiberufliche Ingenieure bzw. der eigenen Planungsgruppe innerhalb der Abteilung und Vorbereitung des Abschlusses des Ingenieurvertrages auf der Grundlage der HOAI
   - Objektbegehung mit dem Planer
   - Erfassung der erforderlichen Daten zur Aufgabenstellung (teilweise aus Tätigkeiten Nr. 1 und 2)
   - Formulierung der Aufgaben und Feststellung der Leistungsphasen aus der HOAI als Grundlage zur Abrechnung der Ingenieurleistungen
   - Abstimmung der Aufgabenstellung mit den zuständigen Sachbearbeitern der bautechnischen Abteilungen und mit den Nutzern der Objekte
4. Arbeit mit den freiberuflich tätigen Ingenieuren nach Übergabe der Aufgabenstellung in Bezug auf Kontrolle und Auswertung der Planungstätigkeit, der Vorbereitung der Ausschreibungsverfahren und Vergabe von HLS-Bauaufträgen
   - Zwischenabsprache und Auswertung von Planungsentwürfen mit dem Planer, Vorstellung und Diskussion der Entwürfe mit den anderen am Bau beteiligten Abteilungen, Planern und den Nutzern
   - Kontrolle von Leistungsverzeichnissen in Bezug auf Vollständigkeit und Materialarten, Kontrolle der Ausführungsplanung und deren Abzeichnung durch die Bauabteilung des Hochbauamts
   - Wahl der Vergabeart

- Zusammenstellung der Ausschreibungsunterlagen und Vorbereitung der Ausschreibung mit der zuständigen Stelle innerhalb des Hochbauamtes
- Auswertung der Submission, Entscheidung der Vergabe nach erfolgter Auswertung durch das Ingenieurbüro oder eigener Auswertung
- Erteilung des Bauauftrages an den ausgewählten Bieter und Einbeziehung des Abteilungsleiters, des Rechnungsprüfungsamts und Unterschriftseinholung durch den Zeichnungsberechtigten des Baudezernats (bei Überschreitung des Grenzbetrags Erstellung der Magistratsvorlage und Überwachung des Durchlaufs derselben)

5. Überwachung von Baudurchführungen entsprechend der vergebenen Aufträge

- Anlaufberatungen und Einweisungen mit den beauftragten Firmen und je nach Vereinbarung mit dem Planungsbüro
- Abstimmung der Baudurchführung mit dem Nutzer
- Bauüberwachung der Leistungen der bauausführenden Firma (die Intensität der Überwachung richtet sich nach der beauftragten Leistung des Planers für die Leistungsphase 8 der HOAI)
- Abnahme der Leistungen (mit oder ohne Planer)
- Überwachung bzw. Kontrolle von Funktionsproben, Abgasuntersuchungen, Wasseranalysen, Dichtigkeitsprüfungen, Schweißnahtuntersuchungen (soweit erforderlich) und TÜV-Abnahmen
- Zusammenstellung der Dokumentation bzw. deren Kontrolle
- Durchsetzung der Gewährleistung und Überwachung der im Abnahmeprotokoll festgelegten Restleistungen und Mängelbeseitigungen

6. Abrechnung der beauftragten Leistungen

- Kontrolle der Mengen auf Übereinstimmung mit den tatsächlich ausgeführten Leistungen
- Kontrolle der Einheitspreise

- Abzeichnung und Codierung der Rechnung, Weiterleitung an die Haushaltsbearbeiter, notwendige Rücksprachen mit denselben und Zuordnung in die Akten bzw. nochmalige Rücksendung an die Firma

7. Haushaltstechnische Tätigkeiten

   - Kostenzuordnungen
   - Abstimmungen der Positionen im Haushaltsplan mit der Abteilung 65.1 (Haushaltsstelle)
   - Zuarbeiten an die Abteilung 65.1 in Bezug auf die zu erwartende Abarbeitung der Mittel
   - Erarbeitung von Prioritätenlisten und sonstigen Zuarbeiten im Rahmen der Haushaltsplanung für das eigene und für fremde Ämter
   - Zuarbeit von Haushaltsunterlagen für die nutzenden Ämter zur Erarbeitung von Magistratsvorlagen für außerplanmäßige Mittelbereitstellungen
   - Technische Vorbereitung für förderfähige Maßnahmen der nutzenden Ämter und Mitarbeit, Führen des Verwendungsnachweises abgeschlossener Fördermaßnahmen

8. Teilnahme an Veranstaltungen, Vorträgen, Schulungen, Filmdarstellungen, Besichtigungen von Objekten in anderen Sachbereichen und anderen Orten und Fachmessen

9. Anleitung und Abstimmung der Arbeiten mit dem dem Sachgebiet zugeordneten Techniker (Heizungsmeister)

   - Abstimmung über die Prioritäten bei der Durchführung der Instandhaltungs- und Reparaturarbeiten in den einzelnen Objekten
   - Gemeinsame Objektbegehungen
   - Abstimmung zum Inhalt, dem technischen Niveau, dem Umfang und der Art der Instandhaltungs- und Reparaturarbeiten an den technischen Anlagen

10. Teilnahme an Dienstberatungen des Abteilungsleiters und des Stellenleiters sowie interne Beratung mit Vorgesetzten

Der Arbeitnehmer ist in seinem Aufgabenbereich für 180 Gebäude oder Einrichtungen zuständig. Diese Gebäude oder Einrichtungen stehen zum Teil unter Denkmalschutz.

Er verfügt über ein Diplom als Ingenieur (FH) in dem Ausbildungsgang HLS-Technik. Dabei übt er eine Tätigkeit ingenieurmäßigen Zuschnitts aus, da es sich bei den Tätigkeiten der Einschätzung der Bauphysik eines Objekts in Bezug auf Wärmeschutz und Lüftungsverhalten, der Erarbeitung und Erkennung von Aufgabenstellungen für die Vergabe von Planungsaufträgen an freiberufliche Ingenieure bzw. Ingenieure der eigenen Planungsgruppe und die Vorbereitung der Auftragsvergabe bei Gebäuden wie dem Theater der Landeshauptstadt, den Kammerspielen usw. um die Tätigkeit eines Ingenieurs auf dem Gebiet der Versorgungstechnik handelt.

(vgl. BAG 09.07.1997, 4 AZR 177/96, AP Nr. 7 zu §§ 22, 23 BAT-O)

2. Vorbereitung, Durchführung und Abschluss von EU-Vergabeverfahren

Die Vorbereitung, Durchführung und der Abschluss von EU-Vergabeverfahren ist eine entsprechende Tätigkeit auf Dipl.-FH-/BA-Niveau, was sich im Übrigen jedoch auch schon bereits aus der von der Beklagten selbst erstellten Tätigkeitsbeschreibung unter der Rubrik Ausbildungsbeschreibungen ergibt.

(vgl. LAG M-V 12.12.2018, 3 Sa 101/18, zit. nach WKRS 2018, 52092)

3. Erstellung digitaler Karten für das Grünflächeninformationssystem (GRIS)

Die Erstellung digitaler Karten für das Grünflächeninformationssystem (GRIS) umfasst im Wesentlichen folgende Aufgaben: Dort werden die Karten mit zahlreichen Zusatzinformationen Anwendern (Landschaftsingenieuren, Gärtnern, Meistern) zur Verfügung gestellt. Außerdem betreut und schult der Mitarbeiter die Anwender. In diesem Zusammenhang vergibt er mit Administratorrechten Nutzerrechte und behebt Probleme bei der Anwendung. Im Rahmen der Digitalisierung des Kartenmaterials besteht seine Aufgabe in der Erhebung der Daten, auch durch terrestrische Vermessungen. So ermittelt er z. B. den unter den jeweiligen Koordinaten zu findenden Bewuchs oder (bei Straßen und Wegen) den jeweiligen Belag.

Für die einzelnen Pflanzen befinden sich in einer digitalen Datenbank des GRIS Symbole. Diese kopiert er an die maßgeblichen Stellen der digitalen Karten. Dabei legt er zudem Pflegekategorien fest. Er muss also in der Lage sein, die Pflanzen und Wege zu erkennen bzw. zu kategorisieren. Außerdem muss er wissen, welchen Pflegekategorien sie zuzuordnen sind. Der Mitarbeiter gehört einer bezirksübergreifenden Arbeitsgruppe an, die durch einen Landschaftsingenieur geleitet wird und u. a. Pflegekategorien erarbeitet. Die Daten erheben die Landesbediensteten nicht vollständig selbst. Es werden insoweit auch Aufträge an Dritte vergeben. Die Vergaben von Leistungen nach HOAI und VOL für Vermessungsleistungen/Luftbildauswertungen bearbeiten der Mitarbeiter und dessen Kollege V. Die endgültige Vergabeentscheidung treffen sie nicht. Vergeben wurde z. B. auch die Erstellung einer Schnittstelle für Baumdatenimporte aus anderen Datenbanken. Auch diese bereiteten u. a. der Mitarbeiter und der Kollege V. vor. Die Vergaben erfolgen nach der HOAI und der VOL. Der Mitarbeiter pflegt die erstellten Karten in das GRIS an einer für die Anwender aufzufindenden Stelle ein. Den Umgang mit dem GRIS erlernte der Mitarbeiter im Rahmen von Lehrgängen, die das Land angeboten und finanziert hat, sowie durch Eigenstudium.

Bei Zugrundelegung der Grundsätze zur Prüfung „entsprechender Tätigkeiten" entspricht die Tätigkeit der Klägerin nicht einer Fachhochschulausbildung. Das kann – entgegen der Auffassung der Klägerin – nicht vermutet werden. Die Tätigkeit entspricht nicht dem, was heute im Rahmen des Fachhochschulstudiums im Bereich der Garten- und Landschaftsgestaltung vermittelt wird, und zwar in den jeweiligen Arbeitsvorgängen auch nicht in nicht unerheblichem Umfang.

(vgl. LAG Berlin-Brandenburg 10.02.2011, 26 Sa 2121/10, zit. nach WKRS 2011, 17264)

4. Sachbearbeiter in der Raumbedarfsverwaltung

Die Tätigkeiten eines **städtischen Sachbearbeiters in der Raumbedarfsverwaltung** sind solche, die einer abgeschlossenen Hochschulbildung entsprechen. Zur ordnungsgemäßen Ausübung der Tätigkeiten sind juristische, wirtschaftswissenschaftliche und verwaltungswissenschaftliche Kenntnisse, Fähigkeiten und Methoden nötig, wie sie in dem FH-Studiengang „Öffentliche Verwaltung" vermittelt werden. Diese Ausbildung befähigt zu einem Einsatz in den unterschiedlichen Bereichen der Verwaltung, sei es im Bereich der öffentlichen Sicherheit und Ordnung, der Sozialverwaltung, Kultur, Wirtschaft und Verkehr bis hin zur Bauverwaltung, Stadtentwicklung und Landschaftspflege/Umweltschutz. Die Hochschulbildung ermöglicht es aufgrund der dort vermittelten rechtlichen und wirtschaftlichen Kenntnisse sowie der wissenschaftlichen Methodik, sich das am jeweiligen Arbeitsplatz benötigte konkrete Wissen zu erarbeiten und dieses auf dem aktuellen Stand zu halten. Für die Tätigkeiten eines SB in der Raumbedarfsverwaltung sind in rechtlicher Hinsicht Kenntnisse aus dem Zivilrecht, insbesondere dem Mietrecht, sowie aus dem Arbeits- und Arbeitsschutzrecht notwendig. Gleichfalls nötig sind in gewissem Umfang betriebswirtschaftliche Kenntnisse.

(vgl. LAG M-V 11.01.2022, 5 Sa 111/21 m.w.N., zit. nach WKRS 2022, 10915)

Beispiele aus der Rechtsprechung für die wissenschaftliche Hochschulbildung

1. *Referent im Institut für Qualitätssicherung (Aus- und Fortbildung Lehrkräfte an den Schulen des Landes)*

Der Referent ist koordinierend zuständig für Fragen des Gesundheitsmanagements, des Betrieblichen Eingliederungsmanagements und der Gesundheit an der Schule (Arbeitsschutz und -sicherheit).

Der Kläger hat als Diplom-Lehrer eine wissenschaftliche Ausbildung genossen und er wird auch dementsprechend eingesetzt. Dem steht nicht entgegen, dass der Kläger schon viele Jahre nicht mehr als Lehrkraft beruflich tätig ist. Denn der Kläger wird im weiteren Sinne bei der Führung und Lenkung des Personalkörpers der Lehrkräfte eingesetzt und dies kann noch als eine seiner Studienqualifikation entsprechende Verwendung bezeichnet werden.

(vgl. LAG M-V 13.06.2017, 2 Sa 237/16 m. w. N. auf die Rechtsprechung des BAG, zit. nach WKRS 2017, 22709)

2. Strahlenschutzbeauftragter in der Klinik für Strahlentherapie

Der Mitarbeiter absolvierte von 1980 bis 1986 ein Studium der Medizin, das er nicht abschloss. Von 1986 bis 1990 studierte er an der Fachhochschule „Physikalische Technik". Dieses Studium schloss er erfolgreich ab. Der Mitarbeiter verfügt zunächst über eine „abgeschlossene wissenschaftliche Ausbildung". Nach der PE Nr. 1 Absatz 2 Satz 3 TV-L liegt eine abgeschlossene wissenschaftliche Hochschulausbildung auch dann vor, wenn der Master an einer Fachhochschule erlangt wurde und den Zugang zur Laufbahn des höheren Dienstes bzw. zur entsprechenden Qualifikationsebene eröffnet. Diese Voraussetzung ist in der Person des Mitarbeiters erfüllt. Seine an der FH erworbene Qualifikation würde sich nach heutigen Maßstäben, auf die es ankommt, in diesem Sinne darstellen. Der Mitarbeiter übt als Strahlenschutzbeauftragter auch Tätigkeiten aus, die eine derartige Qualifikation erfordern.

(vgl. LAG Köln 08.06.2015, 5 Sa 210/15; zit. nach WKRS 2015, 24259)

3. Abteilungsleiter im Tiefbauamt einer Großstadt

Die Abteilung ist zuständig für:

- projektbezogene Angelegenheiten der Eisenbahnen und U-Bahnen, soweit Belange der Baubehörde berührt werden
- grundsätzliche Anliegen des nichtschienengebundenen öffentlichen Nahverkehrs, soweit Belange des Tiefbauamts berührt werden
- die Ermittlung überörtlicher Leitungstrassen für Eisen- und U-Bahnen

Dies alles gilt mit Ausnahme der Aufgaben des Schnellbahnneubaus und der technischen Aufsicht über U-Bahnen.

Dem Abteilungsleiter obliegen:

1. Führungsaufgaben zu 20 Prozent Anteil an der Gesamtarbeitszeit
2. Fachaufgaben zu 80 Prozent Anteil an der Gesamtarbeitszeit, hier

Wahrnehmung der Aufgaben als Träger der Straßenbaulast mit diesen Einzeltätigkeiten:

- Aufstellung und Abschluss von Vereinbarungen mit den Verkehrsunternehmen bei der Änderung vorhandener oder der Herstellung neuer Eisenbahnkreuzungen im Rahmen einzelner Bauvorhaben. Hier kann der Abteilungsleiter nach innerbetrieblicher Abstimmung selbstständig entscheiden. Das Baurechtsamt überprüft insoweit die rechtlichen Aspekte.
- Auslegung und eigenverantwortliche Verhandlung mit den Verkehrsunternehmen über Maßnahmen an vorhandenen Eisenbahnkreuzungen aufgrund bestehender Verträge. Hier wirkt der Abteilungsleiter an der Erarbeitung und dem Abschluss von öffentlich-rechtlichen Verträgen mit.

(vgl. BAG 24.06.1998, 4 AZR 304/97, AP Nr. 241 zu §§ 22, 23 BAT 1975)

4. Die besondere Schwierigkeit und Bedeutung

Auslegung durch die Rechtsprechung

Mit den Tätigkeitsmerkmalen **besondere Schwierigkeit und Bedeutung** werden zwei voneinander abgrenzbare, unterschiedliche Qualifikationen gefordert. Die Schwierigkeit betrifft insoweit die Anforderungen an das fachliche Können des Arbeitnehmers, die Bedeutung hingegen die Auswirkungen der übertragenen Aufgaben (vgl. BAG 22.06.2022, 4 AZR 495/21, AP Nr. 8 zu § 12 TV-L m. w. N. auf die Rechtsprechung des BAG).

Dabei ist insbesondere zu berücksichtigen, dass beide Anforderungen kumulativ (das heißt gleichzeitig) erfüllt sein müssen. Im Rahmen der Eingruppierung ist deshalb im Einzelnen genau und unabhängig voneinander zu prüfen, ob die Tätigkeiten des Arbeitnehmers das Heraushebungsmerkmal der besonderen Schwierigkeit erfüllen und ob sie darüber hinaus auch noch bedeutungsvoll sind (vgl. BAG 21.03.2012, 4 AZR 292/10, AP Nr. 322 zu §§ 22, 23 BAT 1975).

Die tarifliche Anforderungskombination der **besonderen Schwierigkeit** bezieht sich nach der ständigen Rechtsprechung des BAG auf die fachliche Qualifikation des Arbeitnehmers, das heißt auf sein fachliches Können und auf seine fachliche Erfahrung. Sie verlangt, dass sich die Tätigkeit des Arbeitnehmers hinsichtlich der fachlichen

Anforderungen in beträchtlicher, gewichtiger Weise von denjenigen der niedrigeren Entgeltgruppe abhebt. Wird dort in dem einschlägigen Tätigkeitsmerkmal eine einem bestimmten Beruf entsprechende Tätigkeit („Normaltätigkeit“) gefordert, sind die Ausbildungsinhalte dieses Berufs während des streitigen Anspruchszeitraums maßgebend. Die erhöhte Qualifizierung im Vergleich zur „Normaltätigkeit“ dieses Berufs kann sich im Einzelfall aus der Breite und Tiefe des geforderten fachlichen Wissens und Könnens ergeben, aber auch aus außergewöhnlichen Erfahrungen oder einer sonstigen gleichwertigen Qualifikation, etwa Spezialkenntnissen (vgl. BAG 22.06.2022, 4 AZR 495/21, AP Nr. 8 zu § 12 TV-L; BAG 18.11.2015, 4 AZR 605/13, AP Nr. 335 zu §§ 22, 23 BAT 1975; BAG 11.02.2004, 4 AZR 684/02, AP Nr. 24 zu § 22 BAT-O m. w. N.).

Die besondere Schwierigkeit in diesem Sinne ergibt sich beispielsweise nicht aus der reinen Anwendung einer Software zur Sachverhaltserfassung. Die reine Anwendung entsprechender Software erfordert keinen besonderen technischen Sachverstand. Besondere IT-Kenntnisse wie zum Beispiel zur Programmierung einer Software oder zum Vornehmen von Softwareanpassungen sind nicht erforderlich (vgl. LAG SLH 27.09.2012, 5 Sa 48/12, ZTR 2013, S. 29 ff.).

Spezialkenntnisse im Sinne der besonderen Schwierigkeit liegen nur vor, wenn diese ein besonderes Gebiet abdecken, das nicht bereits in der grundständigen Ausbildung vermittelt worden ist. Die bloße Einarbeitung in die konkrete berufliche Tätigkeit stellt ebenso wenig Spezialkenntnisse dar wie die Aktualisierung der beruflichen Kenntnisse und Fähigkeiten und eine berufliche Weiterbildung im Hinblick auf veränderte technische Entwicklungen. Für den Vergleich sind die aktuellen Studien- und Ausbildungsinhalte maßgeblich (vgl. BAG zum vergleichbaren Begriff der Spezialausbildung: BAG 20.05.2009, 4 AZR 184/08, AP Nr. 12 zu § 1 TVG Tarifverträge: Arbeiterwohlfahrt m. w. N.).

Eine Steigerung der Fachkenntnisse nach Breite und Tiefe liegt zum Beispiel bei einem Juristen vor, wenn er vertieftes juristisches Fachwissen aufweisen muss, das im Rahmen der Juristenausbildung gar nicht oder nur in Grundzügen vermittelt wurde (vgl. LAG M-V 26.10.2010, 5 Sa 134/09 m. w. N., zit. nach nach WKRS 2010, 35326).

Darüber hinaus ist zu beachten, dass sich die Schwierigkeit unmittelbar aus der Tätigkeit selbst ergeben muss. Eine Tätigkeit kann nicht als besonders schwierig im Tarifsinne angesehen werden, „nur“ weil sie unter belastenden Bedingungen geleistet werden muss (vgl. BAG 22.06.2022, 4 AZR 495/21, AP Nr. 8 zu § 12 TV-L).

Im Gegensatz zur besonderen Schwierigkeit knüpft die **Bedeutung** an die Auswirkungen der Tätigkeit an. Bei der Auslegung dieses Tätigkeitsmerkmals sind zwei Besonderheiten zu beachten:

- Es fehlt das Adjektiv „besonders".
- Die Tarifvertragsparteien greifen erstmals auf diese Anforderung im Entgeltgefüge für Arbeitnehmer mit FH- bzw. wissenschaftliche Hochschulbildung zurück.

Aus diesen Gründen genügt es, wenn sich die Tätigkeit des Arbeitnehmers überhaupt durch ihre Bedeutung deutlich wahrnehmbar aus den Anforderungen der Entgeltgruppe 9 Fallgruppe 9.1/9.2 bzw. Entgeltgruppe 12 Fallgruppe 12.1 heraushebt.

Die Auslegung des Begriffs „Bedeutung" orientiert sich nach dem allgemeinen Sprachgebrauch, wonach etwas von Bedeutung ist, wenn es von Belang oder großer Tragweite ist, **gewichtige Nachwirkungen** hat. Dabei ist grundsätzlich jede Art der Auswirkung der Tätigkeiten eines Arbeitnehmers geeignet, die Bedeutung des Aufgabengebiets im tariflichen Sinne zu begründen. Im Einzelnen kommen in Betracht:

- Art oder Größe des Aufgabengebiets
- die Tragweite für den innerdienstlichen Bereich oder die Allgemeinheit

(vgl. BAG 22.06.2022, 4 AZR 495/21, AP Nr. 8 zu § 12 TV-L; BAG 14.09.1999, 4 AZR 334/98, AP Nr. 263 zu §§ 22, 23 BAT 1975 m. w. N.)

Dabei müssen weitreichende Auswirkungen bzw. erhebliche Folgewirkungen vorliegen. Von einer entsprechenden Tragweite der Arbeit des Arbeitnehmers kann ausgegangen werden, wenn er bei der Lösung dieser Aufgaben auch über entsprechende Entscheidungskompetenzen verfügt. Fehlen solche Entscheidungskompetenzen, fehlt es auch an den entsprechenden – unmittelbaren – Auswirkungen der Tätigkeit des Arbeitnehmers (BAG 14.04.1999, 4 AZR 334/98, AP Nr. 263 zu §§ 22, 23 BAT 1975).

Weitreichende Auswirkungen sind zudem regelmäßig erst dann gegeben, wenn der Mitarbeiter keine Einzelfallentscheidungen trifft, sondern strategische/fallübergreifende Entscheidungen, die für eine

Vielzahl von Fallgestaltungen relevant sind, oder Grundsatzentscheidungen – zumindest mit – zu treffen hat (vgl. BAG 16.05.2013, 4 AZR 445/11, AP Nr. 328 zu §§ 22, 23 BAT 1975).

Das Vorliegen der oben genannten Tätigkeitsmerkmale kann nur durch einen wertenden Vergleich zwischen der Grundtätigkeit und der herausgehobenen Tätigkeit begründet werden. Im Streitfall ist es daher nicht ausreichend, wenn die Tätigkeit im Einzelnen dargestellt wird. Vielmehr müssen darüber hinaus Tatsachen dargelegt werden, die den erforderlichen Vergleich mit den nicht herausgehobenen Tätigkeiten ermöglichen (vgl. BAG 22.06.2022, 4 AZR 495/21, AP Nr. 8 zu § 12 TV-L; BAG 07.05.2008, 4 AZR 303/07, AP Nr. 37 zu §§ 22, 23 BAT-O).

Wichtig: Diese Anforderungen werden nur durch eine Stellenbeschreibung und eine darauf aufgebaute Stellenbewertung erfüllt. Eine Stellenbeschreibung allein ist nicht ausreichend.

Entscheidung zum TV-V

Sicherheitsfachkraft Verwaltung und Bäder

Die Voraussetzungen der Entgeltgruppe 10 TV-V liegen nicht vor.

Besondere Schwierigkeit

Wie bereits ausgeführt, erfordern zwar die dem Kläger übertragenen Aufgaben im Hinblick auf die Vielzahl der unterschiedlichen fachlichen und rechtlichen Fragestellungen herausgehobene Fachkenntnisse. Inwiefern die erforderlichen Fachkenntnisse über das in Entgeltgruppe 8.2 genannte Maß der gründlichen und umfassenden Fachkenntnisse hinausgehen, lässt sich dem Klägervortrag jedoch nicht entnehmen. Wenn der Kläger auf seine besondere Verantwortung für Sicherheit und Funktionstüchtigkeit der Betriebsanlagen, die Vermeidung wirtschaftlicher Einbußen und vor allem für Leben und Gesundheit der Beschäftigten und der Allgemeinheit verweist, betrifft dies das Tätigkeitsmerkmal der besonderen Verantwortung, ohne dass damit zugleich eine besondere fachliche Schwierigkeit aufgezeigt wird.

Bedeutung

Ebenso wenig genügt der Vortrag des Klägers zu der Annahme, die ihm übertragene Tätigkeit erfordere – neben dem Merkmal der besonderen Schwierigkeit – auch eine gesteigerte Bedeutung im Verhältnis zu unteren Entgeltgruppen. Dass die Aufgabenstellung des Klägers darauf zielt, die Arbeitssicherheit im Betrieb zu gewährleisten, Gefahrenquellen zu erkennen und zu beseitigen sowie für Leib und Leben der Beschäftigten oder Dritter Sorge zu tragen, berührt allein das tarifliche Merkmal der besonderen Verantwortung, nicht hingegen kann mit derselben Begründung auch die tariflich herausgehobene Bedeutung der Aufgabenstellung begründet werden. Wie das von den Tarifparteien verwendete Richtbeispiel 10.3.4 (allein verantwortliche Überwachung von Energieerzeugungsanlagen) anschaulich belegt, stellen die Tarifparteien hier auf die Bedeutung der Aufgabenstellung im Sinne einer Gemeinwohlaufgabe – nämlich der Versorgung von Bevölkerung und Wirtschaft mit Energie – ab. Wenn der Kläger demgegenüber anhand der Beispielsfälle einer nicht ausreichend gesicherten LKW-Ladung (Herabfallen einer großen Kabeltrommel) oder einer fehlerhaft erstellten Chlorgasanlage (mit der Gefahr für Leib und Leben außenstehender Dritter) die Bedeutung seiner Tätigkeit als Sicherheitsbeauftragter zu belegen sucht, wird dies dem tariflichen Sinngehalt des Begriffs der „Bedeutung" nicht gerecht. Auch den Gas- und Wasserinstallateur trifft bei der Montage einer Gasheizung im Sinne des allgemeinen Sprachgebrauchs zwar eine gesteigerte Verantwortung, weil bei unsorgfältiger Arbeit Gefahr für Leib und Leben auch außenstehender Personen geschaffen werden, ohne dass damit zugleich die fachkundige und sorgfältige Arbeit das tarifliche Merkmal der herausgehobenen Bedeutung erfüllt. Dementsprechend ist allein die Tatsache, dass durch unterlassene Sicherheitskontrollen und Fehlentscheidungen gesundheitliche oder wirtschaftliche Schäden entstehen können, kein geeigneter Umstand, auf welchen die Erfüllung des Heraushebungsmerkmals der „Bedeutung" der Tätigkeit im Sinne der Entgeltgruppe 10 gestützt werden kann.

(vgl. LAG Hamm 16.10.2008, 8 Sa 465/08, zit. nach www.justiz.nrw/entscheidungen)

8

Weitere Beispiele aus der Rechtsprechung für Tätigkeiten auf Dipl.-FH-/BA-Level:

1. *Tätigkeit als Umwelt(schutz)beauftragte*

   Die Klägerin vermochte nicht darzulegen, worin die besondere Schwierigkeit und Bedeutung der Tätigkeit als Umwelt (schutz)beauftragte, bestehend aus den Arbeitsvorgängen Abfallwirtschaft und Umweltschutz, besteht.

   Besondere Schwierigkeit

   Entgegen ihrer Ansicht ergibt sich die besondere Schwierigkeit als Heraushebungsmerkmal nicht daraus, dass insbesondere bei Beginn der Tätigkeit das Aufgabengebiet noch wenig scharf umrissen gewesen sei und eine einschlägige Ausbildung nicht konzipiert gewesen sei. Neue Situationen durch neue Gesetze und Verordnungen entstehen nicht nur im Bereich der Umweltpolitik, sondern auch in anderen Bereichen kommunalen Wirkens. Soweit die Klägerin auf Beispiele wie die Sandgrube Hassler oder die Kieselrotproblematik verweist, ist die besondere Schwierigkeit nicht nachzuvollziehen. Eine solche Flexibilität wird von allen städtischen

Mitarbeitern erwartet, deren Tätigkeit besonders verantwortungsvoll ist und gründliche und umfassende Fachkenntnisse sowie selbständige Leistungen fordert. Warum die Öffentlichkeitsarbeit in ihrem Bereich schwieriger sein soll als in anderen Bereichen, wird aus dem Vorbringen der Klägerin ebenfalls nicht deutlich. Warum sich ein erhöhter Schwierigkeitsgrad im Sinne des Tarifvertrages aus der Reflexionsfähigkeit der Klägerin ergeben soll, ist nicht erkennbar. Die Klägerin hat auch nicht im Einzelnen vorgetragen, welche neuen Mittel und Methoden sie im Bereich der Öffentlichkeitsarbeit entwickelt hat und wie diese im Einzelnen aussehen. Nur wenn erkennbar wäre, welche genauen konkreten Tätigkeiten die Klägerin in den einzelnen Arbeitsbereichen verrichtet, wäre erkennbar gewesen, ob es sich dabei um ein deutlich wahrnehmbar breiter angelegtes Wissen und Können handelt, als dasjenige, was schon für die Tätigkeit von Angestellten in zugrunde liegende Vergütungsgruppen (hier Entgeltgruppe 8 und 9 TV-V) erforderlich ist.

Bedeutung

Aus dem Vorbringen der Klägerin ergibt sich weiter auch nicht, dass das Heraushebungsmerkmal der Bedeutung gegeben ist. Die Tätigkeit der Umwelt(schutz)beauftragten ist nicht gesetzlich verankert. Die Aufgabe des Umweltschutzes liegt nach § 1 Landesimmissionsschutzgesetz auch nicht bei der Beklagten, sondern beim Kreis. Die Klägerin ist auch nicht im Rahmen einer Stabsstelle tätig, sondern ist eingebunden einerseits in die Kämmerei und andererseits in den Bereich des Bauamtes. Hierarchisch betrachtet, trifft die Klägerin keine Letztentscheidung, sondern bereitet die Entscheidungen, die von ihrem Dezernenten bzw. Amtsleiter zu verantworten sind, vor. Welche Bedeutung die Tätigkeit der Klägerin im Einzelnen hat, hat sie nicht vorgetragen. Das Vorbringen der Klägerin besteht aus Darstellungen von beispielsweise einzelnen Tätigkeiten, ohne dass sich aus einem Gesamtbild ergäbe, dass ihr Aufgabengebiet das Heraushebungsmerkmal bedeutend erfüllt.

(vgl. LAG Hamm 05.06.2012, 12 Sa 65/12, zit. nach WKRS 2012, 42680)

2. *Sachgebietsleitung (SGL) Kreisliche Abfallentsorgung*

Besondere Schwierigkeit

Der Arbeitsvorgang der Leitung des Sachgebiets Kreisliche Abfallentsorgung erfüllt die Anforderungen an die besondere Schwierigkeit: Die zu bewältigenden Aufgaben sind bereits deshalb besonders schwierig, weil die übernommene Leitungstätigkeit sehr komplex ist. Von der SGL wird ein in der Breite und Tiefe gesteigertes fachliches Wissen und Können gegenüber denjenigen der Aufbaufallgruppen verlangt. Schon die in der seitens des Arbeitgebers erstellten Tätigkeitsbeschreibung dargestellten Fach- und Spezialkenntnisse bezeichnen eine Vielfalt der Kenntnisse von Gesetzen, Verordnungen, Satzungen und Dienstanweisungen, welche ein Herausheben in ihrer Qualifikation aus der Ausgangsgruppe belegt. Sie heben sich in ihrer Breite und Vielfalt von den „gründlichen, umfassenden Fachkenntnissen und selbstständigen Leistungen" ab und zeigen, dass die Tätigkeit durch „besondere Schwierigkeit" geprägt ist. Es reichen nicht nur „gründliche und umfassende Fachkenntnisse" in diversen Rechtsgebieten aus, sondern die Mitarbeiterin muss, um Grundsatzentscheidungen treffen zu können, Auswertungen und grundsätzliche Überlegungen sowie Entscheidungen durchführen, welche das Merkmal der besonderen Schwierigkeit belegen. Alle von der Mitarbeiterin zu treffenden Grundsatzangelegenheiten erfordern insoweit ein Expertenwissen. Ihre Beratungstätigkeit bedarf einer erhöhten fachlichen Qualifikation sowie eines breiten Wissens und Könnens. Um ihre unterstellten Mitarbeiter in der Fallbearbeitung unterstützen und Widerspruchsbescheide bearbeiten zu können, benötigt die SGL ein erhöhtes fachliches Können. Die Erstellung von Widerspruchsbescheiden erfordert in Breite und Tiefe ein Fachwissen, welches über das Fachwissen eines normalen Sachbearbeiters (im Sinne gründlich, umfassender Fachkenntnisse) hinausgeht. Gleiches gilt für die Fortschreibung des Abfallwirtschaftskonzeptes des Arbeitgebers sowie den Auf- und Ausbau des systemgesteuerten Analyse- bzw. Berichtswesens. Ohne die geforderte Qualifikation wäre die SGL nicht in der Lage, die fachliche Leitung des Sachgebiets durch das Treffen fachlicher Grundsatzentscheidungen, das Mitwirken bei Musterfällen, das Erarbeiten von Satzungen,

Richtlinien, Verträgen, Vereinbarungen und Bescheiden bei grundsätzlicher Bedeutung für das Sachgebiet zu leisten. Auch die Entscheidung über schwierige Fälle und das Erstellen von fachlichen Weisungen für das Sachgebiet sowie die Mitwirkung in fachbezogenen Arbeitskreisen auf Landesebene ist ohne ein fachliches Können und eine besondere fachliche Erfahrung nicht zu bewältigen. Der SGL obliegt die Aufgabe der Klärung schwieriger grundsätzlicher Fragen. Sie hat nicht nur ein einzelnes Spezialgesetz und die dieses Gesetz betreffenden Verwaltungsvorschriften anzuwenden. Es handelt sich vielmehr um eine komplexe Materie mit Bezug zu unterschiedlichen Rechtsgebieten. Die SGL bedarf jedoch nicht nur der besonderen, für die Sachbearbeitung in Leitungsfunktion erforderlichen Fachkenntnisse, sondern zusätzlich zur Bewältigung ihrer Aufgabe als SGL besonderer Kenntnisse in der Arbeits- und Verwaltungsorganisation sowie der Personalführung. Das Führen von Mitarbeitergesprächen, das Erstellen von Zielvereinbarungen, von systematischen Leistungsbewertungen, von Mitarbeiterbeurteilungen, erfordern ein Fachwissen in Personalangelegenheiten, welches ein beträchtliches Übersteigen bewirken. Gleiches gilt für die der SGL innerhalb der Finanzverantwortung obliegenden Aufgaben. Damit heben sich die von ihr abgeforderten Kenntnisse in gewichtiger Weise ab.

Bedeutung

Der Arbeitsvorgang der Leitung des Sachgebiets Kreisliche Abfallentsorgung erfüllt die Anforderungen an die Bedeutung: Die herausgehobene Bedeutung folgt daraus, dass sich zum einen die Entscheidungen der SGL erheblich im innerdienstlichen Bereich auswirken, sie zum anderen zudem mit erheblichen Außenwirkungen versehen sind. Sie trifft alle verbindlichen Entscheidungen für die Organisation ihres Bereiches, wirkt intern an der Koordination der Zusammenarbeit mit anderen Verwaltungsbereichen mit, entscheidet bei der Personalauswahl, organisiert und kontrolliert den Personaleinsatz, plant, verhandelt, trägt die Verantwortung und führt das Controlling des Gesamtvolumens des Produktes „Abfallwirtschaft MSE" sowie der Wirtschaftlichkeit im Sachgebiet kommunaler Abfallentsorgung durch. Indem ihr die Personalverantwortung, die Finanzverantwortung sowie die Organisationsverantwortung obliegen, sie durch Grundsatzentscheidungen, Dienstanweisungen und Richtlinien ihren Bereich leitet, hat ihre Tätigkeit erhebliche Auswirkungen im innerdienstlichen Bereich. Die Entwicklung einheitlicher standardisierter Verfahren im Sachgebiet, das Erteilen fachlicher Weisungen im Sachgebiet hat zum einen erhebliche interne Auswirkungen für das Sachgebiet zum anderen mittelbar extern im Rahmen der Anwendung durch die Sachbearbeiter Bedeutung, die über den Einzelfall hinausgeht. Gleiches gilt für die Erarbeitung von Satzungen, Richtlinien, Verträgen und Vereinbarungen sowie Bescheiden bei grundsätzlicher Bedeutung für das Sachgebiet. Damit wirkt sich die Tätigkeit der SGL erheblich auf den Personaleinsatz und richtungsweisend auf die Durchführung der Arbeit der Beschäftigungsbehörde aus wie etwa bei einem Referatsleiter, der alle sein Referat betreffenden Grundsatzfragen richtungsweisend selbst entscheidet und damit die Tätigkeit der Referatsmitarbeiter bestimmt und die Weichen für die Zukunft stellt.

(vgl. LAG M-V 21.06.2022, 2 Sa 73/21, zit. nach WKRS 2022, 37272)

Beispiele aus der Rechtsprechung für die wissenschaftliche Hochschulbildung:

8

1. *Leitung der Abteilung/Gruppe Abwasserkontrolle und Projektleitung Grundwassersanierung im Bereich Stadtentwässerung des Wirtschaftsbetriebes*

   Im Rahmen des bewertungsrelevanten Arbeitsvorgangs „Projektleitung Grundwassersanierung" (60%) waren folgende Tätigkeiten auszuüben:

   4.20 Projektsteuerung nach Übertragung der Zuständigkeiten des Werkleiters WBL entsprechend der Satzung des Eigenbetriebes 25 %

   4.21 Beauftragung von Gutachtern, Ing.-Büros und sonstigen Leistungen – Verfolgung der Projektkosten 20 %

   - Kostenplanung
   - Einholung und Bewertung von Angeboten bei Auftragnehmern und Lieferanten

- Entscheidung über die Vergabe, Einholung von Entscheidungen
- Beauftragung von Gutachtern, Ing.-Büros und sonstigen Leistungen im Rahmen der durch den Werkleiter WBL erteilten Vollmacht
- Anfertigung, Anpassung und Unterzeichnung von Verträgen mit Ing.-Büros und Anlagenbetreibern
- Überwachung der Termine, Leistungen und Kosten
- Zusammenführung der Projektkosten, Erstellung des Jahresabschlusses

4.22 Regelmäßige Berichterstattung und Information der Vertragspartner und des Werksausschusses über den Fortgang der Sanierung 15 %

- Erstellung von Ergebnisprotokollen der Lenkungskreissitzungen, von Jahresberichten, etc.
- Eigenverantwortliche Erstellung von Vorlagen für die Sitzungen des Werksausschusses
- Anfertigung von Presseerklärungen
- Präsentation des Projektes in den Ausschüssen der Stadt (u.a. im Werksausschuss des WBL), im Umweltministerium, etc.

Die Anforderungen an besondere Schwierigkeit sind nicht ausreichend begründet. Die Darstellung der erforderlichen Kenntnisse in den Bereichen Hydrogeologie, Bauingenieurwesen, Verfahrenstechnik, Chemie und Biologie reicht dazu allein nicht aus.

Es ist bereits nicht hinreichend dargetan, dass die Klägerin eine ihrem Chemie-Studium, also ihrer wissenschaftlichen Hochschulbildung, entsprechende Tätigkeit auszuüben hätte. Vorliegend mag die Hochschulausbildung der Klägerin für ihre eingruppierungsrelevante Projektleitungstätigkeit zwar erwünscht bzw. nützlich sein, – dass sie für die Tätigkeit der Klägerin aber erforderlich ist, lässt das Vorbringen der Klägerin nicht hinreichend erkennen. Diesbezüglich übersieht die Klägerin, dass an Hochschulen der in der Protokollerklärung Nr. 2 bezeichneten Art (Definition der wissenschaftlichen Hochschulbildung im BAT-VKA) auch interdisziplinäre Naturwissenschaften gelehrt werden. Dies ist gerichtsbekannt. Aus diesem Grunde kann die Klägerin die Breite des erforderlichen

Fachwissens hier nicht alleine damit hinreichend begründen, dass sie auf einzusetzende Kenntnisse verweist, die sie aus unterschiedlichen Wissensgebieten, – nämlich aus den Bereichen Verfahrenstechnik, Bauingenieurwesen, Hydrogeologie, Chemie und Biologie benötige. Speziell bei der Verfahrenstechnik handelt es sich um eine interdisziplinäre Ingenieurwissenschaft, die sich – vereinfacht ausgedrückt – mit Stoffumwandlungsprozessen befasst. Die entsprechenden Verfahren können mechanischer, thermischer, chemischer und biologischer Natur sein. Es geht insoweit insbesondere auch um technischen und prozessintegrierten Umweltschutz, Abwasserreinigung und Bodensanierung. Im Zusammenhang mit dem Studium einer derartigen interdisziplinären Wissenschaft können auch Kenntnisse aus den Bereichen Bauingenieurwesen, Hydrogeologie und Biologie vermittelt werden. Ähnliches gilt für das Studium, das ein (angehender) Bauingenieur der Vertiefungsrichtung „Wasser und Umwelt" zu absolvieren hat. Setzen Absolventen mit einer derartigen Hochschulbildung (Studium einer interdisziplinären Wissenschaft) entsprechende Kenntnisse und Fähigkeiten im Rahmen ihrer auszuübenden Tätigkeit ein, handelt es sich bei ihnen um Angestellte im Sinne der VergGr. II Fallgr. 1a BAT-VKA (entspricht Entgeltgruppe 11 Fallgruppe 11.1 bzw. Entgeltgruppe 12 Fallgruppe 12.1 TV-V). Für sie stellt sich der Einsatz von Kenntnissen und Fähigkeiten aus unterschiedlichen Wissens- bzw. Wissenschaftsgebieten als Normaltätigkeit dar, die eben ihrer abgeschlossenen wissenschaftlichen Hochschulbildung entspricht. Die Behauptung der Klägerin, es würden besondere fachliche Kenntnisse benötigt, die nicht mit einem Hochschulstudium erworben werden könnten, ist unsubstantiiert.

8

(vgl. LAG Rheinland-Pfalz 21.11.2006, 5 Sa 504/06, zit. nach WKRS 2006, 33147)

2. *Referent im Institut für Qualitätssicherung (Aus- und Fortbildung Lehrkräfte an den Schulen des Landes)*

   Der Referent ist koordinierend zuständig für Fragen des Gesundheitsmanagements, des Betrieblichen Eingliederungsmanagements und der Gesundheit an der Schule (Arbeitsschutz und -sicherheit).

   Die Anforderungen an besondere Schwierigkeit und Bedeutung werden erfüllt.

Besondere Schwierigkeit

Die besondere Schwierigkeit der Tätigkeit kann in den besonderen Kenntnissen gesehen werden, die er für die Bewältigung seiner Aufgaben benötigt. Der Referent benötigt für seine Tätigkeit zumindest ein Grundverständnis für die Eigenheiten des technischen Arbeitsschutzes. Zusätzlich benötigt er Grundkenntnisse aus den medizinischen und psychologischen Fachwissenschaften. Letztlich verlangt die Bewältigung der ihm übertragenen Aufgaben auch die Kenntnis der mannigfaltigen gesetzlichen Regelungen, die den Rahmen für den Arbeitsschutz und die Gesundheitsförderung bilden. Verglichen mit dem Wissen, das ein Lehrer für die Bewältigung seiner Aufgaben im Schuldienst benötigt, muss das vom Referenten Kläger abverlangte Wissen und Können als das die Anforderungen der Entgeltgruppe E 13 TV-L (entspricht Entgeltgruppe 11 Fallgruppe 11.1 bzw. Entgeltgruppe 12 Fallgruppe 12.1 TV-V) in gewichtiger Weise übersteigend angesehen werden. Das auf der Stelle benötigte Wissen und Können hat so wenig Berührungspunkte zu dem Wissen und Können eines Lehrers, dass man sich schon die Frage stellen kann, ob die wissenschaftliche Ausbildung des Referenten überhaupt noch zu der von ihm ausgeübten Tätigkeit passt. Wenn die Stelle nach der Vorstellung des beklagten Landes allerdings typischerweise durch eine Lehrkraft besetzt werden soll, muss das auf der Stelle benötigte Wissen und Können notwendig als schwierig im tariflichen Sinne angesehen werden.

Bedeutung

Diese ergibt sich aus der Tragweite und den Auswirkungen der Tätigkeit auf die Landesbeschäftigten an den Schulen und in den Schulämtern sowie auf die Schüler an den Schulen. Das gilt sowohl für die direkten Wirkungen der vom Referenten mitverantworteten Verwaltungsvorschriften als auch für die indirekten Folgen des betrieblichen Gesundheitsmanagements einschließlich der Fragen des Arbeitsschutzes. Die Verwaltungsvorschriften mit Bezug auf die Gesundheit der Lehrer oder der Schüler haben eine enorme Breitenwirkung, da sie für die rund 12.000 Lehrkräfte und alle Schüler nebst ihren Eltern oder sonstigen Erziehungsberechtigten von Bedeutung sind. Soweit es dabei – wie beispielsweise bei der Verwaltungsvorschrift zur Medikamentengabe in der Schule – um komplexe Fragen der Fürsorge gegenüber den Eltern und Schülern, aber auch der Fürsorge gegenüber den Lehrkräften und der Haftung des Landes geht, kann man auch ohne Weiteres von Grundsatzangelegenheiten sprechen, die der Referent mit zu entscheiden hat. Ähnliches gilt für die erhofften Fernwirkungen einer aktiven und erfolgreichen Gesundheitsförderung im Betrieb. Auch wenn deren primäres Ziel die Gesundheit und das Wohlbefinden der einzelnen Beschäftigten selbst ist, liegt das Interesse des Dienstherrn in diesem Bereich aktiv zu werden, vor allem an den erhofften positiven Fernwirkungen einer erfolgreichen Gesundheitsförderung. Dabei geht es einmal um die Motivation und damit die Leistungsbereitschaft der Lehrkräfte und zum anderen um die Hoffnung, dass sich die krankheitsbedingten Ausfallzeiten durch eine erfolgreiche betriebliche Gesundheitsförderung verringern lassen.

(vgl. LAG M-V 13.06.2017, 2 Sa 237/16 m. w. N. auf die Rechtsprechung des BAG, zit. nach WKRS 2017, 22709)

3. *Strahlenschutzbeauftragter in der Klinik für Strahlentherapie – Fortführung des Beispiels auf Seite 203*

   Besondere Schwierigkeit

   Die fachlichen Anforderungen, die der Mitarbeiter erfüllen muss, um als Medizin-Physik-Experte (MPE) tätig zu sein, heben sich in beträchtlicher und gewichtiger Weise von denjenigen der Entgeltgruppe 13 TV-L (entspricht Entgeltgruppe 11 Fallgruppe 11.1 bzw. Entgeltgruppe 12 Fallgruppe 12.1 TV-V) ab. Er musste Spezialkenntnisse erwerben, über die er aufgrund eines bloßen Hochschulstudiums nicht verfügt hat. Dies ergibt sich bereits aus der Anlage 1 Unterpunkt A 2 der Richtlinie zur Strahlenschutzverordnung. Dort ist ausgeführt, dass ein MPE über ein erfolgreich abgeschlossenes Hochschulstudium in einem naturwissenschaftlich-technischen Fach an einer Hochschule oder Fachhochschule verfügen muss sowie darüber hinaus Nachweise, dass das Qualifikationsniveau gemäß Anlage A 2.3 in medizinischer Physik erreicht ist, zu erbringen hat. In diesem Sinne bestimmt § 3 Abs. 2 Nr. 21 Strahlenschutzverordnung, dass ein MPE ein „in medizinischer Physik besonders ausgebildeter Diplom-Physiker mit der erforderlichen Fachkunde im Strahlenschutz oder eine inhaltlich gleichwertig ausgebildete Person mit Hochschul- oder Fachhochschulabschluss und mit der erforderlichen Fachkunde im Strahlenschutz" ist.

Bedeutung

Seine Tätigkeit ist deutlich wahrnehmbar bedeutungsvoller als die Tätigkeiten, die unter die Entgeltgruppe 13 TV-L (entspricht Entgeltgruppe 11 Fallgruppe 11.1 bzw. Entgeltgruppe 12 Fallgruppe 12.1 TV-V) fallen. Dies ergibt sich aus der Tragweite der Tätigkeit für den innerdienstlichen Bereich und für die Allgemeinheit. Dabei hat die Kammer berücksichtigt, dass nahezu alle Tätigkeiten in einem Krankenhaus eine gewisse Tragweite für den innerdienstlichen Bereich und für die Allgemeinheit haben. Sie ist jedoch zu der Auffassung gelangt, dass die Tätigkeit des Mitarbeiters erheblich über diese generelle Tragweite hinausgeht, die bereits von der Entgeltgruppe 13 TV-L erfasst ist. Dies ergibt sich aus der Erwägung, dass der Mitarbeiter in einem ganz besonders sensiblen Bereich tätig ist, in dem es regelmäßig – ohne dass dies zu hoch gegriffen ist – um Leben oder Tod geht. Er ist an maßgeblicher Stelle an der Behandlung schwerstkranker Patienten beteiligt. Darüber hinaus arbeitet er mit Strahlen, die neben ihrem Nutzen – wie allgemein bekannt ist – erhebliche Risiken für alle Personen mit sich bringen, die ihnen ausgesetzt sind. Er darf sich in seiner Tätigkeit keinen Fehler erlauben, weil dieser mit erheblichen Folgen für die Patienten, aber auch für die Beklagte (Öffentlichkeitswirkung) verbunden wäre.

(vgl. LAG Köln 08.06.2015, 5 Sa 210/15, zit. nach WKRS 2015, 24259)

4. *Abteilungsleiter im Tiefbauamt einer Großstadt*

   Die Abteilung ist zuständig für:

   - projektbezogene Angelegenheiten der Eisenbahnen und U-Bahnen, soweit Belange der Baubehörde berührt werden
   - grundsätzliche Anliegen des nichtschienengebundenen öffentlichen Nahverkehrs, soweit Belange des Tiefbauamts berührt werden

- die Ermittlung überörtlicher Leitungstrassen für Eisen- und U-Bahnen

Dies alles gilt mit Ausnahme der Aufgaben des Schnellbahnneubaus und der technischen Aufsicht über U-Bahnen.

Dem Abteilungsleiter obliegen:

1. Führungsaufgaben zu 20 Prozent Anteil an der Gesamtarbeitszeit
2. Fachaufgaben zu 80 Prozent Anteil an der Gesamtarbeitszeit, hier insbesondere die Wahrnehmung der Aufgaben als Träger der Straßenbaulast mit diesen Einzeltätigkeiten:

   Aufstellung und Abschluss von Vereinbarungen mit den Verkehrsunternehmen bei der Änderung vorhandener oder der Herstellung neuer Eisenbahnkreuzungen im Rahmen einzelner Bauvorhaben. Hier kann der Abteilungsleiter nach innerbetrieblicher Abstimmung selbstständig entscheiden. Das Baurechtsamt überprüft insoweit die rechtlichen Aspekte.

   Auslegung und eigenverantwortliche Verhandlung mit den Verkehrsunternehmen über Maßnahmen an vorhandenen Eisenbahnkreuzungen aufgrund bestehender Verträge. Hier wirkt der Abteilungsleiter an der Erarbeitung und dem Abschluss von öffentlich-rechtlichen Verträgen mit.

(vgl. BAG 24.06.1998, 4 AZR 304/97, AP Nr. 241 zu §§ 22, 23 BAT 1975)

8

5. Das Maß der Verantwortung

Vorkommen in der Entgeltordnung des TV-V

Für die Anwendung der Rechtsprechung des BAG zum grundsätzlich vergleichbaren Tätigkeitsmerkmal im BAT/TVöD ist zunächst zu prüfen, in welcher Tarifsystematik die Begriffe verwendet werden.

Im TV-V wird der Begriff für die hier maßgeblichen Gruppen unterschiedlich verwendet. Es gibt drei mögliche Wege, das Maß der Verantwortung der Entgeltgruppe 11 und Entgeltgruppe 14 zu erreichen.

1. Weg

- Entgeltgruppe 8 Fallgruppe 8.2:
  - gründliche, umfassende Fachkenntnisse
  - selbstständige Leistungen

- Entgeltgruppe 9 Fallgruppe 9.1: Heraushebung aus der Entgeltgruppe 8 Fallgruppe 8.2 durch besonders verantwortungsvolle Tätigkeiten
- Entgeltgruppe 10 Fallgruppe 10.1: Heraushebung aus der Entgeltgruppe 9 Fallgruppe 9.1 durch besondere Schwierigkeit und Bedeutung
- Entgeltgruppe 11 Fallgruppe 11.2: Erhebliche Heraushebung aus der Entgeltgruppe 10 Fallgruppe 10.1 durch Maß der Verantwortung

Dieser Weg entspricht den tarifvertraglichen Regelungen des BAT und TVöD für den allgemeinen Verwaltungsdienst. Für diesen kann die Rechtsprechung des BAG herangezogen werden.

2. Weg

- Entgeltgruppe 9 Fallgruppe 9.2:
  - abgeschlossene FH-Ausbildung
  - entsprechende Tätigkeiten
- Entgeltgruppe 10 Fallgruppe 10.1: Heraushebung aus der Entgeltgruppe 9 Fallgruppe 9.2 durch besondere Schwierigkeit und Bedeutung
- Entgeltgruppe 11 Fallgruppe 11.2: Erhebliche Heraushebung aus der Entgeltgruppe 10 Fallgruppe 10.1 durch Maß der Verantwortung

Hier fehlt im Gegensatz zum ersten Weg eine zweimalige Heraushebung durch „Verantwortung". Es erscheint hier, wie beim technischen Beschäftigten im BAT/TVöD und TV-L, erstmals. Für die Auslegung kann somit auf die Rechtsprechung des BAG zum technischen Beschäftigten zurückgegriffen werden.

8

3. Weg

- Entgeltgruppe 11 Fallgruppe 11.1:
  - abgeschlossene wissenschaftliche Hochschulbildung
  - entsprechende Tätigkeiten
- Entgeltgruppe 12 Fallgruppe 12.1:
  - abgeschlossene wissenschaftliche Hochschulbildung
  - entsprechende Tätigkeiten
  - nach einjähriger Berufstätigkeit

- Entgeltgruppe 13 Fallgruppe 13.1: Heraushebung aus der Entgeltgruppe 12 Fallgruppe 12.1 durch besondere Schwierigkeit und Bedeutung
- Entgeltgruppe 14 Fallgruppe 14.1: Erhebliche Heraushebung aus der Entgeltgruppe 13 Fallgruppe 13.1 durch Maß der Verantwortung

Damit entspricht der dritte Weg materiell-rechtlich dem zweiten Weg. Einziger Unterschied ist die Basis: Bei Entgeltgruppe 9 ist es die Dipl.-FH-/Bachelorausbildung, bei Entgeltgruppe 11 die wissenschaftliche Hochschulbildung. Die Tarifsystematik entspricht der des BAT/TVöD/TV-L. Folglich kann auch für den dritten Weg die Rechtsprechung des BAG zum BAT/TVöD übernommen werden, wobei aufgrund der gleichen Systematik sowohl auf die Rechtsprechung für technische als auch für akademische Arbeitnehmer zurückgegriffen werden kann.

Der Begriff der Verantwortung

Dieser kommt im BAT, TVöD, TV-L und TV-V in zwei Varianten vor:

- besonders verantwortungsvolle Tätigkeit
- Maß der Verantwortung

Die Rechtsprechung zum BAT geht davon aus, dass begrifflich dasselbe gemeint ist (vgl. z. B. BAG 13.05.2020, 4 AZR 173/19, AP Nr. 1 zu § 12 TVöD).

Dabei ist nach dem erkennbaren Sinn und Zweck der entsprechenden Tarifnormen auf die Bedeutung des Wortes „Verantwortung" im allgemeinen Sprachgebrauch zurückzugreifen.

Dieser versteht darunter die mit einer bestimmten Stellung oder Aufgabe verbundene Verantwortung, das heißt die Verpflichtung, der jeweiligen Stellung oder Aufgabe entsprechend dafür zu sorgen, dass innerhalb eines bestimmten Rahmens oder Lebensbereichs alles einen guten, sachgerechten Verlauf nimmt, was beispielsweise mit der entsprechenden Verantwortung von Eltern, Lehrern, aber auch Ärzten, Ingenieuren und Redakteuren erläutert wird.

In diesem allgemeinen Sinn verstehen die Tarifvertragsparteien unter „Verantwortung" auch im Rahmen des zur Beurteilung stehenden Tarifmerkmals die Verpflichtung des Arbeitnehmers, dafür einstehen zu müssen, dass in dem ihm übertragenen Dienst- oder

Arbeitsbereich die dort – auch von anderen Bediensteten – zu erledigenden Aufgaben **sachgerecht, pünktlich** und **vorschriftsgemäß** ausgeführt werden. Hingegen ist beim Begriff der Verantwortung nicht auf die jeweilige zivilrechtliche oder strafrechtliche Verantwortlichkeit abzustellen, auch nicht auf die „politische Verantwortung".

(vgl. grundlegend BAG 29.01.1986, 4 AZR 465/84, AP Nr. 115; BAG 19.03.1986, 4 AZR 642/84, AP Nr. 116, beide zu §§ 22, 23 BAT 1975)

Auf Basis dieser Grunddefinition fordern die Tarifvertragsparteien beim Maß der Verantwortung – aufbauend auf den oben genannten Tätigkeitsmerkmalen – als weitere Qualifizierung eine besonders weitreichende, hohe Verantwortung des Arbeitnehmers.

Das Maß der Verantwortung im Sinne des ersten Wegs

§

BAG vom 07.05.2008

Die Erfüllung der Vergütungsgruppe III Fallgruppe 1a *(im TV-V Entgeltgruppe 11 Fallgruppe 11.2)* setzt eine nochmals erhebliche Heraushebung aus der Vergütungsgruppe IVa Fallgruppe 1b *(im TV-V Entgeltgruppe 10)* durch das Maß der mit der Tätigkeit verbundenen Verantwortung voraus. Dafür ist eine besonders weitreichende, hohe Verantwortung zu fordern. Dieses Maß der Verantwortung kann nur in einer Spitzenposition des gehobenen Angestelltendienstes erreicht werden, z. B.

- durch Angestellte, die große Arbeitsbereiche bei Verantwortung für mehrere Arbeitsgruppen mit qualifizierten Gruppenleitern leiten, oder
- durch Angestellte, die besonders schwierige Grundsatzfragen mit richtungsweisender Bedeutung für nachgeordnete Bereiche oder die Allgemeinheit bearbeiten.

(BAG 07.05.2008, 4 AZR 303/07, AP Nr. 37 zu §§ 22, 23 BAT-O, *Ergänzungen durch die Verfasser*)

In der Rechtsprechung des BAG wurde in Bezug auf die oben genannte Frage regelmäßig geprüft, in welcher Fachhierarchieebene sich der Arbeitnehmer befindet. Dabei haben die Gerichte den allgemeinen Rechtssatz entwickelt, dass das herausgehobene Maß der Verantwortung im Sinne einer Spitzenposition nicht mehr vorliegt, wenn sich der Arbeitnehmer in der dritten Fachhierarchieebene befindet. In dieser fachlichen Ebene zweifeln die Gerichte grundsätzlich an, dass der Arbeitnehmer fachliche Grundsatzfragen richtungsweisender Bedeutung im oben genannten Sinne zu bearbeiten hat. Auch das Vorliegen großer Arbeitsbereiche wird regelmäßig zu verneinen sein (vgl. z. B. BAG 12.06.1996, 4 AZR 94/95, AP Nr. 33 zu §§ 22, 23 BAT – Sozialarbeiter m. w. N.).

1. Beispiel: Gruppenleiter in einer Großstadt

Dem Gruppenleiter obliegen – ohne nachgeordnete Bereiche – die Bereiche

a) Leitung eines Jugendhauses

b) Schutzstellen

c) Jugendnotdienst

d) „Betreutes Wohnen"

Das Maß der Verantwortung ist nicht gegeben, da sich der Gruppenleiter in der dritten Fachhierarchieebene befindet:

1. Fachhierarchieebene: Amtsleiter des Jugendamts
2. Fachhierarchieebene: Abteilungsleiter „Verbundsystem Krisenhilfe"

(vgl. BAG 12.06.1996, 4 AZR 94/95, AP Nr. 33 zu §§ 22, 23 BAT 1975 – Sozialarbeiter).

2. Beispiel: Koordinator für Haushalt und Verwaltung des Amtes 66 (städtisches Tiefbau-/Verkehrsamt)

Das Spitzenmaß an Verantwortung wird nicht erreicht:

1. Zunächst sind keine größeren Arbeitsbereiche mit qualifizierten Gruppenleitern zu leiten: Als Sacharbeiter (SB) und Koordinator (faktisch SGL) hat der Mitarbeiter Führungsfunktion ggü. 10 bis 12 Mitarbeitern auszuüben. Soweit in der Rechtsprechung von einem „großen Arbeitsbereich" die Rede ist, waren das Sachverhalte mit 30 oder mehr untergebenen Mitarbeitern. In diesem Sinne kann das Sachgebiet des Mitarbeiters mit den 10 bis 12 Untergebenen nicht als großer Arbeitsbereich angesehen werden. Zudem fehlt es an dem weiteren Merkmal der qualifizierten Gruppenleiter. Alle unterstellten Mitarbeiter arbeiten als unmittelbar nachgeordnete Beschäftigte. Dem SB/Koordinator unterstehen damit also keine Gruppenleiter mit eigener Personalverantwortung für ihnen unterstellte Beschäftigte.

2. Es sind auch keine besonders schwierigen Grundsatzfragen zu lösen:

   2.1 Soweit der SB/Koordinator für den Haushalt Ausgaben und Einnahmen im Amtsbereich verwaltet, kommt dieser Tätigkeit ebenfalls nicht das erforderliche Maß der herausgehobenen Verantwortung zu. Denn es handelt sich im Kern um buchhalterische Aufgaben, die nach strengen Regeln abzuarbeiten sind und damit kaum Spielraum für eigene Entscheidungen lassen. Schwierige Grundsatzfragen stellen sich dabei nicht.

   2.2 Ähnliches gilt für den Entwurf der zukünftigen Haushaltspläne. Im Kern geht es hier um die Fortschreibung des laufenden Haushaltsplans und die Berechnung der unvermeidbaren Ausgaben. Eigene Gestaltungsmöglichkeiten bestehen also allenfalls, soweit es um die Einwerbung von Geldern für Investitionsmaßnahmen geht. Dabei muss aber beachtet werden, dass dieser Aspekt schon eine kommunalpolitische Komponente hat, was bedeutet, dass in diesen Fragen – je nach Bedeutung der Angelegenheit – sowohl der Amtsleiter als auch der Oberbürgermeister und die Senatoren mitentscheiden (wollen). Die Aufgabe des SB/Koordinators beschränkt sich hier also auf die Lieferung einer soliden Datenbasis, auf der man die notwendigen Entscheidungen treffen kann.

   2.3 Auch die Anlagenbewirtschaftung ist keine besonders schwierige Grundsatzfrage.

Das Sachgebiet Haushalt hat innerhalb des Amtes 66 nach wie vor eine dienende Funktion, die Verantwortung für den Betrieb und für die Sicherheit und Funktionstüchtigkeit der im Amt verwalteten (Verkehrs-)Anlagen liegt nach wie vor bei den Fachleuten des Amtes. Der SB/Koordinator hat lediglich dafür Sorge zu tragen, dass dabei die neuen Regeln der ordnungsgemäßen Anlagenbewirtschaftung auch eingehalten werden. Dies gilt auch für den vom SB/Koordinator immer wieder hervorgehobenen Beurteilungsspielraum. Es ist sicherlich seine Aufgabe, bei den Fachleuten des Amtes das Bewusstsein für diesen Beurteilungsspielraum zu wecken. Das Gericht kann aber nicht erkennen, dass er die Kompetenz hat, mit Wirkung für und gegen die einzelnen Abteilungen des Amtes damit zusammenhängende Fragen alleine oder auch nur maßgeblich zu entscheiden.

(vgl. LAG MV 13.06.2017, 2 Sa 76/16 m. w. N. auf die Rechtsprechung des BAG, zit. nach WKRS 2017, 51747)

Das Maß der Verantwortung im Sinne des zweiten und dritten Wegs

BAG vom 26.01.2005

Die Vergütungsgruppe Ia Fallgruppe 1a *(entspricht Entgeltgruppe 14 Fallgruppe 14.1 TV-V)* verlangt eine besonders weitreichende, hohe Verantwortung, die diejenige beträchtlich überschreitet, die begriffsnotwendig schon die Merkmale der Vergütungsgruppe Ib Fallgruppe 1a erfordern ... *(entspricht Entgeltgruppe 13 Fallgruppe 13.1 TV-V)*. Dabei ist unter Verantwortung i. S. d. „Normalverantwortung" die Verpflichtung des Angestellten zu verstehen, dafür einstehen zu müssen, dass in dem ihm übertragenen Dienst- oder Arbeitsbereich die dort – auch von anderen Bediensteten – zu erledigenden Aufgaben sachgerecht, pünktlich und vorschriftsgemäß ausgeführt werden (...). Die Verantwortung, die sich durch ihr Maß aus der Vergütungsgruppe I b Fallgruppe 1a heraushebt, kann sich je nach dem Einzelfall auf den Behördenapparat als solchen, auf die Wahrnehmung von Aufsichtsfunktionen, auf ideelle oder materielle Belange des Arbeitgebers oder auf die Lebensverhältnisse Dritter beziehen. (...)

Wenn das Merkmal der Verantwortung bereits begrifflich das Einstehenmüssen für die Tätigkeit von anderen Bediensteten umfasst (...), bedarf es für die Erfüllung des Tatbestandsmerkmals der „erheblichen Heraushebung durch das Maß der Verantwortung" einer über die normale Vorgesetztenstellung deutlich hinausgehenden Stellung. Dabei muss es sich – auch nach Einführung der Vergütungsgruppe I *(entspricht Entgeltgruppe 15 Fallgruppe 15.1 TV-V)* – um eine Spitzenstellung des höheren Dienstes mit großem Arbeitsbereich, vorwiegend in der Leitung großer Organisationseinheiten oder mit der Entscheidungskompetenz über Grundsatzfragen allgemeiner und richtungsweisender Bedeutung handeln.

(BAG 26.01.2005, 4 AZR 6/04, AP Nr. 302 zu §§ 22, 23 BAT 1975; *Hervorhebungen durch die Verfasser)*

Dabei ist zu beachten, dass bereits die normale Tätigkeit eines akademischen Angestellten ein bestimmtes Maß der Verantwortung und die Heraushebungsmerkmale der Vergütungsgruppe Ib Fallgruppe 1a *(entspricht Entgeltgruppe 13 Fallgruppe 13.1 TV-V)*, d. h. die „besondere Schwierigkeit und Bedeutung", eine bereits gesteigerte Verantwortung mit sich bringen. Diese mit der Tätigkeit nach Vergütungsgruppe Ib Fallgruppe 1a *(entspricht Entgeltgruppe 13*

Fallgruppe 13.1 TV-V) vorausgesetzte gesteigerte Verantwortung muss, damit die Voraussetzungen für eine Eingruppierung in die Vergütungsgruppe Ia Fallgruppe 1a *(entspricht Entgeltgruppe 14 Fallgruppe 14.1 TV-V)* erfüllt sind, erheblich überschritten sein. Deshalb können Umstände, welche die besondere Schwierigkeit und Bedeutung i. S. d. Tätigkeitsmerkmals der Vergütungsgruppe Ib Fallgruppe 1a *(entspricht Entgeltgruppe 13 Fallgruppe 13.1 TV-V)* und damit eine gesteigerte Verantwortung begründen, nicht gleichzeitig die besonders herausgehobene Verantwortung i. S. d. Vergütungsgruppe Ia Fallgruppe 1a *(entspricht Entgeltgruppe 14 Fallgruppe 14.1 TV-V)* begründen.

(vgl. BAG 26.01.2005, 4 AZR 6/04, AP Nr. 302 zu §§ 22, 23 BAT 1975 m. w. N.)

Beispiel:

Referent im Institut für Qualitätssicherung (Aus- und Fortbildung Lehrkräfte an den Schulen des Landes) – *Fortführung des Beispiels auf Seite 214*

Das erhebliche Maß an Verantwortung liegt nicht vor:

Zunächst trägt der Referent keine Verantwortung in Grundsatzfragen allgemeiner oder richtungsweisender Bedeutung. Denn soweit der Referent Verwaltungsvorschriften zum o.g. Zuständigkeitsbereich vorbereitet, trägt er für diese nicht die Verantwortung im tariflichen Sinne. Denn der Mitarbeiter bereitet diese Verwaltungsvorschriften lediglich vor. Seine Vorschläge werden dann innerhalb der Behörde durch die weiteren Vorgesetzten geprüft und dann letztlich auf der politischen Ebene verabschiedet.

Der Referent trägt auch keine Verantwortung für einen großen, ihm untergeordneten Personalkörper. Dem Referenten sind lediglich zwei Mitarbeiter zugeordnet. Dazu kommen weitere zehn Beschäftigte, die in anderen Einheiten eingegliedert sind, die aber unter der Fachaufsicht des Referenten stehen. Damit ist der Mitarbeiter verantwortlich für 12 Beschäftigte. Damit lässt sich das erforderliche besondere Maß der Verantwortung nicht begründen.

Auch besteht keine Weisungskompetenz gegenüber Schulräten in Fragen des Arbeitsschutzes. Die Pflichten nach § 13 Abs. 2 ArbSG sind dem Mitarbeiter nicht übertragen worden.

Auch die Bedeutung seiner Aufgaben (Gesundheitsmanagement und Eingliederungsmanagement) für die Qualität des gesamten Bildungssektors und für die Reduzierung des Unterrichtsausfalls kann keine besondere Verantwortung im Tarifsinne erkennen.

Zweifellos gibt es viele Indizien, die auf den vom Referenten gesehenen Kausalzusammenhang zwischen einer erfolgreichen Förderung der Gesundheit der Lehrkräfte und der Qualität des Unterrichts oder auch der Anzahl der Ausfallstunden hindeuten. Auch der AG geht in seiner Stellungnahme von diesem Kausalzusammenhang aus und von der Hoffnung, dass man durch eine kluge und erfolgreiche Förderung der Gesundheit der Lehrkräfte auch als AG durch die Verringerung der Anzahl der Ausfallstunden profitieren könne. Damit ist aber lediglich dargetan, dass der Mitarbeiter eine wichtige Aufgabe wahrnimmt. Man erwartet vom Referenten, dass er seine Aufgaben ordentlich erledigt, damit die erhofften Effekte eintreten. Das ist aber nichts anderes als die Normalverantwortung, die der AG von einem Beschäftigten der akademischen Laufbahn ohne weiteres erwarten darf. Auch der Verweis des Referenten darauf, dass er die Bereiche „Gesundheitsmanagement", „Betriebliches Eingliederungsmanagement" und „Gesundheit an der Schule" erst eingeführt und aufgebaut habe, rechtfertigt keine andere Beurteilung. Für die Eingruppierung ist nicht entscheidend, wie erfolgreich ein Mitarbeiter die ihm übertragenen Aufgaben bewältigt.

(vgl. LAG M-V 13.06.2017, 2 Sa 237/16 m. w. N. auf die Rechtsprechung des BAG, zit. nach WKRS 2017, 22709)

8

6. Die Spitzenposition der Entgeltordnung (Entgeltgruppe 15)

Die Entgeltgruppe 15 Fallgruppe 15.1 stellt **die** Spitzenposition der Entgeltordnung dar.

Die Merkmale der Entgeltgruppe 15 Fallgruppe 15.1 sehen gegenüber den Merkmalen der Entgeltgruppe 14 Fallgruppe 14.1 eine weitere Steigerung in Form einer „erheblichen Heraushebung" vor. Damit weicht das Tätigkeitsmerkmal von dem des BAT ab. Dort heißt es „deutlich höher zu bewertende" Tätigkeit. Damit fordern die Tarifvertragsparteien des TV-V eine nochmalige Steigerung der Verantwortung und nicht wie im BAT ganz allgemein eine deutlich höher zu bewertende Tätigkeit, was auch aus Umständen außerhalb des Verantwortungsbereichs gefolgert werden kann (vgl. BAG 23.02.1983, 4 AZR 222/80, AP Nr. 70; BAG 06.06.1984, 4 AZR 203/83, AP Nr. 91, beide zu §§ 22, 23 BAT 1975).

„Erheblich herausheben" bedeutet nach der ständigen Rechtsprechung des BAG, dass eine beträchtliche, gewichtige Heraushebung und damit besonders weitreichende hohe Verantwortung zu fordern ist (vgl. BAG 26.01.2005, 4 AZR 6/04, AP Nr. 302 zu §§ 22, 23 BAT 1975).

Wichtig: Eine diesen Anforderungen entsprechende Tätigkeit muss so beschaffen sein, dass sie ihrer Verantwortung nach als absolute Spitzenposition definiert werden kann.

Dementsprechend kann zumindest ein Urteil des BAG für die Auslegung dieses Tätigkeitsmerkmals herangezogen werden.

§

BAG vom 19.02.2003

Das Tätigkeitsmerkmal der Fallgruppe 1a Vergütungsgruppe I erfordert die Wahrnehmung einer Spitzenfunktion. Es erfasst jene Angestellte, die

die Leitung **größter Organisationseinheiten** innehaben,

bei denen insbesondere die Personalführung und die organisatorische Befähigung **höchste Anforderungen** stellen sowie

die Entscheidung von Grundsatzfragen allgemeiner und richtungsweisender Bedeutung zu bearbeiten sind,

wenn dabei wissenschaftliche Probleme zu lösen sind, die eine hervorragende entsprechende Qualifikation voraussetzen. (...)

Dabei ist es nicht erforderlich, dass all diese Merkmale gemeinsam vorliegen. Vielmehr reicht es aus, dass die eine oder andere Voraussetzung erfüllt ist.

(BAG 19.02.2003, 4 AZR 265/02 m. w. N.; *Hervorhebungen durch die Verfasser*)

Der Eingruppierungsvorgang

1. Überblick

Der Eingruppierungsvorgang

Stellenbeschreibung (StB) ↓	✓ auszuübende Tätigkeit ✓ fachliches Anforderungsprofil
Qualifikationsebenen TV-V ↓	✓ Un-/Anlerntätigkeiten ✓ Berufsausbildung ✓ Fortbildung (Meister/Techniker, etc.) ✓ Dipl.-FH/Bachelor ✓ Dipl./Master
Prüfung möglicher Tätigkeitsmerkmale (TM) innerhalb der Qualifikationsebene ↓	anhand der StB, insbesondere: ✓ Einzeltätigkeiten ✓ Kenntnisse ✓ Befugnisse
widerspruchsfreie Zuordnung der auszuübenden Tätigkeiten gem. StB unter die TM des TV-V durch Auslegung nach:	1. Wortlaut (Bedeutung gemäß Tarifvertrag, Gesetz, Fachsprache bzw. allgemeinem Sprachgebrauch) 2. Systematik des TV-V 3. Sinn und Zweck der TM ↕ → Tarifgeschichte → praktische Tarifübung → Praktikabilität

2. Die Stellenbeschreibung als Basis

Das Stellenbeschreibungsformular

Um den Eingruppierungsprozess transparent und nachvollziehbar zu gestalten, sind Stellenbeschreibungen unabdingbar (zu den Kosten von Stellenbeschreibungen vgl. Gamisch/Mohr, StB, Kapitel 4.5). Sie werden regelmäßig in Formularform erstellt:

Unternehmen/Dienststelle

Stellenbeschreibung

1. Organisatorische Eingliederung der Stelle

1.1 Organisationseinheit: ____________________

(Fachbereich/Abteilung/Team)

1.2 Stellenbezeichnung: ____________________

1.3 Stellennummer: ____________________

1.4 Unterstellung:

1.4.1 fachlich: ____________________

1.4.2 disziplinarisch: ____________________

(Angabe der unmittelbar vorgesetzten Stelle/n)

1.5 Überstellung: *(Angabe der ständig unmittelbar unterstellten Stellen)*

fachlich	*disziplinarisch*	*Anzahl*	*Stellenanteil*	*Stellenbezeichnung*	*Stellennummer*

1.6 Stellvertretung

1.6.1 Aktive Stellvertretung *(= der Stelleninhaber vertritt)*:

a) ständig / b) in Abwesenheit	*Stellenbezeichnung*	*Stellen-nummer*	*Vertretungsbereiche (Eintragen der lfd. Nr. gem. 4. Tätigkeitsbeschreibung)*

1.6.2 Passive Stellvertretung *(= der Stelleninhaber wird vertreten durch)*:

a) ständig / b) in Abwesenheit	*Stellenbezeichnung*	*Stellen-nummer*	*Vertretungsbereiche (Eintragen der lfd. Nr. gem. 4. Tätigkeitsbeschreibung)*

2. Arbeitszeit/Beschäftigungsumfang der Stelle

☐ Vollzeit ☐ Teilzeit mit ☐ ______ % Anteil Vollzeit

☐ ______ Wochenstunden

3. Ziel(e) der Stelle

(Angabe der zu erreichenden Ziele/Arbeitsergebnisse)

Die männliche Sprachform erfasst alle Geschlechter (männlich, weiblich, divers) gleichermaßen.

Seite 2 – Stellenbeschreibung: <Stellenbezeichnung>, Stellennummer: < Stellennummer >

4. Tätigkeitsbeschreibung

Lfd. Nr.	a) Beschreibung der Tätigkeiten gem. § 5 I TV-V *(Angabe der wesentlichen inhaltlichen Arbeitsschritte zur Zielerreichung)* b) einzusetzende Kenntnisse und Vorschriften *(mit Angabe der Paragraphen/Abschnitte etc. bei Gesetzen, Verordnungen, internen Richtlinien, etc.)*	Zeit-anteil in %
4.1	a) b)	
4.2	a) b)	
4.3	a) b)	
4.4	a) b)	

5. Befugnisse

5.1 Unterschrifts- und Feststellungsbefugnisse:

(Unterschriftsberechtigungen nach innen [wie z. B. Zeichnung der fachtechnischen und sachlichen Richtigkeit] und außen [wie z. B. Handlungsvollmacht, Prokura])

5.2 Entscheidungsbefugnisse:

(Fällen von Sachentscheidungen durch Ausfüllen von Ermessens-, Beurteilungs-, Gestaltungsspielräumen)

5.3 Weisungsbefugnisse:

(Rechte zur Bestimmung des Verhaltens und Handelns anderer Stellen; ggü. den gem. 1.5 zugeordneten Stellen bzw. im Einzelfall)

9

Die männliche Sprachform erfasst alle Geschlechter (männlich, weiblich, divers) gleichermaßen.

Seite 3 – Stellenbeschreibung: <Stellenbezeichnung>, Stellennummer: < Stellennummer >

6. **Erforderliche berufliche Qualifikation(en) und Erfahrung(en)**
(berufsbildender Abschluss, Prüfungen, mehr-/langjährige Berufserfahrung)

bzw. vergleichbare Kenntnisse/Fähigkeiten/Erfahrungen

7. **Personalwirtschaftliche Angaben**

7.1 ☐ Erstellt (Erstfassung-Version 1) / ☐ Geänderte Fassung, Version: ____
Datum: Ort, den ______ von: ______________________
(zuständiger Mitarbeiter der Personalabteilung)

7.2 In-Kraft-Treten:
Datum: Ort, den ______ Unterschrift: ______________________
(Personalleitung)

____
(Dienststellen-/Unternehmensleitung)

7.3 Kenntnisnahme des Stelleninhabers:
Ich habe die von mir regelmäßig auszuübenden Tätigkeiten gemäß vorliegender Stellenbeschreibung zur Kenntnis genommen. Darüber hinaus sind die weiterführenden Informationen des Vorgesetzten zu beachten.
Mir ist darüber hinaus bekannt, dass ich verpflichtet bin, relevante Informationen dem zuständigen Vorgesetzten rechtzeitig und der Situation angemessen weiterzugeben und auf Weisung des Vorgesetzten Einzelaufträge auszuführen, die dem Wesen nach zu meinem Tätigkeitsgebiet gehören oder sich aus der dienstlichen/betrieblichen Notwendigkeit ergeben.
Datum: Ort, den ______ Unterschrift: ______________________
(Stelleninhaber)

7.4 Kenntnisnahme der vorgesetzten Stelle/n (siehe 1.4):
Datum: Ort, den ______ Unterschrift: ______________________
(zu 1.4.1)

____
(zu 1.4.2)

7.5 Gefährdungsbeurteilung zum Arbeitsplatz
☒ durchgeführt (s. Anhang)

9

Die männliche Sprachform erfasst alle Geschlechter (männlich, weiblich, divers) gleichermaßen.

Erläuterungen zum Ausfüllen des Stellenbeschreibungsformulars

zu 1. Organisatorische Eingliederung der Stelle

Bei der **Organisationseinheit** ist der offizielle Titel anzugeben. Es ist die unmittelbare Einheit gemeint, in welcher die Stelle angesiedelt ist.

Die **Stellenbezeichnung** soll verdeutlichen, um welche Art von Stelle (Rang) es sich handelt und welche Aufgabe(n) hauptsächlich übertragen wurde(n). Der Rang verdeutlicht in diesem Zusammenhang die hierarchische Eingliederung als Leitungs-, Stabs-, Sachbearbeitungs- oder Assistenzstelle.

Die **Stellennummer** dient als Verbindungselement zwischen der rein sachbezogenen Stellenbeschreibung und der Stellenbesetzung, festgehalten im Stellen(besetzungs)plan.

Bei der Angabe des unmittelbaren Vorgesetzten (**Unterstellung**) ist zu differenzieren, ob es einen Hauptvorgesetzten gibt oder – wie regelmäßig in der Praxis anzutreffen – eine Trennung von fachlicher und disziplinarischer Unterstellung vorliegt.

Im Rahmen der **Überstellung** sollte für ein personalwirtschaftlich aussagefähiges Gesamtbild neben der Nennung der Anzahl der unterstellten Stellen auch der jeweilige Stellenanteil und die Stellenbezeichnung der ständig unmittelbar unterstellten Stellen benannt werden. Diese Angaben erleichtern die personalwirtschaftliche Arbeit, z. B. im Rahmen der Stellenbewertung und Eingruppierung, da diese Daten insgesamt einen Einblick in die Ausstattung des Leitungsbereichs ermöglichen.

Aus Sicht der Organisationslehre beschreibt die **Stellvertretung** die neben den einer Stelle zugewiesenen Hauptaufgaben wahrgenommene Vertretung anderer Beschäftigter. Im Gegensatz zur ständigen Vertretung ist hierunter die Vertretung bei Abwesenheit (Urlaub, Arbeitsunfähigkeit, Dienstreisen) des zu Vertretenden zu verstehen. Beide Vertretungsformen (aktiv und passiv) sollten entsprechend eindeutig aufgeführt werden.

Die Stellvertretung kann alle oder nur bestimmte Aufgaben beinhalten. Um dies eindeutig zu dokumentieren, empfehlen wir – neben der Angabe von Stellenbezeichnung und Stellennummer – die Nennung der Vertretungsgebiete unter Verweis auf die jeweiligen Tätigkeiten in der Tätigkeitsbeschreibung. Die im Einzelnen wahrzunehmenden Aufgaben und Befugnisse hingegen sind als Teil der Tätigkeitsbeschreibung (siehe Punkt 4 des Formulars) und der Befugnisse (siehe Punkt 5 des Formulars) des Stelleninhabers zu erfassen.

zu 2. Arbeitszeit/Beschäftigungsumfang der Stelle

Dieses Formularfeld ist sinnvoll, wenn der Arbeitgeber aus organisatorischer Sicht regelmäßig Stellen schafft, die aufgrund der Aufgabenmenge keine Vollzeitstelle erfordern. Hier wird dementsprechend der zeitliche Gesamtaufwand für die Erfüllung der an der Stelle angesiedelten Aufgaben festgehalten, das heißt, ob es sich bei der Stelle um eine Vollzeit- oder Teilzeitstelle handelt.

zu 3. Ziel(e) der Stelle

Mit Zielen sind hier die aufgabenbezogenen Ziele gemeint.

Das Ziel der Stelle vermittelt in kurzen einführenden Sätzen oder Wortgruppen:

a) Wozu gibt es diese Stelle?

b) Was soll im Ergebnis der Arbeit erreicht werden?

Damit wird aus organisatorischer Sicht die Frage beantwortet, für die Erfüllung welcher Unternehmensaufgaben die Stelle geschaffen worden ist. Aus bewertungsrechtlicher Sicht beantwortet sie – durch die Darstellung der Arbeitsergebnisse – die Frage, wie viele Tätigkeiten und damit Bewertungseinheiten im Sinne des § 5 Abs. 1 TV-V vorliegen.

zu 4. Tätigkeitsbeschreibung

Sie ist das Kernstück der Stellenbeschreibung. Um den oben genannten tariflichen Anforderungen gerecht zu werden, besteht sie aus einer Beschreibung der einzelnen Tätigkeiten, einer Darstellung der einzusetzenden Kenntnisse und Vorschriften sowie der Angabe der erforderlichen Zeitanteile je Tätigkeit.

zu a) Beschreibung der Tätigkeiten

Es wird jede Tätigkeit (Tätigkeit im Sinne des § 5 Abs. 1 TV-V) für sich beschrieben. Die Ausführungen erfolgen arbeitsablauf-/prozessbezogen mit Angabe der wesentlichen (inhaltlichen) Arbeitsschritte und des Arbeitsergebnisses. Zusammenhangstätigkeiten, wie Kopieren, Ablegen und Dokumentieren der Arbeiten, können hingegen entfallen, da sie für die inhaltliche Beschreibung der Tätigkeiten eine untergeordnete Rolle spielen. In technischen Bereichen kann das anders aussehen, wenn aufgrund von implementierten Qualitätssicherungs-Systemen (QS-Systeme) sehr großen Wert auf die

Dokumentation der Arbeit gelegt wird bzw. werden muss. In diesen Fällen sichert eine Standardformulierung wie „einschließlich Dokumentation der Arbeit gemäß QS-Handbuch" diese Anforderungen.

Da die Beschreibung regelmäßig Basis zur Stellenbewertung und Eingruppierung ist, muss die Darstellung der Tätigkeiten den besonderen Anforderungen der Rechtsprechung genügen:

Anforderungen der Rechtsprechung

- Gliedern der Tätigkeiten nach Arbeitsschritten, Arbeitsergebnissen und Zusammenhangsarbeiten
- konkrete Angabe und Zuordnung der anzuwendenden Normen und Vorschriften
- Angabe konkreter Beispiele einschließlich Informationen über
  - die Art und Weise der Ausführung der Tätigkeiten
  - die unterschiedlichen fachlichen Anforderungen
  - den zeitlichen Aufwand

Eine diesen Erfordernissen entsprechende Stellenbeschreibung besteht demnach aus:

- der Gliederung der einzelnen Aufgaben nach Tätigkeiten im Sinne der Rechtsprechung (vgl. Kapitel 2.4) und deren detaillierte Beschreibung **mit** (Fach-)Kenntnissen
- Quantifizierung der einzelnen Tätigkeiten durch Zeitanteile
- Festlegung des erforderlichen Niveaus der Vorbildung ohne Nennung von Berufsbildern unterschiedlicher tariflicher Wertigkeit

Diese Informationen ermöglichen die Zuordnung der Aufgaben der Stelle zu den Tätigkeitsmerkmalen der Entgeltordnung. Da die Entgeltordnung eine Vielzahl unterschiedlichster Aufgabenbereiche abdecken soll, sind ihre Tätigkeitsmerkmale entsprechend abstrakt gehalten. Es handelt sich regelmäßig um unbestimmte Rechtsbegriffe, die nur mit entsprechender Kenntnis der Rechtsprechung und Literatur sachgerecht ausgelegt und angewendet werden können.

Wichtig: Ohne diese Sachkenntnis ist es regelmäßig nicht möglich, Stellen zielführend zu beschreiben.

Wir sprechen davon, dass die Stellenbeschreibung eine tarifkonforme Sprache (vgl. Gamisch/Mohr, StB, Kapitel 8) aufweisen muss.

Das heißt die Formulierung der Tätigkeiten muss die folgenden Grundsätze berücksichtigen.

Unzulässig ist:

- die (unkommentierte) Verwendung von Wertungen, wertenden Adjektiven usw.
- die Verwendung von zu unbestimmten Tätigkeitsworten
- die (unkommentierte) Verwendung von Fachbegriffen

Das Benutzen wertender Adjektive, wie „bedeutend, besonders, eigen(-verantwortlich), schwierig, selbstständig“ usw. verhindert Feststellungen zum tatsächlichen Grad der Bedeutung, Schwierigkeit oder Selbstständigkeit der Tätigkeiten. Zudem geben sie in der ein oder anderen Form Tätigkeitsmerkmale der Entgeltordnung wieder.

Zu unbestimmte Tätigkeitsworte, wie „bearbeiten, mitarbeiten, mitwirken, zuarbeiten“, lassen nicht erkennen, welchen Anteil der Stelleninhaber an der zu erbringenden Arbeitsleistung konkret hat.

Das „Entschlüsseln“ unkommentiert verwendeter Fachbegriffe hat einen erheblichen Mehraufwand zur Folge. Typisch dafür sind Stellenbeschreibungen aus dem IT-Bereich, in denen regelmäßig Anglizismen dazu führen, dass Sinn und Zweck der Tätigkeiten ohne Englischwörterbuch und einem breiten IT-technischen Überblick kaum mehr zu verstehen sind.

Um die oben genannten Formulierungsdefizite so weit wie möglich zu vermeiden, ist eine einheitliche, wertneutrale und allgemeinverständliche Beschreibung erforderlich, konkret:

1. Jede Tätigkeit wird prozessorientiert vom ersten Arbeitsschritt bis hin zum Arbeitsergebnis dargestellt.
2. Die einzelnen Arbeitsschritte werden so beschrieben, dass auch der Nichtfachmann sie versteht. Fachspezifische Abkürzungen und Begriffe sind zu erläutern.
3. Die Beschreibung der Tätigkeiten mit ihren Arbeitsschritten orientiert sich an diesen Kriterien, die auch maßgeblich für die Stellenbildung sind:
   - Tätigkeitswörter, die die durchzuführenden Handlungen/Verrichtungen konkret definieren
   - Objekte/Arbeitsgegenstände, auf die sich die Handlungen/Verrichtungen beziehen

- Vorgaben/Hilfsmittel
- Schnittstellen zu anderen Stellen (Kontrolle, Weiterbearbeitung)

(vertiefend Gamisch/Mohr, StB, Kapitel 8)

Die auszuführenden Handlungen/Verrichtungen (1.) werden durch Verben oder substantivierte Verben beschrieben. In der Literatur finden sich entsprechende Beispiele, die in der Praxis gut umzusetzen sind. Sie sind bereits um Fragewörter zur Definition des Objekts/Arbeitsgegenstands (2.) ergänzt, auf das sich das Handeln bezieht.

Tätigkeitswort für Arbeitsschritte	**Mögliche Fragen nach dem ...**	
	... Arbeitsobjekt	**... Arbeitsinhalt**
ablegen	welche Schriftstücke?	nach welchen Regeln?
abnehmen	was?	wie?
abrechnen	was?	nach welchen Regeln?
abwickeln	welche Arbeiten?	wie?
analysieren	welche Tatbestände, Ergebnisse, Abläufe?	im Hinblick worauf?
anfertigen	was?	wie?
annehmen	was?	
anpassen	was?	wie, woran?
anweisen	was?	wie?
assistieren	wem, wobei?	wie?
aufmessen	was?, welche Anlage, Teile?	wie?
aufstellen	welche Pläne, Anlagen, Maschinen?	nach welchen Regeln?
ausführen	welche Arbeiten?	nach welchen Regeln?
ausfüllen	was, welche Formulare?	nach welchen Regeln?
ausgeben	was?	
auswerten	was?	im Hinblick worauf?
bedienen	welche Geräte, Kunden?	wie, nach welchen Regeln?

Tätigkeitswort für Arbeitsschritte	Mögliche Fragen nach dem ...	
	... Arbeitsobjekt	... Arbeitsinhalt
begutachten	was?	im Hinblick worauf?
benachrichtigen	wen?	worüber?
beraten	wen?	worüber?
berechnen	was, für wen?	nach welchen Regeln?
bereitstellen	was, für wen?	wie?
Bericht erstatten	an wen?	worüber?
beschaffen	was?, welche Materialien, Informationen?	wie?
besichtigen	was?	wozu?
bestellen	was?	wie, wofür?
beurteilen	was?	im Hinblick worauf?
bewerten	was?	im Hinblick worauf?
buchen	was?	nach welchen Regeln?
darstellen	was?	wie?
(de-)montieren	welche (Anlagen-) Teile?	wie?
dokumentieren	was?	wo, für wen?
durchführen	was?, welche Maßnahmen?	wie?
einkaufen	was?, welche Materialien, Dienstleistungen?	nach welchen Regeln?
einrichten	was?	wie?
einteilen	wen, welches Personal?	wofür?
eintragen	was?, welche Daten?	wohin?
einweisen	wen?	worin?
entscheiden	über was?	wie, in welchen Fällen?
entwerfen	was?; welche Pläne, Modelle?	wie, nach welchen Regeln?
entwickeln	was?	wie?

9

Tätigkeitswort für Arbeitsschritte	Mögliche Fragen nach dem ...	
	... Arbeitsobjekt	... Arbeitsinhalt
erarbeiten	was?	wie?
ermitteln	welche Tatbestände?	wie?
erstellen	was, welche Unterlagen?	nach welchen Regeln/ Kriterien?
festlegen	was?	nach welchen Regeln/ Kriterien?
führen	von was (Verhandlungen, Besprechungen, Korrespondenz)?	wie?
genehmigen	was?	nach welchen Regeln?
informieren	wen?	über was?
instand setzen	welche Geräte, Maschinen?	nach welchen Regeln/ Kriterien?
interviewen	wen?	über was?
justieren	welche Geräte, Maschinen?	nach welchen Regeln/ Kriterien?
kalkulieren	was?	nach welchen Vorgaben?
kommentieren	welche Ergebnisse, Schriften?	im Hinblick worauf?
kontrollieren	was?	im Hinblick worauf?
korrigieren	was?	im Hinblick worauf?
melden	was?	an wen?
planen	was?	wie, im Hinblick worauf?
projektieren	welche Geräte, Anlagen?	wie?
protokollieren	was?	wie?
(über-)prüfen	was?	im Hinblick worauf?
redigieren	was?	im Hinblick worauf?
registrieren	was?	wo, nach welchen Regeln?

Tätigkeitswort für Arbeitsschritte	Mögliche Fragen nach dem ...	
	... Arbeitsobjekt	... Arbeitsinhalt
reinigen	welche Geräte, Maschinen, Räume?	nach welchen Regeln?
sammeln	welche Informationen, Belege?	nach welchen Kriterien?
sortieren	was, welche Belege?	nach welchen Kriterien?
übertragen	was?	wie, wohin?
überwachen	was?	im Hinblick worauf?
umsetzen	was?	wie?
unterrichten	wen?	worüber?
unterschreiben	was?	weshalb, zu welchem Zweck?
untersuchen	welche Fragen/ Tatbestände?	im Hinblick worauf?
verfassen	was?	wie?, nach welchen Kriterien/Regeln?
verfolgen	was, welche Arbeitsabläufe?	im Hinblick worauf?
verhandeln	über was?	wie?
vorbereiten	was?	wie, wofür?
vorschlagen	was?/wen?	wie, nach welchen Kriterien/Regeln?
vortragen	was?	was konkret? (welche Themen?)
warten	welche Geräte, Maschinen?	wie, nach welchen Regeln/Vorgaben?
zeichnen	was?	nach welchen Regeln/ Vorgaben?
zusammenstellen	welche Unterlagen, Daten?	nach welchen Regeln/ Vorgaben?
zusammentragen	welche Unterlagen, Daten?	nach welchen Regeln/ Vorgaben?

(vgl. Gamisch/Mohr, StB, Kapitel 8.4 m. w. N.)

9

Beispiele:

Personalsachbearbeiter:

a) Verfassen
b) von Stellenbeschreibungen
c) auf Basis der gesammelten Informationen
d) Abstimmung mit den Fachbereichen und Weiterleitung der daraus erstellten endgültigen Fassungen zur Freigabe an die Dienststellenleitung

Bauplaner:

a) Bau- und kostentechnische Planung
b) von Umbaumaßnahmen an den Verwaltungsgebäuden (HOAI: Honorarzone III)
c) anhand der vor Ort festgestellten Mängel an der Bausubstanz und
d) Weiterleitung zur finanzwirtschaftlichen Prüfung und Genehmigung an die Unternehmens-/Dienststellenleitung

zu b) Darstellung einzusetzende Kenntnisse und Vorschriften

Diese sind für jede Tätigkeit im Einzelnen anzugeben. Die Angabe von Vorschriften muss mit Nennung der Paragrafen/Abschnitte etc. von Gesetzen, Verordnungen, internen Richtlinien usw. erfolgen. Nur so ist im Rahmen der Bewertung der Stelle sicher zu prüfen, ob die angegebenen Kenntnisse zu den beschriebenen Tätigkeiten passen (können). Die Personalabteilung muss sich damit nicht ausschließlich auf die Angaben der Stelleninhaber und Vorgesetzten verlassen. Zudem ermöglicht die genaue Angabe der Vorschriften im Rahmen der Bewertung der Stelle eine Prüfung, ob die genannten Regelungen aus sich heraus verständlich oder auslegungsbedürftig sind. Es sind also Rückschlüsse auf Umfang und Schwierigkeitsgrad der Fachkenntnisse möglich.

Dabei sind, gemäß der Definition von Fachkenntnissen, alle Kenntnisse anzugeben, die der Arbeitnehmer benötigt, um die ihm übertragenen Aufgaben sachgerecht erfüllen zu können. Je nach Arbeitsgebiet kommen infrage:

- fachspezifische Kenntnisse (z. B. betriebswirtschaftliche, pädagogische)

- technische Kenntnisse und Fertigkeiten (mit Angabe der Fachrichtung, z. B. Bautechnik oder technische Gebäudeausrüstung)
- handwerkliche Kenntnisse und Fertigkeiten (mit Angabe der Fachrichtung, z. B. elektrotechnisch, bauhandwerklich)
- spezielle (Fachkunde-)Prüfungen (z. B. Zertifikate für die Arbeit unter Spannung bei Elektrikern in der Versorgungswirtschaft)
- Sprachkenntnisse
- arbeitsorganisatorische Kenntnisse
- tätigkeitsspezifisches Erfahrungswissen
- IT-(Anwender-)Kenntnisse etc.

Angabe der erforderlichen Zeitanteile je Tätigkeit

Obwohl die Zeitanteile erhebliche Bedeutung für das Ermitteln der Eingruppierung besitzen, setzen sich die Gerichte und die Literatur zum Eingruppierungsrecht nur am Rande mit dieser Frage auseinander: Grundsätzlich muss der zeitliche Aufwand für jede Tätigkeit separat festgestellt werden. Adäquat sind Methoden, die im Rahmen von Organisationsuntersuchungen zur Ermittlung des Personalbedarfs zum Einsatz kommen.

Dazu zählen:

(1) qualifizierte Schätzung

(2) Selbstaufschreibung/Arbeitstagebuch

(3) Multimomentaufnahme

(4) Laufzettelverfahren

Die **qualifizierte Schätzung** erfordert fundierte Erfahrungswerte über das Aufgabengebiet und die Prozessabläufe, da auf Basis von Erfahrungswerten aus der Vergangenheit Daten für die Gegenwart und Zukunft gewonnen werden sollen. Aus diesem Grund kommt das Verfahren nur zum Einsatz, wenn genauere Ermittlungsmethoden wegen betrieblicher Gegebenheiten nicht möglich bzw. eine hundertprozentig präzise Datenbasis nicht zwingend notwendig ist.

Wichtig: Die Schätzung reicht aus, wenn über die Schätzergebnisse keine Differenzen zwischen Personalabteilung und der schätzenden Fachabteilung bestehen.

Kernstück der **Selbstaufschreibung** ist das Führen eines Arbeitstagebuches. In ihm dokumentiert der Arbeitnehmer selbst seine täglich durchgeführten Arbeiten in zeitlicher Abfolge (Anfangs- und Endzeitpunkte). Zur Erleichterung werden Erfassungsbögen entwickelt, die die Tätigkeiten bereits beinhalten.

Die **Multimomentaufnahme** ist ein Stichprobenverfahren, bei dem aus einer Vielzahl von (Augenblick-)Beobachtungen statistisch gesicherte Zeit- und ggf. Mengenangaben abgeleitet werden. Um dies zu erreichen, werden im Vorfeld die zu beobachtenden Tätigkeiten katalogmäßig erfasst und entsprechend repräsentative Beobachtungsanzahl und -zeitpunkte ausgewählt. Mithilfe des erstellten Aufnahmekataloges werden dann für die darin festgehaltenen Tätigkeiten die anfallenden Zeiten und ggf. Mengen erfasst. Auf Basis der so erhobenen Stichproben wird mittels Wahrscheinlichkeitsrechnung die Gesamtheit der Zeiten und ggf. Mengen ermittelt. Je nach Aufgabenart stehen dazu zwei unterschiedliche Teilverfahren zur Verfügung: Das Multimomenthäufigkeitszählverfahren und das Multimomentzeitmessverfahren.

Wichtig: Das Multimomenthäufigkeitszählverfahren ist nur geeignet für Bereiche, in denen relativ wenig verschiedene immer wiederkehrende Tätigkeiten in großer Anzahl durchgeführt werden (Routinetätigkeiten). Zu diesen Bereichen zählen: Bezügerechnung, Buchhaltung, Sekretariatsarbeiten. In Bereichen mit sich kaum wiederholenden, zeitintensiven Tätigkeiten (planende, beratende, kreative Tätigkeiten) ist hingegen das Multimomentzeitmessverfahren anzuwenden.

Das **Laufzettelverfahren** ist im Gegensatz zu den drei vorgenannten Techniken eine arbeitsablauforientierte Zeiterfassungstechnik. Dabei werden Weg, Menge und Durchlaufzeiten eines Bearbeitungsfalls (z. B. eine Akte, ein Antrag, ein Werkstück) mittels eines angebrachten Zettels ermittelt. Auf diesem werden vom jeweiligen Bearbeiter der Arbeitsablauf im oben genannten Sinne sowie die Bearbeitungszeiten notiert. Nach einem längeren Erhebungszeitraum (z. B. einem Monat) werden die Daten ausgewertet.

Wichtig: Wegen der objektorientierten Ausrichtung ist die Technik am wenigsten für das Ermitteln tätigkeitsbezogener Zeitanteile geeignet, da Tätigkeiten im Sinne des TV-V regelmäßig nicht objektorientiert gebildet werden. Einzige Ausnahme sind die Beispielstätigkeiten für Ingenieure (vgl. Entgeltgruppe 11 Fallgruppe 11.4.4 und 11.4.5). Hier sieht der Tarifvertrag eine Orientierung an der Art der Bauprojekte vor.

Die **Dauer für die Ermittlung der Zeitanteile** ist, unabhängig von der Methode, einzelfallbezogen festzulegen. Sie richtet sich grundsätzlich danach, zu welchen Zeitpunkten und in welchem Zeitrahmen alle auf Dauer auszuübenden Tätigkeiten in einem repräsentativen Umfang angefallen sind. Zeitraum und Zeitpunkt der Erhebung müssen so gewählt sein, dass nicht nur alle Tätigkeiten überhaupt zu erledigen waren (Arbeitsanfall), sondern auch die jeweiligen Arbeitsmengen als typisch klassifiziert werden können. Schwanken diese über- oder unterjährig, sind unterschiedliche Erhebungszeitpunkte und -räume zu bestimmen, um die Schwankungen auszugleichen.

Im Rahmen der Rechtsprechung spielt die Frage nach geeigneten Erhebungszeitpunkten und -zeiträumen nur eine untergeordnete Rolle, so lassen sich nur hin und wieder Aussagen dazu finden, wie:

1. Unterliegen die Tätigkeiten eines Arbeitnehmers in ihrem Schwierigkeitsgrad Schwankungen, kann der Zeitraum zur Erfassung der Zeitanteile sechs Monate und mehr betragen.
2. Ein Zeitraum von sieben Monaten ist für die Erfassung von Vertretungszeiten nicht repräsentativ, wenn in dieser Zeit ca. 83 Prozent aller Urlaubstage des zu Vertretenden angefallen sind.
3. Nimmt ein Arbeitnehmer regelmäßig an Bereitschaftsdiensten teil, ist die darin zu leistende Arbeit bei der Zeitanteilsermittlung mit zu berücksichtigen. Für die Zeitermittlung dürften sechs Monate ausreichen (BAG 29.11.2001, 4 AZR 736/00, AP Nr. 288 zu §§ 22, 23 BAT 1975).

Das BAG hat das Recht des Arbeitgebers zur Anweisung von Arbeitsaufzeichnungen gegenüber dem Arbeitnehmer klargestellt: Der Arbeitgeber ist im Rahmen seines Direktionsrechts berechtigt, vom Arbeitnehmer die Dokumentation der erbrachten Arbeitsleistungen zu verlangen. Dabei kann er – je nach Zweck – auch unterschiedliche Qualitäten der Aufzeichnung der erbrachten Arbeitsleistungen fordern:

1. Zweck: Nachweis der erbrachten Arbeitsleistung

Täglicher Tätigkeitsbericht:		**Datum:**
Uhrzeit	Tätigkeit	Anzahl der bearbeiteten Vorgänge

2. Zweck: Erstellen einer Stellenbeschreibung und -bewertung

Tägliche Arbeitsaufzeichnungen über vier Wochen anhand eines noch umfangreicheren Formulars mit Einzelzeitangaben in Minuten für jeden zu bearbeitenden Einzelfall.

(vgl. BAG 19.04.2007, 2 AZR 78/06, AP Nr. 77 zu § 611 BGB Direktionsrecht)

In der Praxis stellt sich immer wieder die Frage, welche Bedeutung Aufzeichnungen des Beschäftigten bei der Bestimmung des Zeitanteils haben, wenn die Verteilung der Zeitanteile auf die einzelnen Tätigkeiten/Arbeitsvorgänge zwischen Arbeitgeber und Beschäftigten strittig ist. Letztlich ist der Beweiswert dieser Aufzeichnungen regelmäßig gering, wenn sie nicht für einen repräsentativen Zeitraum und lückenlos für alle übertragenen Tätigkeiten erfolgen. Zeiterfassungen, die nur für bestimmte Tätigkeiten (z. B. Abwesenheitsvertretungen) vorgenommen werden, sind unzureichend.

Zudem kommt es für die Eingruppierung – und dazu zählen auch die Zeitanteile – auf die auszuübende – das heißt die vom Arbeitgeber übertragene – Tätigkeit an. Zur auszuübenden Tätigkeit gehört nicht nur der Arbeitsinhalt, sondern auch deren Zeitaufwand (vgl. LAG Hamm 10.02.1999, 18 Sa 837/98).

Praxis-Tipp:

Der Arbeitgeber muss deshalb bei einem Rechtsstreit ganz konkret beweisen, weshalb die vom Arbeitnehmer behaupteten Zeitanteile unzutreffend sind. Es genügt nicht, zu behaupten, den Zeitaufwand für die auszuübenden Tätigkeiten/Arbeitsvorgänge nicht zu kennen (§ 138 Abs. 3 und 4 ZPO; vgl. BAG 19.03.2003, 4 AZR 336/02, NZA 2004, S. 400 ff.).

zu 5. Befugnisse

Der Begriff **Befugnis** wird in der Organisationslehre synonym zum Begriff der „Kompetenz" verwandt. Er definiert ausdrücklich zugeteilte Rechte und wird wie folgt klassifiziert:

Unterschrifts- und Feststellungsbefugnisse: Die Unterschriftsbefugnis (oder auch Verpflichtungsbefugnis) bestimmt das Recht, im Auftrag oder im Namen des Unternehmens rechtskräftig Verpflichtungen gegenüber Dritten einzugehen. Äußeres Kennzeichen ist die Unterschriftsberechtigung. Im Außenverhältnis wirkt diese durch Handlungsvollmacht bzw. Prokura. Beide Begriffe sind im Handelsgesetzbuch näher bestimmt (vgl. § 48 ff. HGB). Feststellungsbefugnisse wirken hingegen nach innen, wie beispielsweise Zeichnung der fachtechnischen und sachlichen Richtigkeit.

Entscheidungsbefugnisse: Sie definieren das Recht, bestimmte Sachentscheidungen zu treffen, die eine Willensbildung und -durchsetzung erfordern. In der Praxis heißt das, dass nur dann Entscheidungsbefugnisse im oben genannten Sinne vorliegen, wenn das Fällen von Sachentscheidungen auf dem Ausfüllen von Ermessens-, Beurteilungs-, Gestaltungsspielräumen bzw. auf dem Durchführen von Abwägungsprozessen basiert. Ja-Nein-Entscheidungen gehören nicht dazu, da die Wahl zwischen richtig und falsch keine echte Willensbildung darstellt.

Weisungsbefugnisse: Als typisches Kennzeichen von Leitungsstellen berechtigen Weisungsbefugnisse dazu, das Verhalten (aber auch das Handeln) der zugeordneten Stellen generell zu bestimmen. Aus rechtlicher Sicht werden sie durch das Direktionsrecht (vgl. § 106 GewO) und die Fürsorgepflicht (vgl. § 241 Abs. 2 BGB) des Arbeitgebers näher bestimmt. Weisungsrechte müssen aber nicht ausschließlich auf Leitungsstellen konzentriert sein. Die Ausübung fachlicher Weisungsbefugnisse kann auch anderen Fachkräften obliegen. Diese beziehen bzw. beschränken sich dann aber auf die fachliche bzw. fachlich-organisatorische Lösung konkreter Fachaufgaben.

zu 6. Erforderliche berufliche Qualifikation(en) und Erfahrung(en)

An dieser Stelle wird die Frage beantwortet, welche Ausbildung und welche ggf. darauf aufbauenden praktischen beruflichen Erfahrungen erforderlich sind, um die Anforderungen auf der Stelle im Hinblick auf Aufgaben (siehe Punkt 4 des Formulars) und Befugnisse (siehe Punkt 5 des Formulars) erfüllen zu können.

zu 7. Personalwirtschaftliche Angaben

Diese sind – neben den genannten erforderlichen inhaltlichen Punkten – regelmäßig praxisrelevant.

Datumsangaben halten den zeitlichen Entwicklungsprozess der Stellenbeschreibung transparent. Da zwischen Erfassung, Beschreibung, Abstimmung und Verabschiedung der Stellenbeschreibungen regelmäßig ein zeitlicher Abstand besteht, sollte aus der Stellenbeschreibung zumindest klar hervorgehen, ab wann diese in Kraft tritt. Darüber hinaus können aus Dokumentationszwecken diese Datumsangaben zweckmäßig sein: Datum der Erfassung vor Ort, Datum zu Änderungen an der Stellenbeschreibung, Datum der Aushändigung an den Stelleninhaber.

Unterschriften durch den Stelleninhaber, den Ersteller, die Dienststellenleitung und die Personalleitung sind zweckmäßig. Mit der Unterschrift sollte immer eine eindeutige Erläuterung verbunden werden, aus welchem Grund sie erfolgt und was mit ihr dokumentiert werden soll: Mit der Unterschrift der Dienststellen- und Personalleitung als die Arbeitgebervertreter wird die Stellenbeschreibung in Kraft gesetzt. Die Personalabteilung zeichnet als zuständiger Ersteller, der Stelleninhaber für die Kenntnisnahme.

(vertiefend Gamisch/Mohr, StB, Kapitel 7.14 m. w. N.)

Die **Gefährdungsbeurteilung** schreibt § 5 Abs. 1 ArbSchG vor. Es fehlt aber an konkreten Vorgaben zu Zielen und Verfahren. Vielmehr liegt eine sehr flexible Regelung vor, die im Betrieb bzw. in der Dienststelle ausgefüllt und umgesetzt werden muss. Dabei geht es weniger um eine Dokumentation für Dritte (z. B. die Aufsichtsbehörde). Vielmehr soll vor allem für Arbeitgeber eine interne Arbeitsbasis zur Gefahreneinschätzung geschaffen werden. Mit der arbeitsrechtlichen Bedeutung hat sich das BAG mit seiner Entscheidung vom 12.08.2008 (9 AZR 1117/06, NZA 2009, S. 102 = ZTR 2008, S. 623) grundlegend auseinandergesetzt und klargestellt, dass Arbeitnehmer nach § 5 Abs. 1 ArbSchG i. V. m. § 618 Abs. 1 BGB einen Anspruch auf die Beurteilung der mit ihrer Beschäftigung verbundenen Gefährdungen haben.

Vor diesem Hintergrund ist es sinnvoll, die Durchführung der Gefährdungsbeurteilung in der Stellenbeschreibung zu dokumentieren (vgl. Gamisch/Mohr, StB, Kapitel 7.15).

3. Die Bewertung der Stelle

Unter einer Stellenbewertung ist die Zuordnung der nach der Erstellung der Tätigkeitsbeschreibung festgestellten Arbeitsvorgänge bzw. Tätigkeiten unter die einschlägigen Tätigkeitsmerkmale der Entgeltordnung zu verstehen. Sie bildet die Grundlage für die Eingruppierung des Arbeitnehmers (vgl. BAG 17.11.2010, 7 ABR 123/09, AP Nr. 47 zu § 99 BetrVG 1975 Eingruppierung).

Da Stellenbewertungen funktions- und nicht personenbezogen sind, liegt eine Eingruppierung nicht vor (vgl. BAG 12.12.1995, 1 ABR 31/95, AP Nr. 6 zu § 99 BetrVG 1975 Eingruppierung, ArbuR 1996, S. 280).

Mit der Feststellung der erforderlichen fachlichen Qualifikation im Rahmen der Ausfertigung der Stellenbeschreibung ist der erste Bewertungsschritt schon getan:

Checkliste: Bewertungsschritte

1. Feststellen der erforderlichen fachlichen Qualifikationen (Abschlüsse, praktische Erfahrungen)
2. Bildung von Tätigkeiten im Sinne des TV-V (siehe Kapitel 2.4)
3. Prüfung und Zuordnung jeder Tätigkeit unter die Tätigkeitsmerkmale der Entgeltordnung
4. ggf. Hinzurechnungsverfahren gemäß § 5 Abs. 1 Satz 3 TV-V

1. Schritt: Feststellen der erforderlichen fachlichen Qualifikationen

Diese können regelmäßig durch einen Vergleich der Berufsbilder (Ausbildungs- und Prüfungsanforderungen) mit den beschriebenen Tätigkeiten, Kenntnissen und Befugnissen ermittelt werden.

Praxis-Tipp:

Informationen über alle Berufsbilder und weiterführende Informationen zu den Ausbildungs- und Prüfungsanforderungen sind abrufbar unter der offiziellen Informationsplattform der Bundesagentur für Arbeit: www.berufenet.arbeitsagentur.de bzw. unter: www.hochschulkompass.de

2. Schritt: Bildung von Tätigkeiten im Sinne des TV-V

Bei der Zusammenfassung von Tätigkeiten im Sinne des TV-V sind weite Spielräume möglich.

Bei strenger Auslegung der Tätigkeitsmerkmale, wie sie der TV-V vom BAT übernommen hat, können beispielsweise Eingruppierungen in Entgeltgruppe 5 Fallgruppe 5.2 „verhindert“ werden, indem die Aufgaben eines Stelleninhabers, die einzeln betrachtet die gründlichen Fachkenntnisse erfüllen, nicht im Sinne einer Gesamttätigkeit/im Sinne eines Berufsbilds zusammengefasst, sondern für sich gesehen werden. Mit Verweis auf die Tarifbestimmungen in § 5 Abs. 1 Satz 3 TV-V ist dieses Vorgehen ebenso begründbar wie die Zusammenfassung und Orientierung an Berufsbildern, mit denen die Tarifvertragsparteien in den Beispielen zur Entgeltgruppe 5 arbeiten. Hier kann umgekehrt auf die Rechtsprechung des BAG zur Auslegung des Begriffs der Tätigkeit verwiesen werden (BAG 15.02.2006, 4 AZR 634/04, AP Nr. 3 zu §§ 22, 23 BAT Rückgruppierung) und auf die Vorbemerkung Nr. 1 Satz 2 der Anlage 1 zu § 5 TV-V, die besagt, dass die Beispiele der Wertigkeit des Oberbegriffs entsprechen. Da der Oberbegriff auch den der Tätigkeiten umfasst, ist auch diese Auslegung begründbar.

3. Schritt: Prüfung und Zuordnung jeder Tätigkeit unter die Tätigkeitsmerkmale der Entgeltordnung

Dies geschieht unter Anwendung der in den vorhergehenden Kapiteln ausführlich dargestellten Rechtsprechung und Literatur.

4. Schritt: ggf. Hinzurechnungsverfahren gemäß § 5 Abs. 1 Satz 3 TV-V

Es ist möglich, dass Tätigkeiten mit unterschiedlichen tariflichen Anforderungen und Wertigkeiten anfallen. Man spricht dann von sogenannten Mischtätigkeiten. In diesem Zusammenhang bestimmt § 5 Abs. 1 Satz 3 TV-V:

§ Erreicht keine der vom Arbeitnehmer auszuübenden Tätigkeiten das in Satz 1 oder 2 geforderte Maß, werden höherwertige Tätigkeiten zu der jeweils nächstniederen Tätigkeit hinzugerechnet.

9

1. Beispiel

Tätigkeit ...	... mit Zeitanteil	... und tariflicher Wertigkeit
1.	40 %	Entgeltgruppe 4 Fallgruppe 4.1
2.	20 %	Entgeltgruppe 5 Fallgruppe 5.1
3.	20 %	Entgeltgruppe 6 Fallgruppe 6.1
4.	20 %	Entgeltgruppe 7 Fallgruppe 7.1

Die am höchsten bewertete Tätigkeit ist die Tätigkeit 4. mit Entgeltgruppe 7.

Der erforderliche Anteil von 50 Prozent an der Gesamtarbeitszeit wird bei Addition der Zeitanteile der Tätigkeit 4. und 3. (40 Prozent) aber noch nicht erreicht. Die Zeitanteile der Tätigkeiten 4. und 3., die nach Entgeltgruppe 7 und Entgeltgruppe 6 bewertet sind, sind demnach der nächstniedriger bewerteten Tätigkeit 2. (nach Entgeltgruppe 5) hinzuzurechnen, um die mindestens erforderlichen 50 Prozent zu erreichen. Die Eingruppierung erfolgt somit nach Entgeltgruppe 5.

2. Beispiel für einen Diplom-Ingenieur (FH)

Tätigkeit ...	... mit Zeitanteil	... und tariflicher Wertigkeit
1.	45 %	Entgeltgruppe 9 Fallgruppe 9.1
2.	20 %	Entgeltgruppe 10 Beispiel 10.3.1
3.	20 %	Entgeltgruppe 11 Beispiel 11.4.4
4.	15 %	Entgeltgruppe 11 Beispiel 11.4.5

Die am höchsten bewerteten Tätigkeiten sind die Tätigkeiten 3. und 4. mit jeweils Entgeltgruppe 11.

Der erforderliche Anteil von 50 Prozent an der Gesamtarbeitszeit wird bei Addition der Tätigkeiten der Entgeltgruppe 11 (35 Prozent) noch nicht erreicht. Die Zeitanteile der Tätigkeiten 3. und 4. (bewertet mit der Entgeltgruppe 11) sind demnach der nächstniedriger bewerteten Tätigkeit 2. mit Entgeltgruppe 10 hinzurechnen, um die mindestens erforderlichen 50 Prozent zu erreichen. Die Eingruppierung erfolgt somit nach Entgeltgruppe 10.

4. Die Eingruppierung des Mitarbeiters

Unter Eingruppierung ist die Zuordnung eines Beschäftigten aufgrund der von ihm vertragsgemäß auszuübenden Tätigkeit zur entsprechenden tariflichen Entgeltgruppe einer im Betrieb geltenden Entgeltordnung zu verstehen (vgl. ständige Rechtsprechung des BAG, z. B. BAG 14.04.2015, 1 ABR 66/13, AP Nr. 143 zu § 99 BetrVG 1972).

Dabei wird überprüft, ob der Stelleninhaber die in der Stellenbeschreibung genannten Qualifikationen vorweisen kann. Ist das nicht der Fall, wird die Eigenschaft des sonstigen Arbeitnehmers geprüft (siehe entsprechende Ausführungen unter Kapitel 3.2).

Erfüllt der Arbeitnehmer die Anforderungen, ist er in die jeweils separate Fallgruppe der im Rahmen der Stellenbewertung festgestellten Entgeltgruppe eingruppiert.

Mit dieser Regelung verfolgen die Tarifvertragsparteien das Ziel, berufliches Erfahrungswissen und formale (Aus-)Bildungsabschlüsse gleichzustellen. Das Fehlen eines Abschlusses soll gerade nicht mehr – wie im BAT – zu einer regelmäßig niedrigeren Eingruppierung führen. Die Frage der Nichterfüllung der Anforderungen an den sogenannten sonstigen Arbeitnehmer ergibt sich im TV-V nicht mehr. Denn dieser geht mit seiner abgeschwächten Form des sonstigen Arbeitnehmers davon aus, dass diese Anforderung bei Vorliegen entsprechender Tätigkeiten in jedem Fall erfüllt ist.

Wichtig: Trotzdem ist es in der Praxis möglich, dass ein Arbeitnehmer die regelmäßig zu fordernde Erfahrungszeit im Vergleich zur formellen Ausbildung noch nicht erfüllt. In diesem Fall wird er zeitlich befristet anders eingruppiert, als seine Stelle bewertet ist, da regelmäßig davon ausgegangen werden muss, dass der Arbeitnehmer nicht alle auf der Stelle angesiedelten Tätigkeiten bzw. Befugnisse voll ausüben kann. Für diesen Fall ist eine gesonderte Bewertung auf Basis der bereits übertragenen Aufgaben und Befugnisse vorzunehmen.

5. Umgruppierung und Übertragung höherwertiger Tätigkeiten

Umgruppierung

Als Umgruppierung wird jede Änderung der Eingruppierung des Mitarbeiters nach der für den Betrieb/die Dienststelle geltende Entgeltordnung bezeichnet. Dabei kann es sich um eine Höhergruppierung oder Herabgruppierung handeln. Beiden Unterfällen ist gemein, dass die übertragenen Aufgaben nicht bzw. nicht mehr den Tätigkeitsmerkmalen der Entgeltgruppe entsprechen, in die der Beschäftigte bisher zugeordnet war (vgl. z. B. BAG 29.01.2020, 4 ABR 8/18, AP Nr. 166 zu § 99 BetrVG 1972).

Höhergruppierung

Die Höhergruppierung ist die Einreihung des Arbeitnehmers in eine höhere Entgeltgruppe. Dafür kann es unterschiedliche Gründe geben:

- Übertragung einer anderen, höherwertigen auszuübenden Tätigkeit durch den Arbeitgeber
- Korrektur einer zu niedrigen Eingruppierung (sog. korrigierende Höhergruppierung)

Für die Höhergruppierung gilt das oben zum Grundsatz der Tarifautomatik Gesagte. Mit der Höhergruppierung erfolgt kein Gestaltungsakt, sondern lediglich ein „Akt der Rechtsanwendung" (vgl. Kapitel 2.2).

Die Einstufung innerhalb der höheren Entgeltgruppe richtet sich nach § 5 Abs. 2a TV-V (weiterführend Schlusen/Fellenberg/Hüsgen, Kapitel B, § 5, Rn. 83 ff.).

Herabgruppierung

Für die Herabgruppierung existieren zwei Gründe:

- Übertragung einer anderen, niederwertigen Tätigkeit
- Korrektur einer zu hohen Eingruppierung (sog. korrigierende Herabgruppierung)

Niederwertige Tätigkeiten dürfen Arbeitnehmern grundsätzlich nicht übertragen werden (siehe Kapitel 1.5). Deren dauerhafte Übertragung kann deshalb nur im Wege einer einvernehmlichen Vertragsänderung oder einer Änderungskündigung erfolgen. Bei der Änderungskündigung ist der Änderungskündigungsschutz des § 2 KSchG zu beachten.

Entscheidung zum TV-V

Ist eine höherwertige Tätigkeit (hier der Entgeltgruppe 7 TV-V) Vertragsbestandteil geworden, kann einer Änderungskündigung (hier nach Entgeltgruppe 5.1 TV-V) nicht der Einwand entgegengehalten werden, stattdessen hätte eine korrigierende Rückgruppierung erfolgen müssen.

(LAG M-V 05.11.2008, 2 Sa 137/08)

Korrigierende Herabgruppierungen erfolgen grundsätzlich über das Direktionsrecht gemäß § 106 GewO. Nur in Ausnahmefällen ist eine Änderungskündigung erforderlich. Voraussetzung ist aber, dass der Arbeitgeber einen Irrtum bei der Anwendung der Eingruppierungsvorschriften des TV-V (objektiver Anwendungsfehler) darlegen und beweisen kann. Es gelten die Grundsätze, die die Rechtsprechung zum BAT entwickelt hat (vgl. Gamisch/Mohr, gEG, IV B.13.3).

Entscheidung zum TV-V

So ist eine korrigierende Herabgruppierung zum Beispiel ausgeschlossen, wenn der Arbeitnehmer über zwölf Jahre nach einer bestimmten Vergütungsgruppe bezahlt wurde und aus dieser entsprechend in die TV-V-Entgeltgruppe übergeleitet wurde. Im Rahmen der Überleitung war der Arbeitgeber verpflichtet, die Eingruppierung zu prüfen. Die Überleitung in die entsprechende Entgeltgruppe ist die Bestätigung der Richtigkeit der Bezahlung, eine Korrektur damit ausgeschlossen.

(vgl. ArbG Cottbus 04.03.2009, 2 Ca 1466/08)

Vorübergehende Übertragung einer höherwertigen Tätigkeit

Der Arbeitnehmer ist grundsätzlich nur verpflichtet, Tätigkeiten seiner Entgeltgruppe auszuführen. Die Übertragung niederwertiger Tätigkeiten ist nur in sehr engen Grenzen möglich (siehe Ausführungen unter Kapitel 1.5). Das würde entsprechend für höherwertige Tätigkeiten gelten.

§ 5 Abs. 3 TV-V eröffnet aber die Möglichkeit, höherwertige Tätigkeiten vorübergehend zu übertragen. Gegenüber dem Vorbild des § 24 BAT ist die Vorschrift gestrafft worden: Eine Unterscheidung der sachlichen Gründe (Vertretung oder andere Gründe) wird nicht mehr getroffen.

Wobei in der Praxis die Vertretung als Form der vorübergehenden Übertragung regelmäßig anfällt. In solchen Fällen ist es nicht erforderlich, dass der Vertreter die an den zu Vertretenden gestellten persönlichen Anforderungen an die Vorbildung (hier: abgeschlossene wissenschaftliche Hochschulbildung) erfüllt. Er muss nur die Tätigkeit ausüben (können). Ein Wille der Tarifvertragsparteien, dass die Zulage nach § 5 Abs. 3 TV-V nur dann zustehen soll, wenn sämtliche Anforderungen der Entgeltgruppe erfüllt sind, hat – anders als im BAT – im Wortlaut der Tarifbestimmung keinen Niederschlag gefunden. So haben die Tarifvertragsparteien auch die Höhe der Zulage begrenzt. Vertreter und zu Vertretender sollen vergütungsrechtlich nicht gleichgestellt werden (siehe zur vergleichbaren Rechtslage im TV-N Berlin: BAG 06.05.2009, 10 AZR 389/08, AP Nr. 15 zu § 1 TVG Tarifverträge: Verkehrsgewerbe).

Die Rechtslage zur vorübergehenden Tätigkeit gleicht § 14 TVöD.

Das BAG hat seine Rechtsprechung aufgegeben, wonach für die Übertragung ein sachlicher Grund erforderlich ist. Die Rechtmäßigkeit der Übertragung muss nunmehr einer doppelten Billigkeitsprüfung im Sinne des § 315 BGB standhalten:

Das billige Ermessen der Ausübung des Direktionsrechts muss sich auf die Tätigkeitsübertragung „an sich" und die „Nicht-Dauerhaftigkeit" der Übertragung beziehen („doppelte Billigkeit"; siehe z. B. BAG 16.04.2015, 6 AZR 242/14, AP Nr. 2 zu § 14 TVöD). Den Arbeitnehmer trifft unter diesen Voraussetzungen eine Loyalitätspflicht, die Tätigkeiten auszuüben. Sofern dies einen Monat erfolgt, erhält der Arbeitnehmer eine Zulage.

Die Vorschrift trifft keine ausdrückliche zeitliche Begrenzung für die Übertragung. Das BAG hat in einem Fall zum vergleichbaren § 24 BAT entschieden, dass **keine** zeitliche Grenze, wie lange eine „vorübergehende Übertragung" andauern kann, besteht (vgl. BAG 17.04.2002, 4 AZR 174/01, AP Nr. 23 zu § 24 BAT m. w. N.; BAG 14.12.2005, 4 AZR 474/04, AP Nr. 26 zu § 24 BAT m. w. N.).

Für die Anwendung des § 5 Abs. 3 TV-V ist keine Form vorgeschrieben. Die Übertragung kann schriftlich, mündlich oder durch konkludentes (schlüssiges) Verhalten erfolgen. Für den Arbeitnehmer muss deutlich erkennbar sein, dass die Tätigkeit nur vorübergehend ausgeübt wird (vgl. z. B. BAG 16.04.2015, 6 AZR 242/14, AP Nr. 2 zu § 14 TVöD).

Praxis-Tipp:

Eine schriftliche Übertragung sowie einschränkende Zusätze („... für die Dauer der Arbeitsunfähigkeit des ...") verdeutlichen die zeitliche Begrenzung.

Die Übertragung gemäß § 5 Abs. 3 TV-V unterliegt gemäß § 78 Abs. 1 Nr. 3 BPersVG der Mitbestimmung des Personalrats. In der Vergangenheit wurde die Ansicht vertreten, die Beendigung der vorübergehenden Übertragung einer höherwertigen Tätigkeit ist mitbestimmungsfrei (vgl. Breier/Dassau/Faber, § 14 Rn. 66). Demgegenüber hat das VG Halle die Ansicht vertreten, die Rücknahme ist eine mitbestimmungspflichtige Neu-Eingruppierung (vgl. VG Halle 21.05.2012, 10 A 1/12 HAL, n. v.). Das OVG Sachsen-Anhalt hat diese Entscheidung bestätigt (vgl. OVG Sachsen-Anhalt 12.06.2013, 6 L 3/12, zum BPersVG, rkr., n. v.).

Die Mitbestimmung

1. Personal- und Betriebsrat

Eingruppierung im Sinne des Tarifrechts umfasst zunächst die Zuordnung des Beschäftigten anhand seiner Tätigkeiten unter die Tätigkeitsmerkmale der Entgeltordnung (§ 5 Abs. 1 TV-V). Im Rahmen der Mitbestimmungsgesetze stellt die Eingruppierung einen eigenen Mitbestimmungstatbestand dar. Eingruppierung bedeutet hier die Einsortierung des Beschäftigten in ein kollektives Entgeltschema (zum BPersVG: BVerwG 22.10.2007, 6 P 1.07; zum BetrVG: z. B. BAG 14.04.2015, 1 ABR 66/13, AP Nr. 143 zu § 99 BetrVG 1972).

Der Umfang der Beteiligungsrechte ist – unabhängig vom anzuwendenden Mitbestimmungssystem – grundsätzlich gleich. Im Detail bestehen aber Unterschiede (zum BetrVG siehe Fitting, § 99 Rn. 104 ff.; einführend zum Personalvertretungsrecht siehe Altvater/Baden/Baunack, § 75 Rn. 22 ff.).

Beteiligungstatbestände				
System	**Eingruppierung**	**Umgruppierung**	**Übertragung höher/niedriger zu bewertender Tätigkeiten**	**Stelleninterview**
BetrVG	Mitbestimmung § 99 Abs. 1	Mitbestimmung § 99 Abs. 1	Mitbestimmung § 99 Abs. 1	Teilnahme § 82 Abs. 2
LPVPG NRW	Mitbestimmung § 72 Abs. 1 Nr. 4	Mitbestimmung § 72 Abs. 1 Nr. 4	Mitbestimmung § 72 Abs. 1 Nr. 4	ggf. Teilnahme § 65 Abs. 3 Satz 3
NPersVG	Mitbestimmung § 65 Abs. 2 Nr. 2	Mitbestimmung § 65 Abs. 2 Nr. 2	Mitbestimmung § 65 Abs. 2 Nr. 3; wenn länger als drei Monate	–
LPVG BW	eingeschränkte Mitbestimmung § 75 Abs. 1 Nr. 3	eingeschränkte Mitbestimmung § 75 Abs. 1 Nr. 3	eingeschränkte Mitbestimmung § 75 Abs. 1 Nr. 7.a); wenn länger als zwei Monate	–

Beteiligungstatbestände				
System	**Ein-gruppierung**	**Um-gruppierung**	**Übertragung höher/ niedriger zu bewertender Tätigkeiten**	**Stellen-interview**
BayPVG	Mitbestimmung Art. 75 Abs. 1 Nr. 3a	Mitbestimmung Art. 75 Abs. 1 Nr. 4, 5	Mitbestimmung Art. 75 Abs. 1 Nr. 4, 5; wenn länger als sechs Monate	–
Sächs-PersVG	eingeschränkte Mitbestimmung § 80 Abs. 1 Nr. 1	eingeschränkte Mitbestimmung § 80 Abs. 1 Nr. 2	eingeschränkte Mitbestimmung § 80 Abs. 1 Nr. 2	–

2. Eingruppierung

Wie bereits vorgestellt, wird unter dem Mitbestimmungstatbestand „Eingruppierung" die Einordnung des einzelnen Arbeitnehmers in ein kollektives Entgeltschema verstanden (zum BPersVG: BVerwG 22.10.2007, 6 P 1.07; zum BetrVG: BAG 17.11.2021, 7 ABR 43/19, AP Nr. 173 zu § 99 BetrVG 1972). Zum Teil wird in diesem Zusammenhang auf die „erstmalige" Zuordnung der vertraglich vereinbarten Arbeitsleistung zu einem kollektiven Entgeltsystem abgestellt. Es wurde aber klargestellt, dass eine mitbestimmungspflichtige Eingruppierung auch vorliegt, wenn sich die Arbeitsaufgaben im Verlauf des Arbeitsverhältnisses wesentlich ändern, so dass eine neue Eingruppierung erforderlich wird (sog. Umgruppierung, vgl. auch BAG 29.01.2020, 4 ABR 8/18, AP Nr. 166 zu § 99 BetrVG 1972 und zum Personalvertretungsrecht: BVerwG 08.11.2011, 6 P 23.10, Der Personalrat 2013, S. 25 f.).

Der Begriff der Eingruppierung umfasst zunächst die Entgeltgruppe und auch die Bestimmung der Fallgruppe (vgl. BAG 21.03.2018,

7 ABR 38/16, AP Nr. 155 zu § 99 BetrVG 1972; BVerwG 08.11.2011, 6 P 24.10).

Praxis-Tipp:

Im Mitbestimmungsverfahren hat der Betriebsrat ein Mitbeurteilungsrecht, ob der Arbeitgeber den „Akt der Rechtsanwendung" richtig vollzieht und die Tarifautomatik richtig anwendet (vgl. Gamisch/Mohr, Grundlagen, Kapitel 7.2).

Für die entsprechende Unterrichtung des Personal- bzw. Betriebsrats reicht eine Stellenbeschreibung allein nicht aus. Erforderlich ist darüber hinaus die Darstellung der auf die einzelnen Arbeitsvorgänge bezogenen Bewertungsüberlegungen gemäß § 22 BAT bzw. hier § 5 Abs. 1 TV-V (vgl. zum BAT: Hess. VGH 06.11.2012, 22 A 2203/11. PV, Der Personalrat 2013, S. 330 ff.).

Aus der Sicht des Mitbestimmungsrechts ist zudem die Stufe innerhalb der Entgeltgruppe mitbestimmungspflichtig, soweit die Festlegung der Tarifautomatik und damit der reinen Rechtsanwendung unterliegt (zu den Einzelheiten siehe BVerwG 13.10.2009, 6 P 15.08; BVerwG 22.09.2011, 6 PB 15.11, ZTR 2012, S. 618; BAG 06.04.2011, 7 ABR 136/09, AP Nr. 135 zu § 99 BetrVG 1972; BAG 05.06.2014, 6 AZR 1008/12, zit. nach www.bundesarbeitsgericht.de/entscheidungen/).

Zusammenfassend ist also zu berücksichtigen, dass das Mitbestimmungsrecht bei Eingruppierung alle Faktoren, die im Zusammenhang mit einer Eingruppierung zu einem unterschiedlichen Entgelt führen können, umfasst (zum BetrVG siehe z.B. BAG 17.11.2021, 7 ABR 43/19, AP Nr. 173 zu § 99 BetrVG 1972).

3. Umgruppierung

Eine Umgruppierung ist die erneute Einreihung eines Arbeitnehmers in eine im Betrieb geltende Vergütungs- bzw. Entgeltordnung. Weist der Arbeitgeber dem Arbeitnehmer, dessen Eingruppierung bereits erfolgt ist, eine veränderte Tätigkeit zu, ist er gehalten, die Übereinstimmung mit der bisherigen Eingruppierung zu überprüfen. Gelangt er dabei zum Ergebnis, der Arbeitnehmer sei aufgrund der geänderten Tätigkeit einer anderen Vergütungs- bzw. Entgeltgruppe zuzuordnen, liegt eine Umgruppierung vor (zum BetrVG siehe z.B. BAG 29.01.2020, 4 ABR 8/18, AP Nr. 166 zu § 99 BetrVG 1972). So hat der Arbeitgeber den Betriebsrat vor jeder Umgruppierung zu unterrichten und unter Vorlage der erforderlichen Unterlagen Auskunft über die Auswirkungen der geplanten Maßnahme zu geben sowie dessen Zustimmung zu der geplanten Maßnahme einzuholen (§ 99 Abs. 1 Satz 1 BetrVG). Der Arbeitgeber muss den Betriebsrat so unterrichten, dass dieser aufgrund der mitgeteilten Tatsachen in die Lage versetzt wird zu prüfen, ob einer der in § 99 Abs. 2 BetrVG genannten Zustimmungsverweigerungsgründe vorliegt. Zu einer vollständigen Unterrichtung gehören daher die Angabe der bisherigen und der vorgesehenen Vergütungsgruppe sowie die Erläuterung der Gründe, weshalb der Arbeitnehmer anders als bisher eingruppiert ist (vgl. BAG 19.04.2012, 7 ABR 52/10, AP Nr. 60 zu § 99 BetrVG 1972). Vergleichbares gilt auch für das Personalvertretungsrecht (siehe z. B. BVerwG 21.03.2005, 6 PB 8.04, AP Nr. 1 zu § 68 LPVG Mecklenburg-Vorpommern).

4. Aufgabenänderungen ohne Auswirkungen auf die bisherige Eingruppierung

Fraglich ist, ob der Mitbestimmungstatbestand der Eingruppierung auch greift, wenn sich trotz geänderter Aufgaben und damit anderer prägender Tätigkeiten weder Entgelt- noch Fallgruppe ändert. Auch für diesen Fall hat das Bundesverwaltungsgericht die Mitbestimmung bejaht (BVerwG 08.11.2011, 6 P 23.10, Der Personalrat 2013, S. 25 f.).

Wird also einem Mitarbeiter ein geänderter Arbeitsplatz übertragen, sind unter Eingruppierungsgesichtspunkten drei Varianten möglich:

1. Höhergruppierung
2. Herabgruppierung
3. Bestätigung der bisherigen Eingruppierung

Wichtig: Nach der obigen Rechtsprechung des Bundesverwaltungsgerichts (08.11.2011, 6 P 23.10) unterliegen alle drei Varianten der Mitbestimmung.

5. Sonderfall Überleitung

So stellt(e) sich die Frage, ob die Überleitung in den TV-V (siehe §§ 22/22a TV-V) eben einen solchen Fall der Umgruppierung darstellt. So wurden z. B. in der Praxis die Personal- und Betriebsräte bei der Überleitung vom BAT/-O auf den TVöD bzw. TV-L mehrheitlich nicht beteiligt.

Wichtig: Es ist umstritten, ob die Überleitung der Mitbestimmung des Personal- bzw. Betriebsrats unterlegen hat.

Für das Personalvertretungsrecht hat das OVG Lüneburg am Beispiel des TVöD-VKA entschieden:

§

OVG Lüneburg vom 12.11.2019

Eine durch die Dienststelle ausgesprochene Ablehnung von Anträgen auf Höhergruppierung, die Beschäftigte gemäß § 29b Abs. 1 TVÜ-VKA in der am 1. Januar 2017 in Kraft getretenen Fassung gestellt hatten, unterlag nicht der Mitbestimmung der Personalvertretung nach § 65 Abs. 2 Nr. 2 (Eingruppierung, Höher-/Herabgruppierung) oder Nr. 3 (Übertragung einer höher oder niedriger zu bewertenden Tätigkeit) NPersVG.

(vgl. OVG Lüneburg 12.11.2019, 18 LP 4/18, ECLI:DE:OVGNI:2019:1112.18 LP4.18.00, Rechtsbeschwerde zugelassen)

Für das Betriebsverfassungsgesetz hat das LAG Köln (24.01.2020, 9 TaBV 55/19, Rev. zugelassen, zit. nach WKRS 2020, 18206) und das BAG (23.02.2021, 1 ABR 4/20, AP Nr. 170 zu § 99 BetrVG 1972, zit. nach www.bundesarbeitsgericht.de/entscheidungen/) anders entschieden. So führt das BAG aus:

§

BAG vom 23.02.2021

Der Antrag auf Höhergruppierung löst eine Rechtsanwendung nach § 29b Abs. 1 TVÜ-VKA aus. Diese unterliegt als (Neu-)Eingruppierung der Mitbestimmung des Betriebsrats nach § 99 Abs. 1 Satz 1 BetrVG. Für die Mitbestimmung des Betriebsrats ist es unerheblich, ob es sich hierbei um eine Eingruppierung oder eine Umgruppierung handelt. Ausschlaggebend ist vielmehr, dass ein Rechtsanwendungsakt und die Kundgabe des getroffenen Ergebnisses stattfindet. Das Ergebnis der Rechtsanwendung, also die positive oder negative Bescheidung der Anträge durch die Arbeitgeberseite, ist ohne Belang.

(BAG 23.02.2021, 1 ABR 4/20, AP Nr. 170 zu § 99 BetrVG 1972, ZTR 2021, S. 417 ff.)

Wichtig: Der Eingruppierungskatalog und die Eingruppierungsregeln wurden im Vergleich zu BAT/BMT-G, aber auch zum TVöD grundlegend geändert. Deshalb kann kein Zweifel bestehen, dass der Personal-/Betriebsrat bei der Neu-Eingruppierung bzw. Umgruppierung mitzubestimmen hat. In diesem Zusammenhang steht die Stellenbeschreibung im Zentrum des (neuen) Tarifrechts.

6. Vorübergehende Übertragung höherwertiger Tätigkeiten

Der Mitbestimmung unterliegt auch die vorübergehende Übertragung höherwertiger Tätigkeiten nach § 5 Abs. 3 TV-V, die eine Versetzung im Sinne der §§ 99, 95 Abs. 3 BetrVG oder die Übertragung einer höher zu bewertenden Tätigkeit (vgl. z. B. § 78 Abs. 1 Nr. 3 BPersVG) darstellt (vgl. Gamisch/Mohr, gEG, IV E.3.2.5).

Wichtig: Einzelne Länder sehen das Mitbestimmungsrecht nur vor, wenn eine bestimmte Zeitdauer überschritten wird (z. B. mehr als drei Monate gemäß § 65 Abs. 2 Nr. 3 NPersVG oder mehr als sechs Monate gemäß Art. 75 Abs. 4 BayPVG).

7. Der Weg zur korrekten Eingruppierung: Die Stellenbeschreibung

Stellenbeschreibungen unterliegen grundsätzlich nicht der Mitbestimmung des Personal-/Betriebsrats (vgl. Gamisch/Mohr, StB, Kapitel 10). Das BAG (20.04.2010, 1 ABR 85/08, AP Nr. 4 zu § 82 BetrVG 1972, NZA 2010, S. 1307) räumt aber dem Betriebsrat aus § 82 Abs. 2 Satz 1 BetrVG ein Beteiligungsrecht bei Stelleninterviews ein. Ob dieses Recht auch Personalräten zusteht, ist fraglich (vgl. Gamisch/Mohr, StI, S. 90 f.).

8. Stellenbewertungskommission

In diesem Zusammenhang hat sich die Arbeit mit paritätisch besetzten Stellenbewertungskommissionen bewährt. Darunter versteht man ein betriebliches Gremium, in dem Funktionsträger des Arbeitgebers (Personal-, Organisations-, Fachabteilung) und Mitglieder des Personal-/Betriebsrats vertreten sind (vgl. Gamisch, NEO, S. 120 ff.). Unseres Erachtens überwiegen die Vorteile, sofern die denkbaren Nachteile beachtet werden (einführend Gamisch/Mohr, StB, Kapitel 10.9; vertiefend Gamisch/Mohr, gEG, IV C.4; vgl. Gamisch, NEO, S. 120 ff.).

Grundvoraussetzung ist, dass alle Mitglieder der Bewertungskommission vergleichbare Kenntnisse des Eingruppierungsrechts haben.

Praxis-Tipp:

Ein „asymmetrischer Wissensstand" der Beteiligten macht eine konstruktive Zusammenarbeit unmöglich.

9. Schulungsanspruch

In diesem Zusammenhang ist darauf hinzuweisen, dass die Arbeitnehmervertretung einen Schulungsanspruch hinsichtlich des Eingruppierungsrechts hat. Das gilt für Seminare zur Stellenbeschreibung entsprechend. Je nach Ausgestaltung der Schulung kann es sich um Grund- oder Spezialschulungen handeln (BVerwG 14.06.2006, 6 P 13.05, Rn. 16, 22, zit. nach https://www.bverwg.de/de/140606B6P13.05.0; BVerwG 10.04.2019, 5 PB 21/18, Rn. 9 ff., zit. nach https://www.bverwg.de/de/100419B5PB21.18.0). Handelt es sich um Spezialschulungen, hat nicht jedes, sondern nur die im Gremium für diese Aufgabe zuständigen Mitglieder einen Anspruch (OVG NRW 19.04.2021, 20 A 78/19.PVL, zit. nach WKRS 2021, 19208).

Zulässige Schulungsthemen sind:

- Stellenbewertung und Eingruppierung nach der Entgeltordnung TVöD-VKA (Dauer: 4 Tage)

  (OVG NRW 19.04.2021, 20 A 781/19.PVL, zit. nach WKRS 2021, 19208)

- Nachweisgesetz (½ Tag)

  (ArbG Frankfurt/Main 29.04.1998, 9 BV 233/97, AiB 1998, S. 703)

- Personalplanung und Arbeitsorganisation

  (OVG Rheinland-Pfalz 09.04.1991, 4 A 11917/90.OVG, PersR 1992, S. 156; Nds. OVG 18.03.1992, 17 L 10/90, PersV 1994, S. 25)

- Gesprächs-, Diskussions-, Verhandlungsführung sowie Sprach- und Argumentationstechnik (z. B. für Stelleninterviews, für die Stellenbewertungskommission)

  (vgl. BAG 24.05.1995, 7 ABR 54/94, AP Nr. 109 zu § 37 BetrVG 1972; BAG 12.01.2011, 7 ABR 94/09, AP Nr. 150 zu § 37 BetrVG)

Schon im eigenen Interesse sollte der Arbeitgeber nicht an der Schulung der Arbeitnehmervertretung sparen.

Dazu gehört, sich nicht auf „Low Budget-Schulungen" zu versteifen. Ein Lernen nach dem sogenannten Nürnberger Trichter wird keinen Erfolg haben. Lernen kann nicht in kürzester Zeit „erzeugt" werden. In der modernen Erwachsenenbildung bzw. Personalentwicklung spricht man in diesem Zusammenhang von der „Erzeugungsdidaktik", die keinen nachhaltigen Erfolg haben wird. Nach einer „Beamershow" im Schnell-Vortrag („200 Bilder in zwei Stunden": Aussage eines Seminarteilnehmers zu einer Veranstaltung zur Umstellung vom BAT auf den TVöD) wird der Beschäftigte – als zuständiger Sachbearbeiter in der Personalabteilung oder als Mitglied einer Stellenbewertungskommission – sicher nicht in der Lage sein, erfolgreich das neue Eingruppierungsrecht zu beherrschen. Den Gegenpol zur sogenannten Erzeugungsdidaktik bildet die „Ermöglichungsdidaktik" (vgl. Gamisch, NEO, S. 103 ff.).

Anhang: Eingruppierungsbestimmungen

§ 5 Eingruppierung

(1) [1]Der Arbeitnehmer ist entsprechend seiner mindestens zur Hälfte regelmäßig auszuübenden Tätigkeit in einer Entgeltgruppe nach Anlage 1 eingruppiert. [2]Soweit in Anlage 1 ausdrücklich ein von Satz 1 abweichendes Maß bestimmt ist, gilt dieses. [3]Erreicht keine der vom Arbeitnehmer auszuübenden Tätigkeiten das in Satz 1 oder 2 geforderte Maß, werden höherwertige Tätigkeiten zu der jeweils nächstniedrigeren Tätigkeit hinzugerechnet.

Niederschriftserklärung zu § 5 Absatz 1 Satz 3:

Bei Teiltätigkeiten, die unterschiedlichen Entgeltgruppen zuzuordnen sind, soll auf der Grundlage der nachfolgenden Beispiele verfahren werden:

Beispiel 1:

Auszuübende Teiltätigkeiten:

Entgeltgruppe	Umfang der Teiltätigkeit
8	25
7	45
6	30

Die 25 % der Teiltätigkeit in EGr. 8 sind der nächstniedrigeren EGr. 7 zuzurechnen (25 % + 45 % = 70 %). Damit ist die mindestens zur Hälfte auszuübende Tätigkeit erreicht. Der Arbeitnehmer ist in EGr. 7 eingruppiert.

Beispiel 2:

Auszuübende Teiltätigkeiten:

Entgeltgruppe	Umfang der Teiltätigkeit
8	20
7	20
6	20
5	20
4	20

11 Die 20 % der Teiltätigkeit in EGr. 8 sind der nächstniedrigeren EGr. 7 zuzurechnen (20 % + 20 % = 40 %). Damit ist die mindestens zur Hälfte auszuübende Tätigkeit noch nicht erreicht. Diese 40 % Teiltätigkeiten werden wiederum der nächstniedrigeren EGr. 6 zugerechnet (40 % + 20 % = 60 %). Damit ist die mindestens zur Hälfte auszuübende Tätigkeit erreicht. Der Arbeitnehmer ist in EGr. 6 eingruppiert.

Beispiel 3:

Auszuübende Teiltätigkeiten:

Entgeltgruppe	Umfang der Teiltätigkeit
8	35
7	15
6	20
5	30

Die 35 % der Teiltätigkeit in EGr. 8 sind der nächstniedrigeren EGr. 7 zuzurechnen (35 % + 15 % = 50 %). Damit ist die mindestens zur Hälfte auszuübende Tätigkeit erreicht. Der Arbeitnehmer ist in EGr. 7 eingruppiert.

(2) [1]Die Entgeltgruppen 2 bis 15 sind in sechs Stufen aufgeteilt. [2]Beginnend mit der Stufe 1 erreicht der Arbeitnehmer die jeweils nächste Stufe innerhalb seiner Entgeltgruppe unter Berücksichtigung der Betriebszugehörigkeit (§ 4) nach folgenden Zeiten:

Stufe 2 nach zwei Jahren in Stufe 1,

Stufe 3 nach zwei Jahren in Stufe 2,

Stufe 4 nach drei Jahren in Stufe 3,

Stufe 5 nach vier Jahren in Stufe 4,

Stufe 6 nach vier Jahren in Stufe 5.

[3]Förderliche Zeiten können für die Stufenzuordnung berücksichtigt werden. [4]Bei Leistungen, die erheblich über dem Durchschnitt liegen, kann die erforderliche Zeit in den Stufen verkürzt werden. [5]Bei Leistungen, die erheblich unter dem Durchschnitt liegen, kann die erforderliche Zeit in jeder Stufe einmal bis zur Hälfte verlängert werden. [6]Für Beschwerdefälle ist die betriebliche Kommission (§ 6 Abs. 5 mit dem entsprechenden Verfahren) zuständig.

(2a) [1]Bei Eingruppierung in eine höhere Entgeltgruppe aus den Entgeltgruppen 2 bis 14 wird der Arbeitnehmer der gleichen Stufe zugeordnet, die er in der niedrigeren Entgeltgruppe erreicht hat. [2]Die Stufenlaufzeit in der höheren Entgeltgruppe beginnt mit dem Tag der Höhergruppierung.

(3) [1]Wird einem Arbeitnehmer vorübergehend eine höherwertige Tätigkeit übertragen und hat er sie mindestens einen Monat ausgeübt, erhält er eine Zulage für die Dauer der Übertragung. [2]Die Zulage bemisst sich aus dem Unterschied zwischen dem Entgelt, das dem Arbeitnehmer zustehen würde, wenn er in der nächsthöheren

Entgeltgruppe eingruppiert wäre, und der Entgeltgruppe, in der er eingruppiert ist.

Protokollerklärung zu § 5 Abs. 2 Satz 5

Bei Leistungsminderungen, die auf einem anerkannten Arbeitsunfall beruhen, ist diese Ursache in geeigneter Weise zu berücksichtigen.

Protokollerklärung zu § 5 Abs. 2 und § 6 Abs. 5 und 6

Die Mitwirkung der Kommission erfasst nicht die Vergabeentscheidung.

Protokollerklärung zu § 5 Abs. 3

Die Regelung gilt auch für die Vertretung von Vorhandwerkern und Vorarbeitern.

§ 23 Eingruppierung ehemals arbeiterrentenversicherungspflichtiger Arbeitnehmer

Für Arbeitnehmer, deren Tätigkeit vor dem 1. Januar 2005 der Rentenversicherung der Arbeiter unterlegen hätte und die neu eingestellt werden oder höherwertige Tätigkeiten übertragen bekommen, gelten bis zu einer landesbezirklichen Vereinbarung nach Nr. 3 der Vorbemerkungen der Anlage 1 die in den Bezirkstarifverträgen bzw. im Tarifvertrag zu § 20 Abs. 1 BMT-G-O (Lohngruppenverzeichnis) vereinbarten Tätigkeitsmerkmale weiter, soweit sie den Oberbegriffen nicht widersprechen. [2]Tätigkeitsmerkmale, die Bewährungs- und Tätigkeitsaufstiege regeln, gelten nicht mehr. [3]Die Lohngruppen nach den Bezirkstarifverträgen bzw. nach dem Lohngruppenverzeichnis sind den Entgeltgruppen dieses Tarifvertrages wie folgt zugeordnet:

Entgeltgruppe	Lohngruppe
1	–
2	1
3	2
4	3, 4
5	5
6	6
7	7, 9

Anlage 1

Eingruppierung von Arbeitnehmern in den Versorgungsbetrieben

Vorbemerkungen:

1. [1]Die Tätigkeiten des Arbeitnehmers müssen die Voraussetzungen eines Oberbegriffs und die ihm zugrundeliegende Wertigkeit erfüllen. [2]Die in den Beispielen zu den Entgeltgruppen umschriebenen Tätigkeiten entsprechen der Wertigkeit eines Oberbegriffs. [3]Sind Tätigkeiten als Beispiel nur in einer Entgeltgruppe vereinbart, wird dadurch nicht ausgeschlossen, dass die Anforderungen eines Oberbegriffes einer höheren Entgeltgruppe erfüllt sein können.
2. Sind in einer Entgeltgruppe mehrere Oberbegriffe vorhanden, stehen diese gleichwertig nebeneinander.
3. Für Arbeitnehmer in den Entgeltgruppen 1 bis 11 können durch landesbezirkliche Tarifverträge unter Beachtung der allgemeinen Voraussetzungen des jeweils zutreffenden Oberbegriffs und der ihm zugrundeliegenden Wertigkeit weitere Beispiele vereinbart werden.
4. [1]Arbeitnehmer, denen die Funktion eines Vorarbeiters oder Vorhandwerkers übertragen worden ist, werden für die Dauer dieser Tätigkeit jeweils eine Entgeltgruppe höher eingruppiert. [2]Diese Eingruppierung ist jederzeit widerruflich.

Entgeltgruppe 1

1 Arbeitnehmer mit einfachsten Tätigkeiten

Ausschließlichkeitskatalog

Niederschriftserklärung zu Anlage 1 Entgeltgruppe 1:

Die Tarifvertragsparteien sind sich einig, dass sie erstmals nach fünf Jahren nach Inkrafttreten des Tarifvertrages prüfen wollen, welche Auswirkungen sich hinsichtlich einfacherer Tätigkeiten aus der Einführung der Entgeltgruppe 1 ergeben.

Entgeltgruppe 2

2 Arbeitnehmer mit einfachen Tätigkeiten

(Einfache Tätigkeiten sind vorwiegend mechanische Tätigkeiten, die eine Einarbeitung erfordern. Einarbeitung setzt die Vermittlung und Aneignung von Kenntnissen und Fertigkeiten voraus, um die Tätigkeiten sach- und fachgerecht ausüben zu können.)

Beispiele:

2.1 Reinigen von Werkstätten und Labors
2.2 Einfache Bürotätigkeiten (wie Führen von einfachen Listen, Mithilfe bei der Postabfertigung, Registratur, Fotokopieren)
2.3 Tätigkeiten als Bote

Entgeltgruppe 3

3 Arbeitnehmer mit Tätigkeiten, die eine eingehende fachliche Einarbeitung erfordern

Beispiele:

3.1 Tätigkeiten als Messgehilfe
3.2 Tätigkeiten als Zählerableser
3.3 Tätigkeiten als Pförtner
3.4 Tätigkeiten als Telefonist

Entgeltgruppe 4

4.1 Arbeitnehmer, die Tätigkeiten ausüben, die gründliche Fachkenntnisse erfordern

(Gründliche Fachkenntnisse erfordern nähere Kenntnisse von Gesetzen, Tarifbestimmungen usw. im Rahmen der auszuübenden Tätigkeiten)

sowie

4.2 Arbeitnehmer, die aufgrund ihrer Fähigkeiten oder Erfahrungen entsprechende gleichwertige Tätigkeiten ausüben

Beispiele:

4.3.1 Verwaltung von Lagern und Magazinen
4.3.2 Tätigkeiten als Fahrer von Kraftfahrzeugen
4.3.3 Tätigkeiten als Schreibkraft
4.3.4 Montagearbeiten in Netzen (Gas, Wasser, Fernheizung, Kabel, Freileitung)

Entgeltgruppe 5

5.1 Arbeitnehmer mit abgeschlossener Ausbildung in einem anerkannten Ausbildungsberuf und entsprechenden Tätigkeiten

sowie

5.2 Arbeitnehmer, die Tätigkeiten ausüben, die gründliche und vielseitige Fachkenntnisse erfordern

(Gründliche und vielseitige Fachkenntnisse erfordern gegenüber gründlichen Fachkenntnissen eine Erweiterung dem Umfang nach.)

sowie

5.3 Arbeitnehmer, die aufgrund ihrer Fähigkeiten oder Erfahrungen entsprechende gleichwertige Tätigkeiten ausüben

Beispiele:

5.4.1 Bedienen und Überwachen von Kraftwerksmaschinen

5.4.2 Tätigkeiten als Schaltwart

5.4.3 Tätigkeiten als Wasserwart

5.4.4 Tätigkeiten als geprüfter Kesselwärter

5.4.5 Tätigkeiten als Fahrer von Kraftfahrzeugen mit mehr als 7,5 t zulässigem Gesamtgewicht

5.4.6 Fahren und Bedienen von Spezialkraftfahrzeugen (wie Kraftfahrzeug mit komplizierten Arbeitsmaschinen)

5.4.7 Montagearbeiten in Netzen (Gas, Wasser, Fernheizung, Kabel, Freileitung)

5.4.8 Tätigkeiten als kaufmännischer Sachbearbeiter

Entgeltgruppe 6

6.1 Arbeitnehmer der Entgeltgruppe 5.1, die besonders hochwertige oder besonders vielseitige Tätigkeiten ausüben

(Besonders hochwertige Tätigkeiten erfordern hochwertiges fachliches Können sowie besondere Umsicht und Zuverlässigkeit. Besonders vielseitige Tätigkeiten erfordern vielseitiges fachliches Können und breitere Einsetzbarkeit.)

sowie

6.2 Arbeitnehmer, die Tätigkeiten ausüben, die gründliche und vielseitige Fachkenntnisse und mindestens zu einem Fünftel selbständige Leistungen erfordern

(Selbständige Leistungen erfordern ein den vorausgesetzten Fachkenntnissen entsprechendes selbständiges Erarbeiten eines Ergebnisses unter Entwicklung einer eigenen geistigen Initiative. Eine leichte geistige Arbeit kann diese Anforderung nicht erfüllen.)

sowie

6.3 Arbeitnehmer, die aufgrund ihrer Fähigkeiten oder Erfahrungen entsprechende gleichwertige Tätigkeiten ausüben

Beispiele:

6.4.1 Handwerks- und Industriemeister mit entsprechenden Tätigkeiten

6.4.2 Staatlich geprüfte Techniker mit entsprechenden Tätigkeiten

6.4.3 Technische Assistenten mit entsprechenden Tätigkeiten

Entgeltgruppe 7

7.1 Arbeitnehmer der Entgeltgruppe 6.1, die Tätigkeiten ausüben, die besondere Spezialkenntnisse erfordern

sowie

7.2 Arbeitnehmer, die Tätigkeiten ausüben, die gründliche und vielseitige Fachkenntnisse und selbständige Leistungen erfordern

sowie

7.3 Arbeitnehmer, die aufgrund ihrer Fähigkeiten oder Erfahrungen entsprechende gleichwertige Tätigkeiten ausüben

Beispiele:

7.4.1 Handwerks- und Industriemeister mit fachlicher Aufsicht über Handwerker oder Facharbeiter

7.4.2 Handwerks- und Industriemeister, die die Voraussetzungen der Ausbildereignungs-Verordnung erfüllen und in der Berufsausbildung entsprechend tätig sind

7.4.3 Komplizierte Instandhaltungs-, Reparatur- und Überholungsarbeiten an Hochspannungs- und Hochleistungsschaltgeräten oder leittechnischen Anlagen von mindestens 110 KV

7.4.4 Versorgungstechnische, vertragsrechtliche und energiewirtschaftliche Kundenberatung

7.4.5 An- und Abfahren aller Kraftwerksanlagen und Eingreifen bei Störungen als Kraftwerker mit Kraftwerkerprüfung

Entgeltgruppe 8

8.1 Arbeitnehmer, deren Tätigkeiten sich durch das Maß ihrer Verantwortung erheblich aus der Entgeltgruppe 7.1 herausheben

sowie

8.2 Arbeitnehmer, die Tätigkeiten ausüben, die gründliche, umfassende Fachkenntnisse und selbständige Leistungen erfordern

(Gründliche, umfassende Fachkenntnisse bedeuten gegenüber gründlichen und vielseitigen Fachkenntnissen eine Steigerung der Tiefe und Breite nach.)

sowie

8.3 Arbeitnehmer, die aufgrund ihrer Fähigkeiten oder Erfahrungen entsprechende gleichwertige Tätigkeiten ausüben

Beispiele:

8.4.1 Handwerks- und Industriemeister, die große Arbeitsstätten (Bereiche, Werkstätten, Abteilungen oder Betriebe) fachlich beaufsichtigen, in denen Handwerker oder Facharbeiter beschäftigt sind

8.4.2 An- und Abfahren von Kraftwerksblöcken mit einer Leistung von mehr als 100 MW und Eingreifen bei Störungen als Kraftwerker mit Kraftwerkerprüfung

8.4.3 Erstellen von Kostenangeboten und Bearbeiten von Versorgungsanfragen in mehreren Energiesparten

8.4.4 Selbständiges Anfertigen, Ändern und Pflegen von DV-Programmen und DV-Programmbausteinen

Entgeltgruppe 9

9.1 Arbeitnehmer, deren Tätigkeiten sich dadurch aus der Entgeltgruppe 8.2 herausheben, dass sie besonders verantwortungsvoll sind

sowie

9.2 Arbeitnehmer mit abgeschlossener Fachhochschul- oder Bacheloreausbildung und entsprechenden Tätigkeiten

sowie

9.3 Arbeitnehmer, die aufgrund ihrer Fähigkeiten oder Erfahrungen entsprechende gleichwertige Tätigkeiten ausüben

Beispiele:

9.4.1 Handwerks- und Industriemeister, die ausdrücklich zu Leitern von großen Arbeitsstätten, in denen Handwerker oder Facharbeiter beschäftigt sind, bestellt sind

9.4.2 Bau und/oder Betrieb von Netzen einschließlich Personal- und Materialeinsatz

9.4.3 Abschließende Bearbeitung und Zuordnung von aktivierungspflichtigen und nichtaktivierungspflichtigen Aufträgen und deren Weiterberechnung

9.4.4 Abrechnung von schwierigen und speziellen Verträgen der Sonderabnehmer

9.4.5 Selbständiges Anfertigen, Ändern und Pflegen von DV-Programmen und DV-Programmbausteinen mittleren Schwierigkeitsgrades

Entgeltgruppe 10

10.1 Arbeitnehmer, deren Tätigkeiten sich durch besondere Schwierigkeit und Bedeutung aus der Entgeltgruppe 9.1 oder 9.2 herausheben

sowie

11

10.2 Arbeitnehmer, die aufgrund ihrer Fähigkeiten oder Erfahrungen entsprechende gleichwertige Tätigkeiten ausüben

Beispiele:

10.3.1 Versorgungstechnische, vertragsrechtliche und energiewirtschaftliche Kundenberatung der Sonderabnehmer

10.3.2 Kostenrechnungen, Kostenanalysen, Kalkulationen und Wirtschaftlichkeitsberechnungen

10.3.3 Bearbeiten von schwierigen Aufgaben in der Finanz-/Anlagenbuchhaltung (Kontierungen, Wertberichtigungen und Abschreibungen) mit Jahresabschlussarbeiten (Bilanz, GuV)

10.3.4 Alleinverantwortliche Überwachung von Energieerzeugungsanlagen

10.3.5 Selbständiges Anfertigen, Ändern und Pflegen von DV-Programmen und DV-Programmbausteinen hohen Schwierigkeitsgrades

10.3.6 Asset-Manager

10.3.7 Bilanzkreismanager

Entgeltgruppe 11

11.1 Arbeitnehmer mit abgeschlossener wissenschaftlicher Hochschulbildung und entsprechenden Tätigkeiten

sowie

11.2 Arbeitnehmer, deren Tätigkeiten sich durch das Maß der Verantwortung erheblich aus der Entgeltgruppe 10.1 herausheben

sowie

11.3 Arbeitnehmer, die aufgrund ihrer Fähigkeiten oder Erfahrungen entsprechende gleichwertige Tätigkeiten ausüben

Beispiele:

11.4.1 Ermittlung von bereichsübergreifenden Vergleichszahlen, Soll-/Ist-Vergleich und Abweichungsanalysen als Controller

11.4.2 Analysieren, Testen und Einführen von DV-Systemen und deren Wartung als DV-Organisator

11.4.3 Analysieren, Planen, Implementieren und Kontrollieren von Betriebssystemen von Standardsoftware als Systemprogrammierer

11.4.4 Bauleitung von besonders schwierigen Neu- und Erweiterungsbauten im Strom-, Gas-, Wasser- oder Fernwärmenetz

11.4.5 Entwurf, Vortrassierung und Ausschreibung von Leitungs- und Tiefbauprojekten im MS- und HS-Netz von besonderer Schwierigkeit

Entgeltgruppe 12

12.1 Arbeitnehmer mit abgeschlossener wissenschaftlicher Hochschulbildung nach einjähriger einschlägiger Berufsausübung und entsprechenden Tätigkeiten

sowie

12.2 Arbeitnehmer, die aufgrund ihrer Fähigkeiten oder Erfahrungen entsprechende gleichwertige Tätigkeiten ausüben

Entgeltgruppe 13

13.1 Arbeitnehmer mit abgeschlossener wissenschaftlicher Hochschulbildung und entsprechenden Tätigkeiten, deren Tätigkeiten sich durch besondere Schwierigkeit und Bedeutung aus der Entgeltgruppe 12.1 herausheben

sowie

13.2 Arbeitnehmer, die aufgrund ihrer Fähigkeiten oder Erfahrungen entsprechende gleichwertige Tätigkeiten ausüben

Entgeltgruppe 14

14.1 Arbeitnehmer mit abgeschlossener wissenschaftlicher Hochschulbildung und entsprechenden Tätigkeiten, deren Tätigkeiten sich durch das Maß der Verantwortung erheblich aus der Entgeltgruppe 13.1 herausheben

sowie

14.2 Arbeitnehmer, die aufgrund ihrer Fähigkeiten oder Erfahrungen entsprechende gleichwertige Tätigkeiten ausüben

Entgeltgruppe 15

15.1 Arbeitnehmer mit abgeschlossener wissenschaftlicher Hochschulbildung und entsprechenden Tätigkeiten, die sich erheblich aus der Entgeltgruppe 14.1 herausheben

sowie

15.2 Arbeitnehmer, die aufgrund ihrer Fähigkeiten oder Erfahrungen entsprechende gleichwertige Tätigkeiten ausüben

Schlussbetrachtung

Das Eingruppierungsrecht des TV-V bewegt sich zwischen Reform und Kontinuität:

Neben der Grundsatzentscheidung für Beispielstätigkeiten, die die besonderen Tätigkeitsbereiche der Versorgungswirtschaft widerspiegeln und eine bewusste Abkehr vom BAT darstellen, treten viele langjährig bekannte Oberbegriffe, die mit gewissen Einschränkungen an die alte Rechtslage anknüpfen.

Wir hoffen, dass wir mit unserem Buch einen Beitrag zur sicheren Anwendung des TV-V gegeben und den Leserinnen und Lesern Hilfe und Sicherheit für die Praxis der Eingruppierung vermittelt haben.

Gleichzeitig schließen wir eine Lücke in der Literatur, die dieses Thema nur verkürzt und am Rande anspricht, wobei zum Teil pauschal auf Rechtssätze verwiesen wird, die keine Anwendung mehr finden.

Als Autoren freuen wir uns selbstverständlich über Ihr direktes Feedback: kritische Anregungen, Nachfragen oder Erfahrungsberichte. Sie erreichen uns über das Institut für Personalwirtschaft (IPW) GmbH in Fulda:

www.ipw-fulda.de

Wir wünschen Ihnen viel Erfolg bei der Eingruppierung!

Literaturhinweise

Altvater, L./Baden, E./Baunack, S.: Bundespersonalvertretungsgesetz, Frankfurt/Main 2023

Ansorge, D./Götz, H./Lentz, A.: Fachlexikon Bautechnik und Baurecht, Köln 2009

Berkowsky, W.: Die betriebsbedingte Kündigung, München 2008

Breier, A./Dassau, A./Faber, B.: TVöD Eingruppierung in der Praxis, Heidelberg/München/Landsberg/Frechen/Hamburg, Stand: Juli 2022

Brockhaus: Enzyklopädie (elektronische Ressource), Mannheim 2003

Duden: Deutsches Universalwörterbuch, hrsg. von der Dudenredaktion, Berlin 2023

Duden: Informatik A-Z, hrsg. von der Dudenredaktion, Mannheim 2006

Fitting, K.: Betriebsverfassungsgesetz, München 2022

Gamisch, A.: Die neue Entgeltordnung erfolgreich vorbereiten, Köln 2017 (zit. als NEO)

Gamisch, A./Mohr, T.: Das gesamte Eingruppierungsrecht, Regensburg, Stand: Oktober 2022 (zit. als gEG)

Gamisch, A./Mohr, T.: Das Stelleninterview zur Eingruppierung, Regensburg 2022 (zit. als StI)

Gamisch, A./Mohr, T.: Grundlagen der Eingruppierung TVöD und TV-L, Regensburg 2023 (zit. als Grundlagen)

Gamisch, A./Mohr, T.: Stellenbeschreibung für den öffentlichen und kirchlichen Dienst, Regensburg 2023 (zit. als StB)

Jahn, H.: Gestufte Studiengänge an deutschen Hochschulen, in: Welbers, U. (Hrsg.): Studienreform mit Bachelor und Master, Bielefeld 2003, S. 128–142

Kraus, M.: Lexikon der Energiewirtschaft, Köln 2004

Mentzel, W.: Personalentwicklung, München 2018

Olfert, K.: Lexikon der Betriebswirtschaftslehre, Ludwigshafen 2023

Reich, A.: Hochschulrahmengesetz, Bad Honnef 2012

Reidelbach, D./Wieland, M./Fattler, N.: Tarifrecht im öffentlichen Dienst, Eingruppierung von A–Z, TVöD, TV-L, Köln, Stand: Dezember 2023

Richter, A./Gamisch, A.: Das Eingruppierungsrecht der Wasserwirtschaft, gwf 2011, S. 606–616

Richter, A./Gamisch, A.: Die Alternative zum Stelleninterview – Das Training und Coaching der Führungskräfte, RiA 2010, S. 97–103

Richter, A./Gamisch, A.: Training und Coaching der Führungskräfte oder Stelleninterview – Königsweg zur Stellenbeschreibung, AuA 2011, S. 42–45

Schaefer, H. (Hrsg.): VDI-Lexikon Energietechnik, Düsseldorf 1994

Schlusen, R./Fellenberg, K./Hüsgen, S.: Tarifvertrag Versorgungsbetriebe, Köln, Stand: August 2022 (elektronische Ressource)

Schwarz-Hahn, S./Rehburg, M.: Bachelor und Master in Deutschland, Empirische Befunde zur Studienstrukturreform, Kassel 2003

Schwintowski, H.: Juristische Methodenlehre, Frankfurt am Main 2005

Waldeyer, H.: Die laufbahnrechtliche Einordnung der Studienabschlüsse der Universitäten und allgemeinen Fachhochschulen, ZBR 2003, S. 17–28

Weber, K.: Rechtswörterbuch, München 2022

Wienbracke, M.: Juristische Methodenlehre, Heidelberg 2020

Wöhe, G./Döring, U.: Einführung in die Allgemeine Betriebswirtschaftslehre, München 2016

Stichwortverzeichnis

14